TU ÔL I'R LLENNI

Tu ôl i'r llenni

Eirlys Wyn Jones

Argraffiad cyntaf: 2021
ⓗ testun: Eirlys Wyn Jones 2021

Rhif Llyfr Safonol Rhyngwladol:
978-1-84527-793-2

CYNGOR LLYFRAU CYMRU

Cyhoeddwyd gyda chymorth Cyngor Llyfrau Cymru

Cynllun y clawr: Eleri Owen
Darlun y clawr a'r map: Eirlys Wyn Jones

Cyhoeddwyd gan Wasg Carreg Gwalch,
12 Iard yr Orsaf, Llanrwst, Dyffryn Conwy, Cymru LL26 0EH.
Ffôn: 01492 642031
lle ar y we: www.carreg-gwalch.cymru

Cyflwynaf y nofel hon i Edwen a Dic

Diolchiadau

Hoffwn ddiolch i Wasg Carreg Gwalch, yn enwedig i Nia Roberts am ei harweiniad cyfeillgar a byrlymus.

Diolch i Griff am fy nghefnogi a darllen drwy'r drafft cyntaf.

*

Daeth y syniad am y nofel hon wrth i mi gofio fy niweddar fam yn sôn pa mor anodd oedd byw ar ei phen ei hun drwy flynyddoedd tywyll yr Ail Ryfel Byd yng nghefn gwlad Llŷn. Dychmygol yw'r digwyddiadau a'r cymeriadau.

Ardal Gwaenrugog

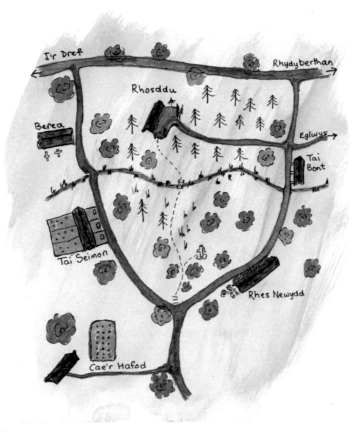

1

Medi 1944

'Be... y... pwy sy 'na?'

Cododd Gladys i fyny ar ei heistedd fel saeth, ei llygaid duon ar agor led y pen ond yn ddall yn y tywyllwch. Clustfeiniodd am eiliad fer cyn cuddio'n ôl o dan ddillad y gwely a gwasgu ei hamrannau'n dynn, dynn. Cipiodd ei hanadl yn fyr ac yn fuan nes iddi deimlo'i hun yn mygu o dan yr hen flancedi trymion. Rhedodd ias oer i fyny ei meingefn a sythodd y blewiach mân ar ei gwar. Roedd hi wedi ei pharlysu. Pob aelod ohoni wedi rhewi'n gorn. Gorweddodd yn llonydd fel delw a gweddïodd ar i rywun ddod i'w hachub rhag beth bynnag oedd wedi ei deffro a'i dychryn.

Rhyw hen grafu cras oedd o, fel tasa'r ddôr yn sgriffio'r llwybr wrth iddi gael ei hagor, yna peswch afiach a siffrwd isel, annifyr o dan ffenest y siambr. Yn union fel y troeon o'r blaen. Wnaeth o ddim para'n hir, dim mwy nag ychydig funudau, ond roedd o'n ddigon i beri i galon Gladys garlamu'n afreolus yn ei bron. Ymhen sbel gwthiodd y blancedi oddi ar ei hwyneb ac agor un llygad ar y tro, ond roedd hi'n dal yn rhy dywyll yn y siambr i fedru gweld dim. Gwrandawodd yn astud. Doedd dim byd anghyfarwydd i'w glywed o'r tu allan na'r tu mewn i'r tŷ bellach.

Er mwyn ceisio ymlacio, dechreuodd ganolbwyntio ar y sŵn oedd yn dod o'r gwely bach wrth ei hochr – sŵn chwyrnu ysgafn. Meddalodd y morthwylio yn ei bron wrth iddi wrando ar rythm deuawd y ddau fach, ddiniwed oedd yn amlwg yn breuddwydio am ryw ffantasïau hapus, yr un o'r ddau yn ymwybodol o'r sŵn a glywodd hi y tu allan i'r tŷ. Ond gwyddai Gladys yn bendant nad hunllef oedd wedi ei deffro o'i chwsg anniddig ac nad dychmygu roedd hi, chwaith, fod rhywun wedi bod yn symud yn llechwraidd o dan ffenest y siambr ychydig funudau ynghynt.

Yn araf bach, fesul modfedd, cododd ei phen a chlustfeinio eto. Lled-agorodd ei llygaid, ond doedd dim smic i'w glywed heblaw ebychiadau'r tŷ bychan. Ebychiadau roedd hi wedi dod i arfer â hwy dros y blynyddoedd, ers i William orfod mynd a'i gadael ar ei phen ei hun i ymdopi efo'r plant; cwyn y gwynt wrth iddo geisio stwffio drwy'r crac yng ngwydr ffenest y pantri cefn, clecian llechi rhydd ar y to a sgriffiadau ysgafn y llygod bach yn y nenfwd. Arhosodd am ennyd i wneud yn siŵr nad oedd unrhyw sŵn dieithr arall i'w glywed cyn mentro rhoi un droed ar yr oilcloth. Roedd hwnnw cyn oered â phetai wedi ei orchuddio â haenen o rew a pharodd y sioc iddi gipio'i gwynt a'i ddal am eiliad yn hirach nag arfer cyn ei ollwng yn araf a dilyn gyda'r droed arall. Wrth iddi geisio sefyll i fyny roedd ei dwy goes yn gwegian oddi tani – prin yr oeddynt yn dal ei phwysau, a bu'n rhaid iddi eistedd yn ôl ar y gwely am funud cyn codi am yr eildro. Camodd yn ofalus allan o'r siambr gan godi côt fawr drom ei gŵr oddi ar waelod y gwely a'i tharo am ei hysgwyddau. Edrychai yn union fel dynes ddall wrth iddi ddal ei breichiau o'i blaen i deimlo'i ffordd yn y tywyllwch, hyd nes iddynt gyffwrdd ymyl bwrdd y gegin ac iddi deimlo blew garw y mat cocomatin yn pigo gwadnau ei thraed. Safodd yn llonydd am eiliad cyn estyn ei llaw allan i ymbalfalu am y bocs matsys, oedd i fod ar silff y palis. Daeth o hyd iddo heb fawr o drafferth am unwaith, ond wrth geisio ei agor disgynnodd ei gynnwys blith draphlith dros wyneb y bwrdd. Rhegodd Gladys y llenni blacowt oedd yn gwahardd golau gwan y sêr rhag goleuo rhywfaint ar du mewn y tŷ, ond doedd hi ddim am fentro'u hagor, dim hyd yn oed y mymryn lleiaf, rhag ofn bod rhywun yn dal i stelcian yn y cowt. Rhedodd ei llaw dros wyneb y bwrdd cyn teimlo'r ganhwyllbren fach, gan ddiolch ei bod wedi cofio rhoi cannwyll newydd ynddi y noson cynt. O'r diwedd cafodd afael ar fatsien a'r bocs gwag, ond bu'n rhaid iddi roi mwy nag un cynnig crynedig arni cyn llwyddo i'w thanio a goleuo'r gannwyll. Wrth ollwng ei hun yn swp diymadferth ar y gadair o flaen y grât oer gwasgodd y gôt amdani, fel arfwisg i amddiffyn ei chorff llipa.

Dawnsiai cysgodion ar waliau'r gegin wrth i chwa o ddrafft oer chwythu'n slei i lawr y simdde i herio fflam y gannwyll. Ceryddodd Gladys ei hun am beidio llenwi'r lamp hefo paraffîn y diwrnod cynt – byddai'n rhaid iddi fodloni ar hynny o olau roedd y gannwyll yn ei gynnig am y tro. Edrychodd o'i chwmpas yn ofidus ar y tŷ bychan moel, un o chwech yn Rhes Newydd, Gwaenrugog.

Sut mewn difri oedd hi wedi cael ei hun yno? Hi o bawb, ystyriodd, wedi cael ei gadael ar ei phen ei hun ers dechrau'r rhyfel. Hi, oedd wedi arfer cael ei ffordd ei hun bob amser, oedd wedi cael hogiau'r dre i gyd yn heidio ar ei hôl nes gwneud i'r genod eraill genfigennu wrthi. Wnaeth hi ddim dychmygu, pan briododd William, y byddai o'n gorfod mynd i ffwrdd am flynyddoedd... ac yntau wedi addo cymaint iddi. Tybed sut fywyd fyddai hi'n ei fyw, myfyriodd, petai hi heb briodi ac yn dal i fyw yn y dref? Mae'n siŵr y byddai wedi cael gwaith yn y camp yn tendio ar y morwyr, ac yn cael cymaint o hwyl hefo nhw. Ac yn lle hynny dyma hi mewn cwt bach tamp yn siarad efo hi ei hun, a neb i'w helpu. Roedd hi'n ei chael yn straen ceisio cofio am bob dim – dŵr, paraffîn ar gyfer y lamp, priciau tân – ac yn gresynu fod y plant yn rhy ifanc i fod yn gwmni nac yn help iddi. Ac yn bwysicach na dim, doedd ganddi neb i alw arno petai rhywun yn torri i mewn ac yn ceisio ymosod arni.

Nid hwn oedd y tro cyntaf i Gladys amau fod rhywun yn chwarae triciau arni, yn ceisio'i dychryn yn nhrymedd nos, neu'n waeth byth, yn chwilio am ffordd i dorri i mewn i'r tŷ.

Cododd i roi papur yn y grât a thaflodd lond dwrn o briciau o'r bocs oedd ar y pentan ar ben y papur cyn eu cynnau. Taniodd y papur ond gwrthododd y fflamau afael, dim ond mygu'n farwaidd cyn marw i lawr. Rhegodd Gladys o dan ei gwynt cyn tyrchu i waelod y bocs i chwilio am briciau sychion a rhoi cynnig arall arni. Y tro hwn, cydiodd y fflamau a chododd hithau ddarnau o lo o'r bwced a'u gollwng yn ofalus i'r grât, ond cyndyn iawn oedd y clapiau hwythau i danio. Roedd bwndel o hen bapurau newydd yn dal yn eu plyg ar gornel bellaf y bwrdd. Gofalai tad William eu cadw nhw iddi ar ôl iddo eu darllen, er nad oedd gan Gladys fawr o ddiddordeb yn eu cynnwys heblaw am yr erthyglau ynglŷn â'r ffasiynau diweddaraf a'r ffilmiau newydd oedd yn y sinemâu. Wrth sylwi pa mor farwaidd oedd y tân agorodd dudalen ddwbl i orchuddio'r twll yn y grât ac o fewn eiliadau clywodd y simdde yn tynnu fel petai hi'n brwydro am ei hanadl, a gwelodd gysgodion fflamau yn llamu i fyny'r simdde. Cyn iddynt gael cyfle i afael yn y llen bapur plyciodd Gladys hi i ffwrdd er mwyn teimlo gwres y tân yn cosi ei bochau. Cododd ar ei thraed, ac yng ngolau'r fflamau edrychodd ar y cloc oedd yn hongian ar wal y gegin – un o'r ychydig greiriau y daeth â hwy hefo hi o gartref ei rhieni pan briododd hi a William – a gwelodd mai dim ond tynnu am hanner awr wedi pump oedd hi. Ystyriodd fynd yn ôl i'w gwely ond roedd yr holl gyffro wedi ei gwneud yn amhosibl iddi feddwl am ailafael yn ei chwsg a mwynhau clydwch y gwely am ddwyawr arall cyn i'r plant ddeffro.

Synnai hi ddim nad oedd Mair drws nesa wedi codi eisoes ac wedi dechrau tacluso'r aelwyd cyn i'w mab, Gruffydd, stwyrian. Roedd y ddwy ohonyn nhw mor wahanol i'w gilydd. Wrth ystyried Mair, oedd a'i thŷ fel pìn mewn papur bob amser, meddyliodd Gladys gymaint yn rheitiach fyddai i'w ffrind gysidro mwy amdani hi ei hun yn lle rhwbio a glanhau'r dodrefn drwy'r dydd a swatio yn y tŷ yn gwau a gwnïo byth a beunydd, neu'n sgwennu at Ifan, ei gŵr. Welodd hi erioed Mair yn rhoi lliw ar ei gwefusau ac er bod ei dillad bob amser yn drwsiadus, rhai digon hen ffasiwn oedden nhw. Ambell dro byddai Gladys yn ceisio'i pherswadio i fynd hefo hi yn gwmpeini i'r pictiwrs, ond gwrthod wnâi Mair bob tro.

Roedd mynd i'r dre ar nosweithiau Sadwrn yn hanfodol bwysig i Gladys, i'w chadw yn ei llawn bwyll. Yn rhywbeth i edrych ymlaen ato yn ystod yr wythnos: dipyn bach o hwyl diniwed i dorri ar undonedd ei bywyd unig, rhywbeth i'w hatgoffa ei bod yn dal yn ifanc er ei bod yn teimlo ar brydiau fel gwraig weddw ganol oed. Ar adegau roedd braidd yn eiddigeddus o William, yn cael crwydro o le i le a gwneud ffrindiau newydd... ei fêts, fel y galwai ei gyd-filwyr yn ei lythyrau prin.

Wrth iddi wisgo amdani dechreuodd Gladys deimlo'n euog ei bod yn edliw i William fwynhau ei hun yn y lluoedd arfog. Gwyddai na ddylai feddwl y fath beth – wedi'r cyfan, roedd llawer o'r hogiau druan mewn perygl ac eraill wedi gorfod aberthu'u bywydau – ond roedd pob un diwrnod yn teimlo fel oes Adda iddi. Heb ddianc am dipyn o hwyl ar y penwythnos byddai'n siŵr o fod yn agos at gael ei gyrru i Ddinbych.

Gafaelodd yn y tegell, ond pan aeth i'r pantri i'w lenwi gwelodd mai dim ond tropyn bach o ddŵr glân oedd ar ôl yn y tŷ.

'Go drapia,' cwynodd, gan siarad â hi'i hun fel petai rhywun yno i'w hateb. 'Pam na fyswn i 'di mynd i nôl peth ddoe yn lle crwydro i'r Rhyd?' Roedd yn gas ganddi fynd ar hyd y llwybr unig gydag ochr y winllan at y pwmp, rhag ofn iddi ddod wyneb yn wyneb â rhywun yn y coed. Llawer gwell ganddi oedd mynd i'r pentref, lle gwelai hwn a'r llall am sgwrs.

Gwenodd Gladys yn slei wrth gofio y byddai'r hen Danial Dafis yn pasio toc ar ei ffordd i'r ffynnon, a phetai hi'n glên hefo fo... Roedd hi wastad yn un dda am ddod allan o dwll.

* * *

Roedd Mair Ifans drws nesa yn Rhif 4 wedi codi ers meitin hefyd, ar ôl iddi hithau gael ei deffro gan sŵn y ddôr yn rhygnu wrth agor a chau. Er ei bod wedi dod yn lled gyfarwydd â'r gwichian a'r crafu ysgafn oedd i'w glywed ambell noson dywyll o'r cowt o flaen ei thŷ, gwyddai y byddai'n amhosibl iddi syrthio'n ôl i gysgu bellach gan y byddai'n disgwyl am unrhyw smic amheus arall o'r tu allan, sŵn a fyddai'n achosi i chwys oer dorri'n berlau bychain ar ei thalcen a gwneud i'w chalon gyflymu a churo mor uchel nes bod perygl iddi ddeffro Gruffydd Ifan bach.

Gwyddai nad oedd neb wrth law i'w gwarchod yn ystod y nosweithiau iasoer rheiny, ac mai codi a chadw'n brysur oedd yr unig ffordd y gallai ddianc rhag ei hofnau ac osgoi teimlo trueni drosti'i hun. Ar y dechrau, ar ôl i Ifan fynd, byddai'n eistedd am oriau yn torri ei chalon wrth i byliau mynych o hiraeth ei llethu, ac yn ddiweddar – ar ôl dechrau amau bod rhywun yn prowla yn y cowt – byddai'n eistedd yn y gegin yn crio'n dawel bob yn ail â dweud ei phader, yn rhy ofnus i dynnu amdani a mynd i'r gwely, hyd yn oed. Ond buan iawn y sylweddolodd nad oedd neb yn gwrando ar ei gweddïau taer, neb yn fodlon dod â'r rhyfel i ben, neb am gadw'r dihirod i ffwrdd o'i chartref. Doedd ganddi ddim dewis ond cario ymlaen a byw pob diwrnod mor naturiol ag y gallai er ei mwyn ei hun a'i mab, ac aros yn amyneddgar nes y deuai Ifan yn ei ôl ati.

Doedd 'run o'r merched oedd yn byw ar eu pennau eu hunain yn Rhes Newydd wedi crybwyll wrthi eu bod hwythau hefyd yn cael eu deffro ambell noson gan sŵn rhywun yn stelcian o gwmpas eu cartrefi. Roedd hynny'n rhyfedd, meddyliodd Mair, oherwydd fel arfer, heblaw am Beti Ŵan a Catrin Pari, ati hi roedd y merched oedd yn byw yn y tri thŷ arall yn dod gyda'u problemau. Roedd hi'n gwybod na fyddai Beti Nymbar Wan yn sôn dim wrthi – roedd hi'n cadw cymaint iddi hi ei hun, prin fyddai ei hymateb hyd yn oed pan fyddai rhywun yn ei holi am ei gŵr, Robat, oedd hefyd i ffwrdd yn cwffio. Go brin y byddai Jên yn yr ail dŷ wedi clywed dim a hithau, yn hen ferch ddi-briod, yn cwyno byth a beunydd am ei chlyw.

Hen wraig oedrannus, biwis oedd Catrin Pari ar ben arall y rhes. Roedd pawb yn ei galw yn Catrin Fala Surion am ei bod yn adnabyddus drwy'r ardal am y cyffeithiau roedd hi'n eu cymysgu at bob math o anhwylderau. Chlywodd Mair 'mo'r un o'r ddwy arall oedd yn byw o bobtu iddi, Gladys ac Anni, yn cwyno dim eu bod hwythau wedi cael eu deffro gan synau rhyfedd chwaith. Tybed mai dim ond arni hi roedd y cythraul yn aflonyddu? Ysgydwodd ei phen mewn penbleth. Doedd ganddi hi ddim modd o ddarganfod hynny. Yn ogystal â'r llenni blacowt oedd i fod wedi eu cau, yn ôl rheolau'r wlad, i gadw pob dafn o olau rhag dianc o'r tai, roedd gwrych bocs uchel yn amgylchynu pob tŷ yn Rhes Newydd. Yn gwarchod pob tŷ oddi wrth ei gilydd ac oddi wrth y ffordd fawr, nes peri i'r merched deimlo'n ynysig ac unig unwaith yr oeddynt wedi cau'r dorau. Daethai Mair i'r penderfyniad ers tro mai'r peth doethaf i'w wneud oedd cadw'n ddistaw a pheidio ag yngan gair wrth neb am ei hofnau, gan obeithio y byddai pwy bynnag oedd yn aflonyddu arni hi yn blino toc, a rhoi'r gorau iddi, yna fyddai hi ddim wedi dychryn y merched eraill yn ddiangen. Doedd hi ddim am sôn gair wrth Ifan yn ei llythyrau chwaith. I be'r aethai i'w boeni ac yntau mor bell i ffwrdd?

Y bore hwnnw, fel pob bore arall, teimlai'n hiraethus iawn ac roedd yn anodd atal y dagrau. Diwrnod arall heb Ifan, meddyliodd, heb ei wên annwyl, heb glywed ei lais, heb deimlo'i freichiau yn ei chofleidio. Diwrnod cyfan o llnau a pharablu plentynnaidd efo Gruffydd Ifan, gwau a gwnïo... treuliai ddyddiau cyfan, wythnosau, misoedd, blynyddoedd yn gwneud yr un peth drosodd a throsodd a throsodd.

Wrth godi oddi ar ei heistedd i chwilio am hances i sychu ei dagrau, teimlodd gywilydd am gwyno iddi ei hun, yn enwedig o gofio'r ergydion oedd wedi taro'r ardal, a'r newyddion drwg mynych a wnâi i bawb sylweddoli nad oeddynt hwythau, chwaith, yn debygol o gael eu harbed rhag erchyllterau'r rhyfel. Er bod y rhan fwyaf o ddynion yr ardal i ffwrdd yn cwffio ers blynyddoedd, roedd y trigolion eraill wedi ceisio dal i fyw yn eu byd bach diniwed, yn rhoi eu pennau yn y tywod a chredu y byddai'r hogiau i gyd yn dod adre'n saff. Ond pharodd y teimlad hwnnw ddim yn hir. Cyrhaeddodd y newydd trist fod Bobi Preis, mab plismon Rhydyberthan, wedi ei anafu'n ddrwg a'i fod mewn ysbyty yn ne Lloegr. Pan gyrhaeddodd Bobi druan adref wythnosau lawer yn ddiweddarach un goes oedd ganddo – gadawyd y llall yn Ffrainc, wedi'i chwythu i fyny'n chwilfriw. 'Lwcus!' meddai rhai, 'cael dod adra'n fyw.' Bron nad oedd yn bosib clywed ochneidiau o ryddhad yn hwylio hefo'r cymylau uwchben yr ardal. 'Un ohonon ni wedi ei anafu, siawns mai dyma'r unig achos glywn ni amdano mewn ardal mor fychan â hon.'

Ond chwalwyd eu ffydd. Daeth diwrnod ofnadwy arall yn fyw i gof Mair. Pnawn o wanwyn braf oedd hi, y plant yn chwarae o flaen y tai a Gladys, Anni a hithau yn sefyll wrth y gwrych yn sgwrsio, yn mwynhau gwres yr haul yn gynnes ar eu cyrff ac yn chwerthin bob yn ail â pheidio ar ben ystumiau'r plant. Yna, drwy gil ei llygad sylwodd Gladys ar rywun yn dod ar feic o gyfeiriad y pentref ac yn arafu fel yr oedd yn nesáu. Cipiodd ei hanadl a chlywodd Mair ac Anni hi'n sibrwd mewn arswyd. 'Teligram!' Safodd y tair yno wedi rhewi, yn gafael fel gelod yn nwylo'i gilydd. Neidiodd y bachgen i lawr oddi ar y beic a'i roi i bwyso ar y gwrych cyn cerdded tuag atynt yn araf... roedd amlen yn ei law. Methodd yr un ohonynt yngan gair na'i gyfarch wrth ei enw er bod y tair yn ei adnabod yn iawn. 'Hogyn y teligram' oedd o iddyn nhw. Hogyn ifanc o'r pentref oedd yn cael chwe cheiniog gan Joni'r Post am gludo newyddion drwg o ddrws i ddrws. Chwe cheiniog am bob anaf difrifol neu farwolaeth. Wyddai 'run o'r tair at bwy yr oedd Maldwyn druan yn anelu gan fod ei ben ar osgo a'i lygaid yn edrych tua'r llawr. Roedd ei wyneb yn welw. Camodd Anni y tu ôl i Mair, fel petai'n ceisio gwneud ei hun yn anweladwy rhag ofn i lygaid Maldwyn ddisgyn arni. Ond doedd dim modd dianc rhag y gwirionedd. Estynnodd y bachgen ei fraich heibio i Mair a Gladys a mynnu bod Anni yn gafael yn yr amlen, ond gwrthododd hithau ei chymryd gan roi sgrech annaearol a disgyn ar ei gliniau ar y lôn. Stopiodd y plant eu chwarae, gan sefyll fel delwau bychain a'u bysedd yn eu cegau wrth edrych arni mewn braw. Cipiodd Mair y papur o law Maldwyn a'i ddarllen yn frysiog cyn rhedeg i'r pantri i nôl cwpanaid o ddŵr oer. Bu Anni'n hir iawn yn dadebru, ac unwaith y sylweddolodd beth oedd wedi digwydd gollyngodd un sgrech ddirdynnol ar ôl y llall nes yr oedd ei hing yn diasbedain drwy'r wlad. Ceisiodd Mair, gyda help Maldwyn druan, lusgo Anni i'r tŷ a'i rhoi i orwedd ar y gwely, ond daliodd y ddynes ifanc i wylofain gan alw enw ei gŵr, John Emlyn, drosodd a throsodd rhwng yr ebychiadau. Wrth iddi basio Gladys rhoddodd Mair y teligram yn ei llaw, ac ar ôl iddi hithau weld y neges: 'Lost, believed killed in action' dechreuodd hithau oernadu. Wnâi Mair byth anghofio'r dyddiau ofnadwy rheiny, a'r ofn a ddisgynnodd dros Gladys a hithau wrth iddynt sylweddoli mai dim ond lwc oedd yn eu cadw hwythau rhag diodde'r un dynged ag Anni.

Pwy fyddai'r nesaf i dderbyn teligram, tybed?

Bu'r wythnosau yn dilyn colli John Emlyn yn rhai prysur iawn i Mair a Gladys, rhwng cadw golwg ar Anni a chroesawu'r cymdogion oedd yn galw i gydymdeimlo â hi. Roedd y ddwy hefyd yn edrych ar ôl Siôn a Martha, ei hefeilliaid bach pum mlwydd oed nad oedden nhw'n ddigon hen i sylweddoli'n llawn beth oedd wedi digwydd. Wedi'r cyfan, roedd eu tad wedi mynd i ffwrdd ers blynyddoedd a hwythau wedi colli nabod arno fo.

Newidiodd Anni dros nos o fod yn ferch ifanc hwyliog i fod yn wraig ddagreuol, anobeithiol; collodd ddiddordeb ym mhob dim, hyd yn oed ei phlant. Er i'w rhieni oedrannus erfyn arni i symud yn nes atynt i'r dref doedd dim golwg fod gan Anni ddigon o nerth i ystyried y peth, heb sôn am fudo.

Wrth i Mair llnau'r grât yng ngolau'r lamp baraffin fach, a chynnau'r tân nes bod y fflamau'n adlewyrchu ar garreg yr aelwyd, diolchodd mor lwcus oedd hi o'i chymharu ag Anni. Dim ond wythnos yn ôl roedd pennawd yn y *Caernarvon and Denbigh Herald*: 'The End Drawing Near. Events in Europe are moving rapidly', wedi codi ei chalon. A diwedd ar y cwffio heb fod ymhell, ystyriodd, siawns bod Ifan yn saff ac y byddai adref gyda hyn.

Aeth i'r pantri er mwyn tywallt ychydig o lefrith i'r sosban, a'i rhoi ar y tân. Bu'n sefyll yn gwylio'r hylif nes iddo godi i'r berw, yna, gyda'r clwtyn yr oedd wedi ei wau i arbed ei bysedd rhag llosgi, cydiodd yng nghoes y sosban a'i rhoi i eistedd ar y pentan tra oedd yn estyn cwpan a rhoi llwyaid o goffi Camp chwerw ynddi.

Tybed ble roedd Ifan, myfyriodd uwchben ei phaned. Byddai'n dda cael llythyr ganddo, ond roedd y rheiny mor anwadal – câi un bob wythnos am sbel, yna dim gair am hir nes y deuai dau neu dri ar y tro. Roedd yn gas ganddi sgwennu ato yn Saesneg, doedd o ddim yn swnio'n iawn rywsut, ond doedd dim dewis os oedd y llythyrau i gyrraedd pen eu taith. Trafferth cael sensor Cymraeg i ddarllen y llythyrau oedd y broblem, yn ôl Ifan, a'r llythyrau yn cael eu dal yn ôl am hydoedd. Petai o'n rhoi nodyn bach yn y Gymraeg i mewn efo'r llythyr Saesneg byddai'r rhan fwyaf ohono wedi ei chwalu allan, felly yn y bôn roedd yn llai o drafferth sgwennu'r cwbwl yn Saesneg. Chafodd yr un o'r ddau fawr o wersi Saesneg yn yr ysgol ers talwm, ond o leia roedden nhw wedi dysgu digon i ddallt ei gilydd. Cymerodd Mair lymaid bach o'i choffi wrth gofio dyddiau hapusaf ei bywyd.

Chawson nhw fawr o amser efo'i gilydd ar ôl priodi, ond roedd hi mor hapus ac wedi gwirioni efo'i thŷ bach, er ei fod o mor dlodaidd. Cadwai eu cartref fel palas a dysgodd wneud prydau bwyd blasus ar y tamaid tân, gan freuddwydio am gael symud ymlaen i rywle gwell ymhen blwyddyn neu ddwy. Roedd Mair wrth ei bodd yn rhwbio a llnau ac ati – bu iddi ddysgu dipyn bach o steil tra oedd yn gweini yn y Ficrej: sut i osod y bwrdd a rhoi sglein ar bopeth. Bryd hynny roedd pawb yn dweud ei bod hi'n rhy ifanc i briodi, ond ar ôl cael cip ar wyneb direidus Ifan yng nghefn yr eglwys yng nghwmni'r gweision fferm eraill collodd ei chalon iddo. Ar ôl sawl gwên swil a winc fach slei dechreuodd y ddau ganlyn, a phan ddaeth y rhyfel doedd yr un o'r ddau am i Ifan fynd i ffwrdd i'r Fyddin a hwythau heb briodi.

Wnâi hi byth anghofio mor anghyffredin o goch oedd yr awyr y noson cyn iddo adael, bum mlynedd yn ôl, a phawb yn dweud mai arwydd o bethau melltigedig i ddod oedd y cochni. Mi oedd arni gymaint o ofn – a dyma hi, flynyddoedd yn hŷn ac yn dal yr un mor nerfus: ofn y tywyllwch, mellt a tharanau, ofn y postman, sŵn y Jyrmans ar eu ffordd i fomio Lerpwl, ac yn waeth na dim ofn gweld y beic fyddai'n danfon y teligrams. Hen feic du wedi gweld dyddiau gwell, heb fath o sglein arno, fel cerbyd y diafol ei hun. Doedd dim synnwyr fod pobol ifanc fel hi yn dechrau byw mewn cymaint o ofn, hefo rhyw hen gryndod y tu mewn iddyn nhw ddydd a nos.

Aeth meddwl am ei gŵr ifanc mor bell i ffwrdd yn drech na hi, a rhoddodd ei phen i bwyso ar ei breichiau tenau oedd ymhleth ar y bwrdd. Dechreuodd grio'n dawel, ond gorfodwyd hi i sychu'i dagrau pan ddaeth peswch ysgafn Gruffydd Ifan o'r siambr i'w hatgoffa nad oedd hi ar ei phen ei hun. Meddyliodd am y bore, flynyddoedd yn ôl bellach, pan fu'n rhaid i Ifan ei gadael ar ôl bod adref am ysbaid. Y tro hwnnw, gwyddai ei fod yn cael ei anfon dros y môr, ac er i'w chalon dorri'n deilchion wrth iddo ei gwasgu at ei fron yn y stesion hyd at chwiban olaf y giard, wnaeth hi ddim rhannu ei chyfrinach ag o. Wnaeth hi ddim sôn am yr hedyn bach roedd hi'n amau oedd wedi glynu yn ei chroth ers iddo fod adref am seibiant ddeufis ynghynt. Doedd hi ddim am ddatgelu'r newyddion iddo nes ei bod hi'n hollol sicr, a bu'n rhaid iddi wneud hynny mewn llythyr. 'I'm pregnant.' Nid sibrwd yn ei glust yn falch, 'Dwi'n disgwyl ein babi bach ni,' a chael clywed ei ymateb llawen, ei falchder wrth iddo ei chusanu. Sut bynnag y cyrhaeddodd y newydd, chafodd o ddim dod adref i groesawu ei fab i'r byd.

Byddai'n rhaid iddi roi'r gorau i grio fel hyn byth a beunydd, meddyliodd. Roedd hi wedi dechrau cynefino yn o lew â byw heb Ifan nes y daeth yr hen synau i darfu arni fis neu ddau yn ôl. Na, wnâi hi ddim sôn gair wrth neb am y peth neu mi fyddai genod y rhes yn dychryn, a'i thad yn pwyso arni i symud ato fo i'r pentref. Yma roedd ei chartref, a gwnaeth addewid i Ifan mai yno y byddai, yn disgwyl amdano, pan ddeuai adref. Doedd dim dewis arall iddi hi na'r miloedd o ferched yn yr un cwch â hi, dim ond dysgu byw heb gymorth a chefnogaeth eu gwŷr, ceisio codi bob bore hefo gwên ar eu hwynebau a bod yn gefn i'w gilydd, doed a ddêl.

Daeth awydd arni i sgwennu at Ifan, ac estynnodd bapur tenau o ddrôr y seidbord a gawsant yn anrheg priodas gan Berson yr eglwys a'i wraig. Er mai o'r golwg yn atig y Rheithordy roedd y dodrefnyn pan oedd Mair yn forwyn fach yno, roedd hi ac Ifan mor ddiolchgar pan gynigiodd ei meistres hi iddyn nhw. Roedd Mair yn meddwl y byd o'r seidbord ac yn ei rhwbio bob dydd hefo cwyr nes y gwelai ei llun ynddi, a Gruffydd bach wedi dod i ddeall yn fuan iawn nad oedd ei fam yn hoffi iddo hel ei ddwylo drosti, yn enwedig os oedd newydd fwyta. Heblaw am y bwrdd a'r tair cadair yn y gegin, a'r ddau wely a'r cwpwrdd dillad bach yn y siambr, y seidbord oedd yr unig ddodrefnyn yn y tŷ.

Cododd Mair fflam y lamp i fyny a gafael yn ei phensel.

September 1944

Dear Ifan

Here I am writing again to you even though I only did so two days ago, But I feel you are here with us, as I am writing. As always nothing much has happened here and we are all OK, exept for poor Anni Griffith who has not moved from the house much since she got the telegram about John Emlyn last Spring. All of us are trying to help her as much as we can, cooking for her and the children, but I am afraid that the officials will take her away if they find out what state she is in. She will not get up in the mornings unless we go there to persuade her. We will do our best for her. There are many things going on in the chapel in the evenings next month, the Red Cross is putting on a concert to collect money for good causes, it will help us spend the time.

Please don't worry at all about us, we are having lots of fun between us. Do you know what happened to Gladys the other day? You know how proud she is of herself. It was so funny. She painted her legs with gravy browning and asked me to draw seams down the backs with her eyebrow pencil to pretend she had stockings on, but on the way to Rhyd it started to rain and the gravy browning melted and ran down her legs, they looked like the brown ditches in the Winllan. Well she was so embarasd and she turned on her heels and ran all the way back home. Gladys druan.

Everbody is saying that this war is nearly over and that you will be home soon.

I hope it is true.
Come back safely to us,
Your loving wife,
Mair

Darllenodd Mair drwy'r llythyr byr cyn plygu'r dudalen. Syllodd yn hir arni, fel petai'n dychmygu wyneb Ifan ar y papur, cyn ei rhoi yn yr amlen. Roedd hi'n anodd weithiau ymatal rhag cwyno yn ei llythyrau a dweud wrtho gymaint roedd hi'n hiraethu amdano bob awr o'r dydd a faint roedd hi'n poeni amdano a pha mor galed oedd hi arni i geisio cael dau ben llinyn ynghyd, ond wnaeth hi erioed hyd yn oed ystyried sôn wrtho fod rhywun yn aflonyddu arni. Byddai clywed hynny yn ddigon i'w ddrysu ac yntau mor bell i ffwrdd, yn methu gwneud dim i'w harbed.

Aeth i sbecian allan rhwng y cyrtens blacowt, a phan welodd fod y wawr ar dorri diffoddodd y gannwyll ac agor y llenni led y pen. Cododd ei hysbryd wrth i'r haul daflu ei belydrau cynnes drwy'r ffenest, a cheisiodd berswadio'i hun mai Defi John, gwas Cae'r Hafod, neu rai o hen lafnau gwirion y pentref yn chwilio am sbort oedd yn trio'i dychryn yn y nos, a'u bod yn ddigon diniwed yn y bôn. Penderfynodd mai eu hanwybyddu nhw oedd orau gan obeithio y bydden nhw'n blino toc, a mynd i chwilio am ryw ddryga arall i basio'u hamser.

2

Roedd Gladys wedi gadael i'r tân ddiffodd o'r bron tra eisteddai o'i flaen yn synfyfyrio, y tegell gwag yn dal yn ei llaw a'i meddwl wedi llamu'n ôl i'w phlentyndod.

Gladys Lewis oedd hi'r adeg honno, a'i rhieni wedi rhoi'r gorau o bopeth iddi, o fewn eu gallu, yn faterol ac yn emosiynol. Treuliodd ei mam druan oriau gyda'r nosau yn clymu clytiau yn ei gwallt er mwyn iddi fynd i'r ysgol y bore wedyn â'i gwallt du yn disgyn yn rholiau trymion i lawr dros ei hysgwyddau, hefo rhuban llydan gwyn yn ddolenni ar ei chorun. Roedd hi wrth ei bodd yn sgipio drwy giât yr ysgol a theimlo'i gwallt yn dawnsio o ochr i ochr. 'Meddwl ei hun,' dyna fyddai Sera a Gwenni, ei ffrindiau, wedi'i ddweud amdani mae'n debyg, ond doedd dim gwahaniaeth ganddi – arni hi roedd llygaid yr hogia i gyd, nid arnyn nhw.

Daeth ei mam o hyd i swydd iddi yn siop *drapers* Howard Johnson yn y dre, fel nad oedd yn rhaid iddi fynd i weini fel y genod eraill, a difetha'i dwylo wrth sgwrio a golchi i bobol fawr. Roedd Gladys yn llawn sylweddoli fod Mr Johnson wrth ei fodd efo hi, a'i fod o'n teimlo'n lwcus o ddarganfod hogan mor ddeniadol â hi i sefyll y tu ôl i'w gownter i ddelio â'i gwsmeriaid. Rhyw hen ferched snobyddlyd oedd rhai ohonyn nhw, cofiai Gladys, fyddai'n edrych yn ddirmygus arni. Gwyddai'n iawn pam eu bod yn gwneud hynny hefyd – roedd hi'n ifanc a gosgeiddig a hwythau'n hŷn a blonegog, yn stryffaglio i drio dillad o flaen y drychau hirion oedd yn adlewyrchu'n ddidrugaredd y rhowliau o gwmpas eu boliau. Gwenai Gladys yn slei wrth sylwi ar y chwysu a'r cywilyddio wrth i ambell un fethu'n glir â gwasgu ei chorff i mewn i ffrog neu flows roedd hi wedi ei ffansïo, er ei bod wedi tynhau llinynnau ei staes gymaint ag oedd yn bosib. Bryd hynny, addawodd Gladys iddi ei hun na fyddai hi byth yn gadael i'w chorff fynd i'r ffasiwn stad... byth. Dim ond pigo ar ei bwyd fel aderyn bach wnâi er mwyn cadw'i phwysau i lawr ac oherwydd hynny doedd y dogni ddim wedi effeithio llawer arni. Roedd hi'n hollol fodlon ar ei siâr cyn belled â bod y plant yn cael llond eu boliau.

Cofiai fel roedd hogia'r dre yn ei llygadu pan oedd hi'n mynd i'r pictiwrs efo'i ffrindiau ers talwm, ond troi ei thrwyn arnyn nhw fyddai hi'n ei wneud, nid mynd efo unrhyw Twm, Dic a Harri fel y gwnâi Sera a Gwenni. Fu hi ddim yn hir yn sylwi ar William yn tindroi o'i chwmpas, er nad oedd hi'n ei ffansïo fo fawr, chwaith, efo'i groen plorog a'i wallt seimllyd wedi'i blastro â Brylcreem. Er hynny, mi oedd o'n edrych ac yn ogleuo dipyn yn well na'r gweision fferm oedd yn trio'u lwc efo hi, yn eu trowsusau melfaréd nad oeddynt yn cael eu golchi o un pentymor i'r llall, dim ond crafu'r baw mwyaf i ffwrdd â chyllell boced. Ond wedi i'r ddwy arall ddechrau canlyn yn selog a'i gadael hi ar ei phen ei hun, y peth nesaf wnaeth hi oedd hanner addo i William y byddai hi'n mynd hefo fo i'r Coliseum ryw nos Sadwrn, a doedd dim modd iddi gael gwared arno fo wedyn. Mi fyddai'n aros y tu allan i'r siop bob nos yn y gaeaf i'w hebrwng at y bws i fynd adref ar ôl ei gwaith. Gweithio efo Tomi Jôs yr adeiladwr oedd o, ac roedd hwnnw wedi awgrymu y byddai'n gwneud William yn bartner ryw ddiwrnod, gan nad oedd ganddo fo blant i gymryd y busnes ar ei ôl. Addawodd William godi tŷ mawr, moethus iddi petai'n cytuno i'w briodi, a dechreuodd ei rhieni frolio wrth bawb pa mor lwcus oedd hi, a hogyn mor glyfar oedd William. Roedd hi mor falch bod ei mam a'i thad wedi cael byw i weld ei phriodas, cyn i'r ddau farw o fewn blwyddyn i'w gilydd. Ond petaen nhw'n ei gweld hi rŵan fydden nhw byth yn gadael iddi hi ddioddef ar ei phen ei hun mewn tŷ bach tamp, roedd hi'n gwybod hynny.

Ochneidiodd Gladys a rhoddodd y tegell gwag yn ôl ar y pentan. Gwasgodd y gôt yn dynnach amdani a chwyno'n isel iddi'i hun. Roedd yn gas ganddi feddwl am wynebu gaeaf arall, heb olwg bod diwedd i'r rhyfel felltith. Doedd hi ddim wedi sôn wrth ferched y tai eraill ei bod hi'n cael ei deffro gan sŵn sgriffio a phesychu isel yn y cowt y tu allan – fydden nhw'n gwneud dim ond chwerthin ar ei phen a dweud ei bod hi'n gwylio gormod o ffilmiau yn y Coliseum oedd yn peri iddi hel meddyliau gwirion.

O'r diwedd, cododd at y ffenest a mentro gwahanu mymryn ar y llenni blacowt. Saethodd rhimyn gwyn o olau drwy'r crac yn y defnydd nes ei dallu, a thynnodd y defnydd du trwchus i'r ochr nes i'r gegin loywi a gwneud iddi gau ei llygaid am eiliad. Cerddodd ar flaenau ei thraed i'r siambr i nôl ei dillad cyn dychwelyd i'r gegin i wisgo amdani rhag deffro'r plant. Gwenodd ar ei hadlewyrchiad yn y drych bychan, brychlyd oedd yn hongian ar wal y palis, ac wrth dynnu crib drwy ei gwallt tonnog, tywyll anghofiodd bopeth am ei phryderon. Roedd mor falch ei bod wedi dilyn cyngor ryw erthygl yn y papur newydd oedd yn dweud bod rinsio gwallt efo dŵr dail te a rhosmari yn cadw gwallt tywyll yn dywyllach ac yn rhoi sglein graenus arno. Aeth i'r pantri i daenu ychydig o flawd gwyn ar ei bochau cyn agor y drws a rhoi ei phen allan i wrando. Pan gamodd i'r cowt, sylwodd ar unwaith fod rhywbeth, neu rywun, wedi chwalu'r twmpath deiliach yr oedd wedi'i adael o flaen stepen y drws y prynhawn cynt. Craffodd o'i chwmpas... doedd hi ddim yn cofio iddi adael y brwsh llawr yn lle roedd o chwaith. Ei roi i bwyso ar wal y cwt fyddai hi fel arfer, â'i ben i fyny, nid â'i ben i lawr yn pwyso ar y gwrych. Daeth yr hen amheuon yn ôl i'w phoeni ond ceisiodd eu rhoi o'r neilltu drwy edmygu'r goeden drops, oedd yn dal yn eithriadol o dlws er gwaetha'r barrug ysgafn a lynai wrthi. Roedd hi'n fore tawel yn niwedd Medi, a'r awyr las yn argoel o ddiwrnod braf.

Gwrandawodd am unrhyw arwydd fod Danial Dafis ar ei ffordd i'r ffynnon. Toc, clywodd sŵn clocsiau yn crensian ar y ffordd lychlyd a thincial piseri gwag wrth iddynt daro'n ysgafn yn erbyn dolenni haearn yr iau. Rhuthrodd Gladys allan i agor y ddôr, oedd bron wedi ei chuddio gan y gwrych bocs uchel a amgylchynai'r cowt bychan o flaen y tŷ.

'Bora da Danial Dafis, yn tydi hi'n fora braf, deudwch?'

'Wel wir 'rionadd, Gladys bach, mi neuthoch fy nychryn. Wnes i ddim meddwl gweld neb o gwmpas yr adag yma o'r bora. Sut ydach i, 'ngienath i?'

'Does dim llawar o hwylia arna i, Danial Dafis, yr hen gefn 'ma'n fy mhoeni o hyd. Chysgis i fawr neithiwr, dim ond troi a throsi, a dwi'n teimlo'n ddigon llegach bora 'ma, cofiwch,' atebodd gyda rhyw ebychiad bach slei. 'Dwn i ddim sut yr a' i ati i nôl digon o ddŵr at frecwast y plant, heb sôn am fedru cario digon i olchi'u dillad nhw. Mae hen bwmp haearn y ffynnon 'na mor drwm i'w bwmpio i fyny ac i lawr, yn tydi? Mi ydw i'n diodda wedyn efo poena yn fy nghefn am ddyddia.'

Rhoddodd Gladys ei dwy law ar waelod ei chefn ac edrych yn ymbilgar ar Danial. Sylwodd yr hen ŵr pa mor welw oedd hi, ac ar ei llygaid tywyll, cyn ddued â'r llus a dyfai yng ngwinllan Rhosddu, oedd yn syllu i fyw ei lygaid yntau.

''Ngienath fach i, peidiwch chi â phoeni am nôl y dŵr. Dowch â'ch pwcedi yma. Fydd o ddim traffarth i mi 'u llenwi nhw – ma'r iau 'ma'n gwneud y gwaith o gario'r piseri mor hawdd ac mi fedra i gydiad yn 'ych pwcedi chitha yn fy nwylo, siŵr iawn, medra'n tad annw'l.'

Aeth Gladys i'r tŷ a daeth yn ei hôl gyda dwy bwced wen wag, a gollyngodd hwy wrth draed yr hen ŵr gan syllu arno'n union fel ci bach ufudd yn disgwyl i'w fistar ei frolio.

'Danial Dafis bach, sut fedra i ddiolch digon i chi? Gobeithio na fydd yn ormod o straen ar 'ych sgwydda chi.'

Cododd yr hen ŵr y pwcedi a cherdded yn wargam i fyny'r ffordd tua Ffynnon Rhosddu, ei gap wedi ei dynnu i un ochr dros ei wallt claerwyn a sach blawd glân wedi ei daenu dros ei ysgwyddau i arbed ei gôt rhag pwysau'r iau. Dringodd y gamfa i fyny i'r llwybr oedd yn dilyn pen y wal a cherdded yn bwyllog drwy'r twnnel oedd wedi ei greu gan y coed cyll.

'Y genod bach 'na,' mwmialodd iddo'i hun wrth fynd, 'wedi'u gadael am flynyddoedd ar ben 'u hunain heb yr un dyn i'w helpu nhw. Ma'n galad ar y naw arnyn nhw, ac mi fydd yn waeth byth pan ddaw'r gaea... biti garw ... ar f'enaid i. Ia'n wir. Mae'n gwilydd i'r hen Hitlar 'na greu y fath lanast.' Roedd Danial yn dal i fyfyrio ar dynged trist y gwragedd ifanc pan gyrhaeddodd y ffynnon. Dechreuodd bwmpio'r dŵr gloyw i'r piseri a'r pwcedi, ei fraich dde fel petai'n ymddwyn yn reddfol i gwblhau'r dasg undonog.

Ar ôl i Danial fynd o'i golwg heibio'r gyffordd trodd Gladys yn ôl i'r tŷ a gweiddi ar y plant, oedd yn cysgu yn y siambr.

'Ydach chi am godi i Mam bora 'ma? Mi gawn ni frecwast bach, ac ar ôl molchi mi awn ni'n syth am y Rhyd i weld Taid a Nain. Ylwch braf fydd hi arnon ni, mynd am dro i'r pentra a chael sgwrs efo hwn a'r llall, yn lle bod yn fama drwy'r dydd. Dewch rŵan, mi fydd Danial Dafis yn ei ôl efo'r dŵr cyn pen dim.'

Neidiodd y plant i fyny ac i lawr ar y gwely, wedi cyffroi'n lân, eu breichiau'n chwifio'n wyllt wrth geisio taro'r nenfwd. Chwarddodd Gladys yn uchel wrth glywed Shirley yn ceisio dysgu Gari, ei brawd bach, sut i fwrw'i din dros ei ben, a fynta'n gwneud ei orau i'w phlesio.

'Cymrwch chi ofal na newch chi ddim disgyn dros yr erchwyn. Fydd 'na ddim mynd i'r Rhyd os brifwch chi, cofiwch,' galwodd Gladys o'r gegin wrth iddi baratoi'r bara llefrith.

Roedd hi'n gwybod na fyddai'r un o'r ddau am fethu trip i'r pentref i weld rhieni William am bris yn y byd – Meri Huws yn ffysian o'u cwmpas ac yn eu difetha'n lân, wedi gwirioni efo nhw, ac Edward, ei gŵr, yn ei ffordd sych, dawel, yn gwenu o'i gadair ar y syrcas. Aeth Gladys ati i estyn eu dillad gan durio i grombil y bwndeli oedd yn gorwedd ym mhob twll a chornel o'r siambr.

'*Make Do and Mend*, wir!' Gafaelodd mewn ffrog fach las, oedd â rhes o fotymau gwynion i lawr ei chefn, oddi ar gefn y gadair. 'Mi geith Shirley wisgo hon heddiw. Tydw i ddim am i neb 'i gweld hi mewn dillad wedi eu hailwampio allan o fy hen rai i, na rhai neb arall chwaith, waeth faint ma'r Llywodraeth yn ein hannog ni i neud hynny.'

Wrth iddi geisio cael trefn ar y plant, oedd erbyn hyn yn rhedeg yn wyllt o gwmpas y tŷ, clywodd sŵn traed Danial Dafis yn dychwelyd o'r ffynnon ac aeth i'r drws i'w gyfarfod.

'Chwara teg i chi. Diolch o galon, Mistyr Dafis bach, dwi mor ddiolchgar i chi.'

'Dydi o ddim traffarth o gwbwl, 'ngienath i, a gobeithio bydd y cefn yn mendio'n o fuan, ia'n y wir.' Aeth Danial Dafis yn ei flaen am adref a'i faich yn ysgafnach.

Ar ôl cael tamaid i fwyta aeth Gladys ati i newid a molchi'r plant. Wrth afael yng nghlytiau cras Gari meddyliodd pa mor bygddu oedden nhw, er eu bod yn cael eu socian mewn pwced ddrewllyd am ddyddiau ac yn cael eu berwi yn yr hen sosban fawr ddu ar y tân cyn eu golchi hefo'r sebon melyn yn y celwrn. Gresynodd nad oedd gan neb yn y rhes fangl i'w rannu, er mwyn cael gwared o'r gormodedd dŵr ohonynt. Doedd dim gwahaniaeth p'un ai oedd y clytiau wedi sychu'n grimp yn y gwynt a'r haul neu ar yr hors o flaen y tân, yr un oedd y canlyniad – clytiau cras, melynwyn. Doedd hi ddim yn mynd i ddifetha'i dwylo wrth ddefnyddio'r sgrwbiwr a'r sebon gwyrdd a gweld ei migyrnau yn troi'n dalpiau cochion cignoeth. Roedd hi wedi cael llond bol ar y clytiau a'u holl drafferthion, ac ar stranciau Gari pan oedd hi'n trio rhoi'r *safety pins* i'w cau heb ei bigo yn ei fol. Doedd dim golwg ei fod o am ddod allan ohonyn nhw er ei fod wedi cael ei ddwyflwydd, yn wahanol i'w chwaer oedd wedi camu allan o'i rhai hi un diwrnod a chyhoeddi, yn flwydd a hanner, nad oedd hi am eu gwisgo byth wedyn.

Cyn cychwyn, newidiodd o'i sgert a'i siwmper blaen am ffrog a oedd yn hongian yn y wardrob fach gul – un wen gwta gyda blodau bach mân, mân coch drwyddi. Clymodd sgarff coch a smotiau gwyn arno am ei phen, yna rhowliodd ei gwallt am y sgarff yn rholyn. Sychodd y blawd oddi ar ei hwyneb a rhoi sudd betys coch, oedd wedi ei gadw mewn potyn bychan, ar ei gwefusau a'i bochau. Rhedodd ei dwylo i lawr ei ffrog, ei hoff un, a gwenu'n fodlon am yr eilwaith y bore hwnnw ar ei llun yn y drych.

Rhoddodd Gari i eistedd yn y goets, a gweiddi ar ei chwaer fawr.

'Tyd, Shirley, stedda ditha ar y traed i ni gael mynd yn reit handi.'

Gobeithiai Gladys na fyddai angen rhoi ei chardigan amdani – byddai hynny'n cuddio'i ffrog, a gwyddai y byddai sawl pâr o lygaid y tu ôl i gyrtens tai Rhydyberthan yn sbecian arni wrth iddi basio. Gwyddai hefyd eu bod nhw'n siarad yn ei chefn hi, ond doedd dim ots ganddi amdanyn nhw.

Gweld bai arni oedden nhw am grwydro i'r dre ar nosweithiau Sadwrn, ond doedd gan yr hen ferched ddim syniad pa mor anodd oedd ei bywyd, rhesymodd Gladys. Doedden nhw ddim yn gorfod byw ar ben eu hunain yn bell o'r pentref mewn tŷ tamp heb dap dŵr na letrig. Roedd hi'n weddol siŵr nad oedd neb yn eu dychryn nhw drwy browla o gwmpas eu tai yn y nos, chwaith. Roedd dynion o gwmpas y pentref, waeth pa mor hen oedden nhw, felly wnâi'r ffernols ddim mentro yno. Roedd Preis Plisman yn byw yno hefyd, ond doedd hi ddim haws â sôn wrtho fo am y prowla – dim ar ôl iddo ei dal hi efo Bobi, ei fab, y tu ôl i'r capel ers talwm. Trodd ei meddwl at Bobi druan, oedd wedi dioddef cymaint. Sut roedd o'n mynd i ymdopi efo coes glec? Go brin y byddai unrhyw ferch yn edrych arno bellach, ystyriodd, er ei fod o'n dal yn goblyn o bishyn. Un da oedd o am garu hefyd, ond bod ei dad o fel ffurat o gwmpas y pentre yn difetha pob dim fel nad oedd gan yr un o'r genod lleol siawns o'i fachu.

Sythodd Gladys ei chefn a chamu'n feiddgar i gyfeiriad pentref Rhydyberthan. Doedd ganddi ddim bwriad o aros adref yng nghanol clytiau tamp yn disgwyl i William ddod yn ei ôl, waeth faint fyddai pobol yn siarad. Roedd hi'n benderfynol o ddangos i bawb nad oedd Gladys Huws yn malio 'run botwm corn am neb.

3

Cyn gynted â bod Gladys wedi cloi ei drws a gadael Rhes Newydd, herciodd dynes fechan eiddil allan drwy ddôr Rhif Dau ac anelu am dŷ Mair. Rhoddodd ei bawd ar glicied y drws.

'Iw-hŵ! Fi sy 'ma!'

Gwenodd Mair wrth weld Jên mor ffrwcslyd ag erioed – ei bochau'n wridog o dan ei sbectol fechan a'i cheg yn symud yn ddi-baid hyd yn oed pan nad oedd yn siarad. Roedd ei gwallt crychiog wedi'i ffrwyno o dan rwyd denau, frau a'i chorff wedi ei lapio o'r golwg mewn ffedog laes flodeuog er mwyn arbed ei dillad.

'Dewch i mewn, Jên, 'steddwch. Gym'rwch chi banad? Mae 'na un yn y tebot.'

'Wel ia, pam lai. Mi fysa panad bach yn dda iawn dros y galon. Welist ti 'rhen hogan Gladys William Meri 'na yn parêdio fel cwîn am y Rhyd? Mi glywis hi'n blaen yn cwyno am ei chefn wrth Danial Dafis druan fel ro'n i'n agor mymryn ar y ffenast, a fynta'n ddigon diniwad i gario dŵr iddi hi... dwy bwcedaid, cofia, do neno'r tad. Mi glywis i hi efo 'nghlustia fy hun, er mor fyddar ydw i.'

Y gwir oedd bod clyw Jên fel un ewig pan ddeuai ar draws rhywrai yn sgwrsio â'i gilydd, a byddai'n tindroi o'u cwmpas i drio dal rhyw bwt o gyfrinach heb i neb sylwi arni.

'Dyna hi, yn 'i lordio hi tua'r pentra wedi'i gwisgo'n swel ben bora 'ma, a chdi a finna yn dal yn 'yn bratia, a'r Shirley bach 'na mewn ffrog ffansi 'fath ag un dydd Sul, tra mae plant Nymbar Wan yn eu rhacs gan Beti Ŵan...'

Cymerodd Jên anadl ddofn er mwyn pardduo mwy ar Gladys ond torrodd Mair ar ei thraws.

'Wel, dyna fo, Jên. Tydan ni i gyd ddim yr un fath, 'chi. Chwara teg, ma' William wedi mynd ers y dechra bron, a dim ond wedi cael dŵad adra dair neu bedair gwaith dros y blynyddoedd... 'i swydd o yn yr RAF yn rhy bwysig, yn ôl Gladys, a cofiwch nad ydi hi ddim yn lecio bod ar 'i phen ei hun, yn nac'di?'

'Taw, wir! Ma' hi yn yr un cae â chditha a Beti Ŵan, a tasa hi ond yn meddwl am Anni Nymbar Ffeif druan, wedi'i gadael yn fam weddw ifanc. Ma' Gladys yn meddwl 'i bod hi'n well na chi i gyd, 'sti, hefo'i straeon a'i breuddwydion am y petha crand sy'n ei disgw'l hi pan ddaw'r rhyfal 'ma i ben, os y daw o o gwbwl.'

'O, daw, ma'r hogia'n siŵr o drechu'r hen Jyrmans 'na. Dwi 'di clywad eu bod nhw'n tynnu yn ôl o Italy ar ôl i Rufain syrthio ddechra'r ha',' atebodd Mair gan geisio swnio'n hyderus. 'Dwi'n gweddïo bob nos ar fy nglinia na wneith hyn ddim para'n hir eto rŵan, ac y daw Ifan a phob un arall adra'n saff. Dwi'n dal i obeithio, rywsut, y gneith Duw atab 'yn gweddïa ni, 'chi. Ond does 'na ddim drwg yn Gladys, siŵr iawn, ac mae hi'n meddwl y byd ohonan ni yn y bôn, Jên, dyna'i ffor' hi. 'Steddwch chi'n fanna efo'ch panad tra bydda i'n gweld sut ma' Gruffydd Ifan erbyn hyn. Mae o 'di bod yn cwyno drwy'r nos ac yn rhedag dipyn o wres... dolur gwddw dwi'n meddwl.' Roedd yn gas ganddi ddweud celwydd a defnyddio Gruffydd yn esgus am ei hedrychiad di-raen y bore hwnnw, ond gwyddai y byddai Jên yn siŵr o sylwi ar ei llygaid marwaidd a'r cysgodion duon oddi tanynt. Doedd hi ddim am sôn gair wrth yr hen wreigan beth oedd wedi ei chadw ar ddihun ers oriau mân y bore.

'Wel, taw! Y peth bach. Ella 'sa'n well i ti bicio i'r tŷ pen at Cati Fala Surion am gnegwath o ffisig iddo fo. Mi wnaeth y tuntur riwbob 'na ges i ganddi llynedd les mawr i fy nerfa i, cofia. Mi oeddan nhw 'di mynd yn rhacs ulw bob tro ro'n i'n clywad yr hen Jyrmans 'na'n pasio heibio i fynd i fomio Lerpwl 'sti – gwrando arnyn nhw'n bygwth ac yn rowlio rhuo uwch 'yn penna ni yn drwm o fomia, ac yna'n dod yn 'u hola yn sgafnach ac yn canu grwndi'n fodlon, wedi chwydu eu llwythi ar ben pobol dlawd a phlant bach diniwad strydoedd Lerpwl. Sut ma'r petha bach yn byw efo'r ffasiwn ofn, dwn i ddim wir.'

Aeth Mair drwodd i'r siambr i ddeffro Gruffydd, yn myfyrio ar eiriau Jên ynglŷn â'r llanast a adawyd gan fomiau'r gelyn. Tra oedd hi yno edrychodd Jên o'i chwmpas ar y gegin fach daclus, lân; y grât yn sgleinio fel swllt a mymryn o dân yn gwneud i'r gegin edrych mor glyd a chroesawgar. Safai peiriant gwnïo ar y bwrdd bach o dan y ffenest, a phentwr o ddefnyddiau o bob lliw wedi'u plygu'n drefnus yn y fasged wrth ei ochr.

Pan ddaeth Mair yn ôl i'r gegin roedd pen melyn cyrliog Gruffydd Ifan yn sbecian o blygion y blanced lwyd yn ei breichiau.

'Wel, 'ngwas i,' gwenodd Jên arno, 'ti'n well erbyn hyn? Gad i mi weld oes 'na dda-da ym mhocad fy mrat i ti.'

'Mae 'i wres o i lawr dwi'n meddwl,' eglurodd ei fam. 'Mi wna i ddiod bach o lefrith cynnas iddo fo, mi fydd yn lles i'w wddw.'

'Bydd siŵr, does 'na ddim byd tebyg i lefrith poeth. 'Sgin ti lwyaid o fêl i'w roi ynddo fo? Mi fysa hynny'n well byth,' cynghorodd Jên.

'Nagoes, mae arna i ofn, fedra i ddim fforddio'r hannar coron mae Danial Dafis yn 'i godi am bwys rŵan, ond mi neith y llefrith ei hun lawn cystal dwi'n siŵr.'

'Dydi mêl 'di mynd yn drybeilig o ddrud, dŵad? Hannar coron am botiad, choelia i byth.'

'Wela i ddim bai ar Danial am godi'r pris, cofiwch, mae o'n gorfod prynu dipyn go lew o siwgwr i fwydo'r gwenyn yn y gaea, medda fo, ac yn y gwanwyn 'fyd, os na fydd y tywydd yn gynnas iawn.'

'Paid â sôn! Pwy glywa'r ffasiwn beth? Bwydo gwenyn efo siwgwr wir, a ninna'n gorfod byw ar chydig o ownsys yr wsnos. Dydi o ddim yn gneud synnwyr i mi, gofalu am wenyn o flaen pobol dlawd,' dwrdiodd Jên yn ôl ei harfer. Roedd Jên yn dwrdio pawb a phopeth os nad oedd hi'n cyd-fynd â nhw.

'Ond cofiwch chi fod y gwenyn yn bwysig i beillio'r cnydau a'r coed fala a ballu, ac ma'r llywodra'th yn gofalu bod 'na siâr go lew o siwgwr i wenynwyr,' ceisiodd Mair ddal pen rheswm â hi. Nodiodd yr hen wreigan ei phen, er nad oedd wedi ei hargyhoeddi.

Tra oedd Mair yn cynnig y llefrith poeth i Gruffydd yn y siambr meddyliodd Jên pa mor lwcus oedd hi i gael cymdoges mor hoffus y drws nesaf ond un iddi. Doedd hi byth yn gweld bai ar neb na dim, a rhyfeddodd yr hen wraig pa mor dlws oedd hi, efo'i gwallt cyrliog golau a'i llygaid glas, heb orfod rhoi tamaid o baent na phowdr ar ei hwyneb. Ond roedd hi'n mynd yn deneuach bob dydd, a'r cysgodion duon o dan ei llygaid coch yn awgrym o'i hiraeth am ei gŵr. Mae'n rhaid ei bod hi'n rhoi siâr go lew o'i rasions i'r hogyn bach, meddyliodd Jên, gan fod Gruffydd wedi mynd yn glamp o hogyn yn ddiweddar, yn llond ei groen, ac yn edrych mor drwsiadus bob amser. Tybed sut fyddai'r bychan yn cymryd at ei dad, petai hwnnw mor lwcus â chael dod adref? Wedi'r cwbwl, dyn dieithr fyddai o i Gruffydd, a byddai disgwyl i'r bachgen ei dderbyn i'w gartref heb gwestiwn.

Trodd Jên ei sylw at ei chymdogion eraill yn y rhes tai. Dyna Beti Ŵan, oedd yn cadw iddi'i hun tu ôl i'w dôr gaeëdig heb air na gwên i neb byw o un diwrnod i'r llall. Gan fod waliau'r tai mor denau roedd hi'n clywed llais main Beti drwy'r pared yn arthio ar y plant trwy'r dydd, ac mi fyddai'n sylwi arnyn nhw'n pasio i fynd i'r ysgol yn edrych fel plant bach amddifad yn eu dillad carpiog, a'u trwynau'n rhedeg yn dragwyddol. Ac Anni Griffith druan yn Nymbar Ffeif, yn snwffian crio yn amlach na pheidio, byth ers i'r teligram gyrraedd efo'r newydd syfrdanol fod John Emlyn, ei gŵr, wedi ei golli yn Ffrainc. Pitïai Jên y weddw ifanc yn arw, ond thalai hi ddim iddi nadu fel'na o flaen y plant, ddydd ar ôl dydd. Byddai gweld eu mam yn y ffasiwn stad yn siŵr o ddweud arnyn nhw ryw ddiwrnod.

Ochneidiodd Jên. Cododd a rhoi ei phen rownd drws y siambr, lle'r oedd Mair yn dal i dendio ar ei mab bach.

'Dwi am fynd rŵan, Mair. Ma'n dda gin i weld fod Gruffydd Ifan yn edrach dipyn yn well. Stedda ditha i lawr i gael tama'd, ac mi wela i di nes 'mlaen.'

Ffarweliodd Mair â hi gyda gwên – oedd, roedd hi'n fusneslyd ond roedd ei chalon yn y lle iawn a fyddai dim yn ormod iddi petai un o ferched Rhes Newydd angen ei help.

Ar ôl rhoi Gruffydd i eistedd wrth y bwrdd aeth Mair i'r pantri i estyn torth galed o'r tun bara, a thamaid bach o fenyn ac un arall o farjarîn oddi ar y llechen. Gafaelodd yng ngharn y gyllell fara gan deimlo'r ysgythriad yn dyner gyda'i bawd: BREAD. Hen gyllell ei mam oedd hi, ac roedd ei min wedi hen bylu o angen ei hogi, ond llwyddodd Mair i dorri dwy sleisen drwchus o fara. Ochneidiodd yn uchel wrth daenu'r menyn yn weddol hael ar un dafell, a thaenu'r marjarîn yn denau, denau ar y llall. Yn ofalus, mentrodd roi blaen llwy de yng ngwaelod y paced siwgr ac ar ôl ei thynnu allan rhoddodd herc fach i'w garddwrn er mwyn tywallt rhywfaint o'r siwgr prin yn ei ôl cyn ysgwyd y gweddill uwchben y frechdan fenyn.

Doedd ganddi ddim byd gwell iddo fo y bore hwnnw, meddyliodd yn sobor. Mor braf fyddai cael torth wen ffres o'r becws yn lle'r hen beth galed oedd o'i blaen. Ond gwyddai na châi siopwyr werthu torth gan y llywodraeth heb iddi fod yn ddiwrnod oed. Addawodd iddi ei hun y byddai'n pobi ddwy neu dair gwaith yr wythnos ar ôl i'r dogni ddod i ben, torthau bach gwyn, del, petai hi ac Ifan mor lwcus â chael tŷ gwell efo popty da. Roedd hi wedi clywed bod y Cyngor am gael caniatâd i godi tai newydd erbyn y deuai'r hogiau adref... tybed a fyddai Ifan yn awyddus iddyn nhw anfon cais i mewn am un? Er bod Gwaenrugog yn ardal mor braf i fyw ynddi a chymdogion cyfeillgar o'i chwmpas, mi fyddai cael tŷ yn y pentref mor hwylus; o fewn tafliad carreg i'r siop ac i'r ysgol, pan fyddai Gruffydd yn ddigon hen i'w mynychu. A byddai hi wrth law i gadw golwg ar ei thad, oedd yn mynd i oed. Ond fyddai fiw iddi drafod hynny efo fo chwaith gan ei fod mor annibynnol, ac yn falch o gael dweud hynny wrth bawb. Cariodd y brechdanau llwydion at y bwrdd bwyd gan roi'r un oedd â menyn arni o flaen Gruffydd Ifan.

'Ty'd 'ngwas i, tria fyta chydig o hon rŵan ac wedyn mi gei di'r da-da roddodd Anti Jên i chdi.'

Ar ôl i Gruffydd orffen ei frechdan, cychwynnodd y ddau i nôl pwcedaid o ddŵr. Mi wnâi awyr iach les iddo, ystyriodd Mair.

'Be am fynd drws nesa gynta i edrych am Anti Anni?' cynigiodd. 'Ella daw Siôn a Martha efo ni am dro. Dydd Sadwrn ydi hi heddiw 'sti, a tydyn nhw ddim yn yr ysgol.'

Wrth iddi roi côt Gruffydd amdano sylwodd fod y dilledyn bron â mynd yn rhy fach iddo, er nad oedd fawr gwaeth. Byddai'n rhaid mynd â hi i'r siop oedd yn cael ei rhedeg yn wirfoddol gan rai o ferched y dref, y WVS, gan obeithio y cawsai afael ar un rad yno yn ei lle. Doedd Mair ddim yn hapus ei bod hi'n gorfod mynd ar ofyn y merched hynny oedd yn edrych mor awdurdodol yn eu lifrai, ond efallai fod bai arni hithau am deimlo'n israddol wrth geisio egluro'i hanghenion iddyn nhw yn ei Saesneg prin. Wedi'r cyfan, dim ond yno i helpu oedden nhw. Gafaelodd yn llaw Gruffydd a'i arwain allan i'r cowt.

'Sbia, Gruffydd, mae'r hen ŵr yn dal efo ni ddiwadd yr ha' fel hyn. Be am i mi dorri sbrigyn bach ohono fo a'i roi yn dy gôt di, yr un fath ag y bydd Taid Rhyd yn ei neud? Clyw ogla da sy arno fo. Fuasat ti'n lecio mynd i Rhyd pnawn 'ma?'

Aeth y ddau allan i'r lôn a throi drwy ddôr y tŷ drws nesaf. Cnociodd ar y drws cyn codi'r clicied bres, oedd wedi troi'n wyrdd budr ers i John Emlyn gael ei ladd.

'Helô, Anni,' galwodd, ond doedd dim ateb.

Camodd Mair dros y trothwy i'r gegin oer, dywyll. Sylwodd nad oedd tân wedi ei gynnau yn y grât, a bod lludw yn drwch ar garreg yr aelwyd, y llenni heb eu hagor ac olion swper neithiwr yn dal ar y bwrdd.

'Anni?' galwodd yn ddistaw am yr eilwaith.

Ymddangosodd wynebau bach llwydion Siôn a Martha heibio i ddrws y siambr. Gwenodd Mair, ac amneidio arnynt i ddod ati. Roedd ôl bwyd ddoe – a mwy – yn glynu'n grystyn o amgylch eu cegau.

'Helô blantos! Ylwch, ma' Gruffydd 'di dod yma i'ch gweld chi.' Edrychodd o'i chwmpas yn y gwyll. 'Lle mae Mam?' Aeth yn nes at y siambr a galw eto. 'Anni, ti 'di codi?' Rhoddodd ei phen i mewn drwy gil y drws gan geisio anwybyddu'r arogl sur a ddeuai o'r ystafell fwll, a gweld bod Anni yn dal yn ei gwely.

'Ty'd rŵan, Anni bach, mi wna i ddiod a rwbath i'w fyta i'r plant, a phanad i titha.'

'Sgin i ddim awydd codi bora 'ma, Mair. Chysgis i 'run winc neithiwr... mi oedd gin i gymaint o ofn, wir i ti. Mi fyswn i'n taeru bod rhywun wedi agor y ddôr, ac am funud mi feddylis mai John Emlyn oedd wedi dod yn ei ôl aton ni... nes i mi gofio. Roedd y siom yn ofnadwy, cofia, yn brifo fel tasa 'na rywun wedi 'nharo i ar draws fy mrest efo rhaw. Fedrwn i'n fy myw fynd yn ôl i gysgu, mi oedd gin i gymaint o hiraeth. Mi arhosa i yma am chydig eto.'

Dim ond nyth pioden o wallt ar y gobennydd llwydaidd a welai Mair wrth i'r llais dagreuol ddod o berfeddion y gwely. Felly mi fu'r cythreuliaid drwg yma hefyd, meddyliodd wrth droi ei chefn ar Anni i guddio'r dychryn ar ei hwyneb. Symudodd y blanced blacowt oedd yn hongian dros y ffenest cyn agor y cyrten yn ofalus, rhag rhwygo'r defnydd brau.

'Duwach, dail a briga oedd 'na, ma' siŵr. Mi gododd y gwynt yn reit hegar yn ystod y nos, mi glywis inna fo hefyd.' Roedd yn gas gan Mair daflu llwch i lygaid ei ffrind, ond roedd lleddfu ychydig ar ei phoen meddwl yn cyfiawnhau'r celwyddau. 'Ty'd rŵan, ma'r plant bach 'ma dy angan di. Mi wn i dy fod ti wedi torri dy galon ar ôl colli John Emlyn. Pa wraig fasa ddim? Ond mae'n ddyletswydd arnat ti i edrach ar ôl Siôn a Martha. Ty'd, mi helpa i di.'

Aeth Mair yn ôl i'r gegin lle'r oedd Gruffydd a'r efeilliaid yn chwarae ar y llawr llychlyd, a chwilota yn y pantri llwm am rywbeth i'w bwydo. Rhedodd ei llaw dros y silffoedd gludog, a daeth o hyd i dun llefrith powdwr, torth a marjarîn. Agorodd ei llygaid led y pen pan sylwodd ar y potyn mêl drud. Roedd ganddi syniad reit dda o ble daeth o. Dyn ffeind oedd yr hen Ddanial Dafis.

Fu hi ddim eiliad yn twtio dipyn ar y grât a chynnau'r tân. O weld nad oedd ond megis llond gwniadur o ddŵr yng ngwaelod y bwced, piciodd i'w thŷ ei hun i nôl mwy er mwyn llenwi'r tegell at y top. Byddai angen digon o ddŵr poeth i olchi'r holl lestri budron, ymolchi wynebau'r plant a gwneud tebotaid o de.

Tra oedd yn disgwyl i'r tegell ferwi, cliriodd dipyn ar y bwrdd a pharatoi'r bwyd. Ar ôl taenu marjarîn ar dair tafell o fara gwnaeth yr un modd gyda'r mêl euraidd. Oedodd am eiliad i daflu cip sydyn dros ei hysgwydd, rhag ofn bod un o'r plant neu Anni yn edrych arni, yna mentrodd roi'r gyllell yn ei cheg. O'r nefoedd, meddyliodd wrth flasu'r mêl ar ei thafod, a chaeodd ei llygaid i fwynhau'r pleser. Doedd dim byd tebyg wedi croesi ei gwefusau ers dechrau'r rhyfel.

Pan agorodd Mair y llenni, dawnsiodd gronynnau llwch ym mhelydrau'r haul er gwaetha'r ffaith nad oedd gwydr y ffenestri wedi teimlo cadach ers cyn cof. Gafaelodd yn y glicied fach haearn oedd wedi ei saernïo ar dro, fel cynffon mochyn, ac agor y ffenest yn llydan fel y gallai awel gynnes sleifio drwyddi i lenwi'r gegin a chario arogl y mintys a'r teim o ardd Catrin Pari y drws nesaf.

Erbyn i Anni wisgo amdani a llusgo'i hun allan o'r siambr roedd ei phlant yn bwyta'n awchus. Teimlai Mair biti drosti – edrychai fel dynes dros ei hanner cant yn hytrach na'r ferch ifanc dair ar hugain oed a ddaeth i fyw i Res Newydd ar ddechrau'r rhyfel. Roedd staeniau bwyd yn stremp i lawr ei siwmper a doedd y sgert ddu, oedd yn hongian yn llipa islaw ei gwasg denau, ddim yn edrych fawr glanach. Sylwodd Mair fod ei choesau piws yn noeth a'i thraed ar goll yn hen slipars ei gŵr.

'Diolch iti, Mair,' meddai'n ddagreuol, 'ond does gin i ddim stumog at fwyd, cofia.'

'Yli, Anni, mae'n rhaid i chdi drio er mwyn y plant. Fedri di ddim 'u gada'l nhw fel hyn. Beryg i'r awdurdoda ddod i w'bod… pwy a ŵyr … '

'Prin y medra i godi i'w cael nhw'n barod am yr ysgol erbyn i Sali Tŷ Newydd alw amdanyn nhw, cofia. Mae hi mor ffeind yn cynnig mynd â nhw yn fy lle i… ma' nhw'n rhy ifanc i gerddad 'u hunain a fedra i ddim meddwl mynd i'r Rhyd ar ben fy hun a gweld pawb yn syllu arna i efo wyneba hirion ac yn pitïo drosta i.'

'Dim ond cydymdeimlo efo chdi ma' pobol, 'sti.' Rhoddodd Mair ei braich yn dyner am ysgwyddau esgyrnog ei chymdoges. 'Gorffan dy fwyd rŵan. Be am i ni fynd am dro bach i nôl dŵr efo'n gilydd? Mi fydd y plantos yn siŵr o fwynhau chwara ar y ffor', ac ella bydd casag Cae'r Hafod yn aros amdanon ni wrth y giât efo'i chyw – ma' Gruffydd wrth 'i fodd yn hel gwellt hir o ochor y lôn i'w bwydo nhw. Waeth i ni neud yn fawr o'r tywydd braf 'ma, buan iawn y troith hi at ddiwadd y mis.'

Cytunodd Anni o'r diwedd, ac ymhen dim roedd y ddwy yn cerdded yn hamddenol am ffynnon Rhosddu, yn cario'u pwcedi gweigion. Roedd y plant wrth eu boddau yn cael rhyddid i redeg yma a thraw, a phob hyn a hyn tynnai Mair eu sylw at ambell ryfeddod: blodyn unig rhosyn gwyllt oedd wedi colli ei liw pinc prydferth ac wedi gwynnu fel yr oedd ei ddyddiau'n dod i ben, y gwyddfid heb ddim tropyn o neithdar ar ôl yn ei ffiol, yn herio dyfodiad yr hydref. Dangosodd hen nyth ji-binc yr oedd hi a Gruffydd wedi ei ddarganfod yn llawn o wyau ym mis Mai, ac eglurodd i'r plant sut roedd y cywion wedi hedfan ar ôl iddyn nhw dyfu'n ddigon mawr. Pan dynnodd Mair welltyn hir o'r gwrych a'i roi rhwng ei bodiau a chwythu nes bod gwich aflafar yn dod ohono roedd y plant wedi rhyfeddu, ond er iddyn nhw geisio ei dynwared ddegau o weithiau, chawson nhw fawr o hwyl arni.

Toc, blinodd Martha fach ar chwarae hefo'r bechgyn a gafaelodd yn llaw Mair i gerdded, gan roi hwb a sbonc hapus bob hyn a hyn. Ymhen sbel, edrychodd i fyny ar wyneb Mair.

'Dwi'n hogan fawr rŵan yn helpu Mam,' meddai'n ddiniwed, 'achos dydi Dad ddim am ddod adra eto, mae o 'di marw. Y Jyrmans sy 'di ladd o, medda Siôn, ac mae o am ladd y Jyrmans yn ôl pan fydd o'n fawr medda fo. Mae o 'di deud wrth Robin a John a Lusa Nymbar Wan ella bod y Jyrmans am ladd 'u tad nhwtha 'fyd. Mi ddechreuodd John grio pan ddeudodd Siôn hynny ac mi gafodd o chwip din iawn gan Mam am ddeud y ffasiwn beth. Sgin i ddim ofn y Jyrmans 'chi, ond mae gin i ofn Nain Bo-Bo yn ofnadwy.'

'Duwach annw'l, pwy 'di Nain Bo-Bo dŵad?'

'Nain Bo-Bo sy'n byw hefo Sguthan drws nesa i ni, siŵr iawn, ond Cati Fala Surion ma' Mam yn 'i galw hi.'

'O, Catrin Pari ti'n feddwl... a phwy 'di Sguthan?'

'Yr hen gath 'na dydi Mam ddim yn 'i lecio. Bob tro ma' hi'n 'i gweld hi yn 'rar ni mae'n gweiddi "Dos o ma 'rhen sguthan a phaid ti â dod yn ôl eto". Ac ma' Catrin Pari yn ddu i gyd fel Bo-Bo sy'n dychryn pobol yn y nos.'

Gwasgodd Mair law fechan Martha, 'Bwgan ti'n feddwl, y rwdlan i ti, a does na 'run yn byw ffor' hyn siŵr, paid ti â phoeni.'

'Dwi'n clywad Mam yn crio weithia yn y nos ac mi fydd hi'n stwffio i'r gwely efo ni, ac mi fydd hi'n crynu, 'fath â tasa hi 'di gweld bwgan.'

'Hel meddylia 'ti rŵan siŵr, hira'th ar ôl dy dad sy ar dy fam.'

Ond ar ôl clywed Anni'n cwyno yn gynharach gwyddai Mair fod rhywbeth arall heblaw hiraeth yn cadw ei chymdoges yn effro ambell noson.

'Anti Mair,' gofynnodd y fechan eto, 'pam fod Catrin Pari mor ddu?'

''I chorn simdda hi sy 'di cau yn amlach na pheidio, a mwg lond 'i thŷ hi. Rhyngthat ti a fi dwi ddim yn meddwl 'i bod hi'n molchi llawar chwaith, ond cofia di ei bod hi'n hen iawn. Dos i chwara efo Siôn a Gruffydd rŵan tra bydd dy fam a finna'n llenwi'n pwcedi, a peidiwch â chrwydro'n rhy bell. Mi rydach chi'n ddigon mawr erbyn hyn i hel dipyn o bricia tân i ni hefyd.'

Roedd Mair yn falch o gael dianc oddi wrth gwestiynau diddiwedd Martha, ac ar ôl i Anni lenwi ei phwcedi cymerodd hithau ei thro wrth y pwmp.

'Sbia pwy sy'n dŵad,' sibrydodd Anni'n nerfus yng nghlust Mair. 'Yr Hen Gaptan 'na, fedra i 'mo'i ddiodda fo efo'i hannar Saesnag hannar Cymraeg. Ty'd, cyn iddo fo'n cyrraedd ni.'

Ond cyn i'r ddwy fedru codi eu pwcedi a galw ar y plant cyrhaeddodd y Capten tal â'i gamau breision at y ffynnon.

'*Good morning ladies*,' taranodd ei lais dwfn. Roedd golwg awdurdodol arno gyda'i fwstásh hir a'i safiad talsyth. Gwisgai siaced frethyn a chlôs pen-glin, ac am ei goesau roedd legins lledr yn sgleinio fel swllt. 'Bore da, a sut mae'r *ladies* a'r *babas* heddiw?'

'Babas, wir,' sibrydodd Anni o dan ei gwynt, 'pam na ddysgith o ddeud "plant" 'fath â pawb arall yn y lle 'ma.'

'Helô Capten,' meddai Mair yn wên deg, 'rydan ni'n iawn diolch. Mi ddo' i draw fory efo pres y rhent i chi.'

'*Very good, very good*,' atebodd y Capten gan lygadu ei chorff main, lluniaidd a syllu i'r llygaid oedd cyn lased â blodeuyn y Commelina a welodd ar y *veldt* yn Ne Affrica flynyddoedd ynghynt. Ond yn wahanol i'r blodyn bach pert hwnnw, meddyliodd, doedd llygaid yr eneth hon ddim yn dechrau pylu ar ôl hanner dydd.

Rhoddodd Anni blwc bach slei yn ffrog Mair a throi am adref.

'Ty'd Mair, wir,' meddai. Ar ôl mynd yn ddigon pell o glyw yr Hen Gapten, ychwanegodd, 'paid ti â mentro ar ben dy hun i Rhosddu – fyswn i'n trystio dim arno fo, cofia, yn enwedig y ffor' mae o'n dy lygadu di. Mae gynno fo goblyn o wynab yn codi cymaint o rent am y tai bach tamp 'na rydan ni i gyd yn byw ynddyn nhw. Dim hyd yn oed tap dŵr yn agos i'r lle a chorn simdda Cati Fala Surion 'di cau i fyny ers wsnosa. Mi ydw i'n 'i chlywad hi'n tagu ddydd a nos drws nesa, ac mae gin i biti drosti er nad oes gin i lawar i'w ddeud wrthi hi, cofia. Hen ddynas sur, gas, fydda i'n ei chael hi bob amsar. Duw a ŵyr be mae hi'n neud efo'r holl frwgaits sy yn 'i thŷ hi. Dwi 'di clywad digon o straeon amheus amdani, ac mi fyswn i'n taeru 'mod i'n 'i chlywad hi'n brygowthan efo rhyw bobol yn y cowt pan fydd hi bron â thw'llu amball noson. Lleisia merchaid fydda i'n glywad yn 'i hatab hi'n ôl fel arfar, ac ma' gin i syniad go lew be fyddan nhw isio efo Catrin. Ti'n gwbod dy hun sut betha sy'n mynd ymlaen o gwmpas y dre 'na, yr holl demtasiyna sy 'na i ferchaid unig yng nghanol yr holl *sailors* 'na o'r camp... a dyna i chdi wersyll yr RAF heb fod yn bell chwaith.'

Er iddi weld nad oedd Mair am ymateb, cariodd Anni ymlaen i fwrw ei llid ar berchennog Rhes Newydd. 'Ond ma'n gwilydd iddo fo na fuasa fo 'di gneud rwbath ar gownt cyflwr 'i thŷ hi cyn hyn, a hitha 'di mynd i oed mawr. Mi fysa fo'n gallu mentro torri'r gwrychoedd o gwmpas 'yn tai ninna hefyd – ma' nhw wedi'n cau ni i mewn a'n cuddio ni o olwg pawb.'

'Paid ti â phoeni am yr Hen Gaptan. Mae o'n ddigon saff 'sti, a ph'run bynnag, ma' Ela o gwmpas bob tro y bydda i'n mynd yno i dalu'r rhent iddo fo. Mi ydan ni'n lwcus o gael tai i ni'n hunain y dyddia yma, cofia,' meddai Mair, ond cofiai fel y byddai rhyw ias annifyr yn rhedeg drwy'i chorff ambell dro pan afaelai'r hen Gapten yn ei llaw, a'i dal yn hirach na bod angen, pan fyddai hi'n estyn yr arian iddo fo.

'Wel, watshia di dy hun efo fo. Mi fydda i'n osgoi mynd ar ei gyfyl o os na fydd raid i mi. Jên sy'n mynd i dalu fy rhent i pan fydd hi'n teimlo'n o lew – siawns nad ydi hen ferch fel hi yn reit saff rhag 'i hen bawenna fo. Dim ond gobeithio fod Ela fach yn cael llonydd. Tydi hi ddim ond prin un ar bymthag, ac ma' hi'n beth bach ddigon tlws hefyd, er 'i bod hi'n edrach mor wantan. Dwn i ddim sut yr aeth hi yno i weini at y cythraul.'

Fel yr oedden nhw'n dynesu at Rhes Newydd gwelodd y ddwy Gladys yn dod o gyfeiriad Rhydyberthan, â'i gwynt yn ei dwrn.

'Dwi 'di gada'l y plant efo mam William am heno i mi gael chydig o lonydd. Ma' Meri yn ffeind iawn ac wrth 'i bodd yn 'u gwarchod nhw i mi. Mae hi 'di addo rhoi cwpons i mi i brynu cotia newydd i'r petha bach cyn y gaea 'fyd. Ella yr a' i i'r pictiwrs, os mai ffilm newydd Clark Gable sy yno. Dwi'n siŵr y bydd y Coliseum yn llawn, ond dwi'm yn meindio ciwio, mi fydd 'na ddigon o sbort i'w gael efo'r hogia. Oes un ohonoch chi'n ffansi dŵad?' A gyda'i phen yn y gwynt gwibiodd i'r tŷ cyn i Mair nac Anni gael cyfle i'w hateb.

'Wel am jarffas! Gei di weld, mi fydd hi'n dal bỳs Sam yn baent ac yn bowdwr i gyd cyn pen dim. Cwilydd iddi hi a William druan i ffwr'. Mi fyswn i'n rhoi rwbath am gael John Emlyn yn ôl,' cwynodd Anni, cyn dechrau beichio crio eto.

'Paid ti â dechra rŵan, Anni.' Gafaelodd Mair yn ei braich. 'Does 'na ddim owns o ddrwg yn Gladys 'sti, dim ond cael hwyl bach diniwad mae hi, a hitha mor hoff o wisgo i fyny. Ma' raid i chdi gyfadda 'i bod hi'n edrach yn union fel un o'r ffilm stars 'na ar ôl iddi bincio dipyn. Dos â'r dŵr i'r tŷ. Pam na wnei di olchiad bach, a hitha'n sychu mor dda? Fyddi di'n well rŵan ar ôl bod allan yn yr awyr iach, ac mi gei di noson dda o gwsg heno.'

Er iddi lwyddo i dawelu Anni am y tro, doedd Mair ei hun ddim yn edrych ymlaen at fynd i glwydo'r noson honno.

4

Doedd dim llawer o ddynion ar ôl yn yr ardal erbyn diwedd y rhyfel heblaw llanciau o dan ddeunaw oed, dynion oedrannus ac ambell was neu fab ffatm oedd wedi gwneud cais i gael aros adref i edrych ar ôl y tir yn hytrach na mynd i uffern yr ymladd oedd wedi bod yn rhwygo Ewrop a'r Dwyrain Pell ers pum mlynedd.

Un o'r rheiny oedd Wili Morus a drigai yn Nhai Seimon, ac un bore pan oedd y niwl wedi taenu ei fantell ysgafn dros y fro a chri'r gylfinir yn gyfeiliant i frefu gwartheg Cae'r Hafod, roedd Wili'n tacluso'i ardd yn hamddenol cyn i'r tywydd droi. Tri thŷ heb fod yn bell o Res Newydd ac yn ymyl capel Berea yng nghymdogaeth fechan Gwaenrugog, tua milltir o bentref Rhydyberthan, oedd Tai Seimon. Tai dwy lofft oedden nhw, â chegin yn y cefn a pharlwr yn y ffrynt a gerddi o'u blaenau yn wynebu'r ffordd. Rhannai'r trigolion yr unig dap dŵr oedd wedi ei osod wrth dalcen y tŷ pen, ond roedd gan bob tŷ ei gwt pren ei hun yng ngwaelod y gerddi ger y lôn.

Dyn main, heini oedd Wili Morus, ac wrth iddo wyro yn ei ardd plygai ei gorff yn ddau, fel amlen bron. Bob hyn a hyn sythai, gan roi ei ddwylo ar waelod ei gefn ac edrych o gwmpas ei Eden yn fodlon. Roedd o'n treulio y rhan fwyaf o'r gwanwyn a'r haf yn palu, hadu a chwynnu, a thacluso at y gaeaf. Tu ôl i'w gwt, o olwg y ffordd ac o olwg unrhyw un a fyddai'n ddigon parod i'w geryddu am wastraffu darn o dir, safai rhes o flodau lliwgar â'u coch, oren a melyn yn rhoi rhagflas o'r wledd fyddai'n ymddangos ar y coed pan gyrhaeddai'r hydref.

Gwenodd Wili ar y dahlias – fedrai o ddim meddwl am arddio heb weld ychydig o liw o'i gwmpas i godi'i galon yn y dyddiau tywyll oedd ohoni. Aeth ati i orffen tynnu'r olaf o'r ffa dringo oedd wedi troelli o gwmpas y polion cyll tal, ac agorodd y codau crebachlyd er mwyn rhoi'r had yn ofalus yn yr amlen oedd ganddo yn ei boced. Sythodd pan glywodd wichian a hercian beic ar y ffordd arw – doedd dim angen iddo edrych pwy oedd yn pasio gan ei fod yn adnabod y sŵn yn iawn. Rhoddodd ei ben dros y wal gerrig.

'Defi John bach, ma'r gwarthaig 'na'n brefu ers oria isio'u godro! Mi fydd Magi Elin yn dy ddiawlio di eto bora 'ma,' galwodd. Cariai ei lais, oedd cyn feined â'i gorff, yn glir drwy'r niwl at glustiau'r llanc ifanc a ruthrodd heibio gan wenu a chwifio'i law yn ddigywilydd ar Wili. Doedd dim llawer o wahaniaeth ganddo fo, meddyliodd Wili, gan ei fod o'n gwybod yn iawn na chawsai Magi neb arall i weithio iddi ar chwarae bach. Gwyddai Wili fod y llanc yn crwydro'r ardal tan berfeddion nos, er nad oedd fawr neb arall yn sylwi arno gan nad oedd lamp ar ei feic. Doedd dim i'w rwystro rhag rhoi papur llwyd â holltau ynddo o flaen y lamp, fel y dangosodd yr awdurdodau iddyn nhw ar ddechrau'r rhyfel, ond dewisodd Defi John beidio. Mater o amser fyddai hi nes iddo gael ei lusgo o flaen ei well, pan gawsai Preis Plisman afael ynddo fo.

Wrth gerdded am y tŷ oedodd Wili Morus wrth ymyl ffrâm bren gyda weiar netin wedi ei gosod drosti, lle roedd o wedi rhoi'r nionod a gododd wythnos ynghynt i sychu a chaledu, eu cynffonnau hirion yn hongian dros ochr y ffrâm. Teimlodd galedwch y nionod gyda'i fys a'i fawd a chrensiodd eu crwyn yn ei law. Roedd yn gobeithio am ddiwrnod neu ddau o heulwen, digon i orffen eu cynaeafu, ac yna byddent yn barod i'w plethu yn dorchau taclus a'u hongian yn y cwt at y gaeaf. Clywodd sŵn prysurdeb Jini yn y gegin ac eisteddodd ar y fainc tu allan i ddrws y cefn i dynnu ei sgidiau mawr.

'Dyma fi Jini, yn barod am frecwast,' galwodd drwy gil y drws.

'Wili bach,' atebodd ei wraig, gan gymryd arni ei ddwrdio, 'be haru chdi'n mynd allan mor fora yn yr hen oerfal tamp 'na? Mi ddeudith ar dy frest di, dwi'n deud wrthat ti rŵan. Yn dy wely fyddi di, gei di weld, a sbia gwaith fydd gin i wedyn i olchi'r cynfasa ar dy ôl di.'

'Twt, Jini, dim ond rhyw fymryn o niwl ysgafn oedd o, ac mae o 'di codi erbyn hyn beth bynnag. Ma' hi'n argoeli i fod yn ddiwrnod go braf eto. Aros di i mi gael rhoi'r ffa 'ma yn y tun te 'cw, mi ga' i sbario prynu hada' yn y coparèt flwyddyn nesa.'

Estynnodd am y tun gwag oddi ar y silff ben tân, yr un efo llun yr hen Frenin a'r Cwîn ar ei gaead. Roedd y tun yn sefyll rhwng y cŵn gwyn pwysig yr olwg oedd â chadwynau aur am eu gyddfau, fel petaent yn disgwyl i Wili a Jini eu bwydo. Ar ôl rhoi'r ffa yn saff yn y tun gofalodd ei roi yn ei ôl ar y silff yn union yr un lle, fel ei fod yr un pellter oddi wrth y ddau gi. 'Lle i bopeth a phopeth yn ei le' oedd hoff ddywediad Jini.

'Coblyn o gymeriad 'di'r Defi John 'na 'te? Hwyr eto bora 'ma a dim iot o gwilydd gynno fo chwaith. Mi o'n i'n nabod sŵn y beic yn bell cyn i mi ei weld o'n pasio – 'sa'n well iddo fo drwsio'r mydgard ôl 'na yn lle'i adael o i fflapian a chrafu rhimyn yr olwyn. Ond dyna fo, dydi pobol ifanc ddim yn gweld gwerth mewn dim byd y dyddia yma. Mae'r hen feic 'ma gin i ers bron i ddeugain mlynedd ac fel pìn mewn papur o hyd. Dim ond cadach ac oel drosto fo'n rheolaidd a tshecio'r tiwbs a ballu ac mi neith am fy oes i. Ac mi ddeuda i beth arall hefyd – taswn i 'di bod yn hwyr yn 'y ngwaith ers talwm mi fysa'r hen Henry Edwards 'di dangos y giât i mi, a do'n i'm hyd'noed yn godro yno, dim ond tendio'r gerddi o'n i. Fysa munud neu ddwy o'u hesgeuluso wedi gneud fawr ddim gwahaniaeth i'r bloda a'r llysia, yn na fysa? Ond dyna fo, yn fy amsar i doedd ganddon ni ddim dewis ond ufuddhau i'n meistri. Newid neith petha pan ddaw y rhyfal 'ma i ben, gei di weld, mi fydd yr hogia ifanc 'di gweld petha mawr tra maen nhw i ffwrdd, a 'di cael llond bol ar gael eu hordro o gwmpas.' Edrychodd Wili i'r tân am ennyd. 'Mi fyswn i'n lecio gwbod be ma'r hogyn 'na'n neud yn crwydro'r wlad 'ma bob awr o'r nos, hefyd,' meddai o'r diwedd.

'Ella bod gynno fo gariad 'sti,' mentrodd Jini. 'Ti 'di anghofio fel y byddat titha allan dan berfeddion pan oeddan ni'n dau yn canlyn, yn dwyt? Yli, Wili, ma' dy frecwast di ar y bwrdd,' meddai ei wraig wrth godi wy o'r sosban. 'Dim ond un ges i ddoe, cofia. Mi fydd yn chwith pan ddaw y gaea – fydd 'run o'r dair am ddodwy i mi.'

'Thalith hi ddim i ni eu bwydo nhw pan stopian nhw ddodwy. Mi ro i dro yn eu corn gyddfa nhw'r adag hynny. Mi fyddwn ni'n dau yn falch iawn o botas pan oerith hi, a siawns y bydd yma ddigon o foron a thatws a nionod o'r ardd.'

'O taw, Wili, ma'n gas gin i dy glywad ti'n sôn am afael yn 'u gyddfa nhw, a nhwtha fel plant i mi!'

'Ond fedrwn ni ddim ffordio prynu bwyd iddyn nhw dros y gaea, a fydd 'na ddim gweddillion o'r ardd i'w cael. Falla, yn y gwanwyn, y cawn ni hyd i gywan neu ddwy i ti yn eu lle.'

Eisteddodd Wili a'i baned yn ei law tra oedd ei wraig yn morgruga o gwmpas y gegin fach, daclus. Ar ôl gorffen ei frecwast cododd o'r gadair a galwodd ar Jini, oedd erbyn hynny wedi symud i'r parlwr ac yn taro clwt dros bob creiryn o fewn ei chyrraedd.

'Dwi am bicio i winllan Rhosddu i chwilio am bolion at y flwyddyn nesa – ma'r rhain sy gin i 'di dechra mynd yn reit frau o dan bwysa'r holl ffa. Mi dria i lwytho bwndel go lew ar y beic i ddod yn ôl.'

'Bydda di'n ofalus, Wili. Cofia, dwyt ti'n mynd ddim fengach, a phaid ti â chymryd sylw o'r Hen Gaptan 'na os gwynith o dy fod ti'n torri 'i goed o. Mi oedd ganddon ni hawl iddyn nhw cyn iddo fo rioed glywad sôn am Rhosddu.'

Er bod Wili dros ei drigain llamodd ar ei feic mor chwim â rhywun hanner ei oed. Dim ond hanner esgus oedd arno ei angen i ddianc o'r tŷ pan oedd Jini yn llnau, ac roedd hynny'n digwydd byth a beunydd. Roeddynt wedi priodi ers bron i bum mlynedd ar hugain, a theimlai Wili yn ei galon mai priodas gyfleus oedd hi... doedd yr un o'r ddau am gael eu gadael yn sengl. Y fo angen rhywun i gadw tŷ iddo, a phob parch i Jini druan, doedd hithau ddim yn un o genod mwyaf deniadol yr ardal, a heb lawer o obaith o gael bachiad. Ond ar ôl iddo yntau gael ei wrthod gan sawl un o ferched yr ardal bodlonodd ar ganlyn Jini. Gwelodd ei gyfle pan fu farw ei thad a'i gadael ar ei phen ei hun yn Nhai Seimon, a gofynnodd iddi ei briodi. Wnaeth o ddim difaru llawer – enillodd ardd braf a chartref cysurus er ei fod wedi gorfod cau'r drws ar fywyd nwydus. Doedd hynny ddim yn ei atal rhag cael pleser wrth edmygu cyrff rhai o wragedd ifanc yr ardal, yn slei bach, chwaith.

Ar ôl i'w gŵr ddiflannu o dan ei thraed aeth Jini ati i godi matiau'r gegin a'u taenu dros y lein ddillad yn yr ardd. Wrth iddi guro'r llwch anweledig ohonynt, clywodd swnian a checru yn dod i fyny'r lôn, a llais miniog Beti Ŵan yn dweud y drefn wrth ei phlant. Gadawodd Jini y matiau a cherdded yn fân ac yn fuan i lawr y llwybr at y giât, ei chorff byr blonegog fel casgen gron. Roedd wedi clymu sgarff wlanen am ei phen, fel tyrban, i guddio'r pinnau cyrlio, ond mynnai dwy neu dair o'r rheiny wthio'u hunain i'r golwg i ddawnsio ar ei thalcen chwyslyd wrth iddi geisio adennill ei hanadl cyn medru cyfarch Beti a'r plant.

'Beti Ŵan, dynas ddiarth. Dwi'm di'ch gweld chi ffor' hyn ers tro. Helô, blantos. Wel, tydach chi'n prifio? Mi wyt ti Robin 'di mynd bron cyn dalad â dy fam.' Sylwodd fod hyd go dda o goesau main Robin i'w gweld rhwng godre'i drowsus a'i ben-gliniau esgyrnog, budron. Roedd Lusa fach yn swatio o dan fwndel o ddillad oedd wedi eu taflu'n flêr ar droed y goets, a John yn cysgodi y tu ôl i sgert ddi-raen ei fam. 'Mynd am dro bach dach chi ben bora fel hyn?'

Plethodd Beti Ŵan ei gwefusau'n dynn a rhoi plwc i ochrau ei chap gwau i geisio cuddio rhai o'r cudynnau seimllyd oedd yn glynu wrth ei bochau pantiog. Doedd dim rhyfedd fod Beti mor ddi-ddweud a sur, ystyriodd Jini, a'i gŵr wedi gorfod mynd i ryfela a'i gadael ar ei phen ei hun i fagu tri o blant, a hynny ar y nesa peth i ddim.

'At Harri Puw 'dan ni'n mynd.' Gwasgodd Beti'r geiriau drwy'i dannedd i ateb Jini Morus.

'Ia, i neud dillad newydd i Robin,' ategodd John, y brawd bach, yn swil.

'Mae o 'di sbrowtio yn tydi.' Edrychodd Jini ar Robin druan oedd yn sefyll yn anghyfforddus, yn ymwybodol o'i gorff main, trwsgwl a'r modfeddi o drôns oedd yn y golwg o dan ei drowsus cwta. 'Hitiwch befo, mi ddaw yn help mawr i chi, dwi'n siŵr, yn reit fuan, Beti Ŵan. Mi fydd Magi Elin, Cae'r Hafod, yn falch iawn o gael rhywun i helpu i godi tatw gyda hyn, ac mi gaiff o geiniog neu ddwy a chydiad go lew ohonyn nhw i chitha at y gaea yn dâl. Lle mae Robat rŵan, deudwch? Pryd glywsoch chi ddwytha gynno fo?'

Anwybyddodd Beti ei chwestiwn a thynnu ei phlant yn nes ati fel iâr yn casglu ei chywion o dan ei hadenydd. Aeth y pedwar drwy giât y tŷ drws nesaf, i weithdy Harri Puw, gan orfodi Jini i droi'n ôl at y lein ddillad a'r mat. Dechreuodd ei guro'n galetach na chynt gan roi ebychiad rhwng pob curiad.

'Yr hen ryfal felltith... biti gin i dros y plant bach... fydd y rhai fenga ddim yn cofio'u tadau a'r rhai hyna heb ddyn o gwmpas y tŷ i'w ffrwyno a'u rhoi ar ben ffor'... ma' Robin Beti Ŵan wedi gorfod cymryd lle 'i dad o flaen 'i amsar ... 'ffeia i mai un siawns i ddengid o'r tŷ bach 'na mae o angan, a fysa'n ddim gynno fo grwydro hyd y lle 'ma efo'r Defi John wyllt 'na, dwi'n siŵr.'

* * *

Y drws nesaf, yn nhŷ canol Tai Seimon, roedd Harri Puw y teiliwr yn byw; dyn cloff, eiddil a'i fwstásh wedi'i felynu gan fwg ei getyn. Ar flaen ei drwyn eisteddai sbectol fychan, a gwisgai ffedog gyda phoced anferth arni. Treuliai'r rhan fwyaf o'i amser yn ei weithdy yn y cwt wrth wal y lôn. Yn wahanol i gwt Wili, roedd hwn wedi'i orchuddio â sinc i gadw'r gwlybaniaeth rhag difetha'i greiriau a'i ddefnyddiau. Pan fyddai'r tywydd yn sych byddai Harri yn agor y ddwy ffenest fach er mwyn i'r awel sychu'r aer llaith, ac yn y gaeaf roedd stof baraffîn yn cynhesu'r lle. Fyddai Harri byth yn tanio'i getyn wrth weithio – âi allan i'r ardd yn aml am saib a mygyn bach – ond er hynny roedd rhai o'i gwsmeriaid yn dal i gwyno bod oglau baco shag ar y dillad a ddeuai o'i weithdy. Ar ei ben ei hun roedd Harri'n byw ers iddo golli ei wraig flynyddoedd ynghynt, ac yn wahanol iawn i fwyafrif dynion ei genhedlaeth cymerai falchder mawr yn ei gartref a gallai baratoi pryd da o fwyd iddo'i hun. Roedd wrth ei fodd yn dweud straeon a thynnu coes, a chwarddai ar ei ffraethineb ei hun nes y byddai dagrau'n gwlychu ei fwstásh. Dim rhyfedd, felly, mai yma oedd man cyfarfod dynion yr ardal, a chadwai Harri fainc wrth y pared er mwyn iddynt gael eistedd arni pan alwent heibio.

Wrth weithio ar y bwrdd o flaen y ffenest yng nghanol ei geriach gwelai Harri bawb oedd yn pasio i fyny'r lôn i ddal y bws i'r dre, a byddai'n llygadu eu bagiau wrth iddynt ddod yn eu holau wedyn. Galwai rhai yn y gweithdy i gynnig dod â neges iddo o'r dref a byddai yntau'n estyn ceiniogau o'r bocs a safai ar y silff, lle cadwai ei newid mân a'i gwpons, i dalu ymlaen llaw am y nwyddau. Gwyddai nad oedd gan neb lawer o arian sbâr yn eu pocedi. Ar y ffordd adref roedd aml un yn troi i mewn am seibiant, yn ddiolchgar o gael gollwng eu beichiau am funud neu ddau. Wrth holi am y newyddion diweddaraf o'r dref, roedd Harri yntau wrth ei fodd yn clywed am droeon trwstan oedd wedi digwydd i ambell un mwy anffortunus na'i gilydd, a'u hailadrodd wrth unrhyw un a alwai heibio.

'Beti Ŵan,' cyfarchodd y wraig a safai tu allan i ddrws ei weithdy, 'dewch i mewn i mi ga'l 'ych gweld chi. Wel wir, ar f'enaid i, ma'r plant 'ma 'di tyfu gynnoch chi. A sut ma' Robat y dyddia yma – lle mae o rŵan, deudwch? Ofyrsîs ma' siŵr. Ma' nhw'n deud tua'r dre 'na bod hogia fuo'n cwffio yn Ffrainc, a 'di bod mor lwcus â dod trwyddi'n ddianaf, wedi cael eu hanfon yn ôl i gwffio Hitlar a'r Macaroni 'na tua Affrica... dyna i chi annhegwch, yntê 'fyd.' Meddyliodd yn ddwys am funud. 'Fedra i ddim diodda pwdin macaroni w'chi, mi fydda Ceti druan yn mynnu ei neud o yn lle pwdin reis weithia ac mi oedd o fel trio llyncu rhyw hen gynrhon...'

Diolchodd Beti am y llif geiriau a ddeuai o geg Harri Puw, gan ei bod wedi cael osgoi ateb ei gwestiwn. Doedd hi ddim am ddweud gair o'i busnes wrtho neu mi fyddai pawb yn yr ardal yn cael gwybod, a hynny gyda rhesi o'r ffrils roedd y teiliwr yn hoffi eu hychwanegu at ei straeon. Y gwir oedd na wyddai hi lle roedd ei gŵr – doedd hi ddim wedi clywed ganddo ers iddo fynd i ffwrdd i'r rhyfel. Ond dyna fo, un hunanol fu Robat erioed, a doedd o ddim yn or-hoff o'r bensel chwaith. Petai rhywbeth wedi digwydd iddo mi fyddai'n siŵr o fod wedi cael teligram. Er na fyddai'n cyfaddef hynny i neb, doedd Beti ddim yn edrych ymlaen i'w gŵr ddod adref, nac at yr holl waith a ddeuai yn ei sgil: golchi cachu gwartheg oddi ar ei hen ddillad o a sgwrio'i sgidia hoelion mawr, mwdlyd o. Wnaeth o erioed roi saim gŵydd arnyn nhw ei hun, dim ond disgwyl iddi hi wneud. Ac ar ben hynny, roedd hi'n ofni y byddai'n cadw ffurat neu ddau yn y tŷ fel y gwnâi cynt, nes y byddai'r lle yn drewi. Heblaw bod Robin ar y ffordd fyddai hi ddim wedi'i briodi o, ond doedd ganddi ddim dewis a'i thad yn bygwth ei throi allan o'r tŷ. Roedd hi'n torri'i chalon wrth weld Robin yn mynd yn debycach i'w dad bob dydd – yn methu byw yn ei groen o fewn pedair wal, ac yn annifyr ei fyd os na châi o fod allan – ac yn amau ei fod o'n dilyn y Defi John hwnnw ambell noson.

Tra oedd Beti'n synfyfyrio roedd yr hogiau'n cael hwyl hefo Harri, a Lusa'n hapus yn chwarae hefo bocs botymau'r teiliwr.

'Glywsoch hi hon, 'rhen hogia?' dechreuodd Harri ganu.

'Lwmp o facwn melyn bras i mi a'r gwas a'r dyrnwr,
Hwyaden a phys gleision neis a phwdin reis i'r teiliwr.'

'Ia, 'chi, fel'na oedd hi ers talwm pan oedd y teilwriaid yn mynd o gwmpas y ffermydd i neud dillad newydd i'r teulu. Dew! Mi oeddan ni'n cael bwyd da. Prentis teiliwr o'n i, ac yn gorfod ista yng nghornal y cegina yn gwnïo am ddyddia... mi fysa'r straeon ro'n i'n glywad yn 'ych dychryn chi! Ond mi oedd yn dipyn gwell, cofiwch, na bod allan ar bob tywydd yn was bach, a gorfod carthu'r cytia moch a'r lloi. Mi fysa wedi bod yn gas gin i neud hynny.' Oedodd Harri am ennyd, a throi at eu mam. 'Be fedra i neud i chi, Beti Ŵan bach?'

'Robin 'ma sy 'di prifio, a gobeithio yr o'n i y bysach chi'n medru altro chydig ar drowsus melfaréd 'i dad i'w ffitio fo,' meddai'n gynnil.

Gafaelodd y teiliwr yn y trowsus a'i agor allan.

'Dewch 'mi weld rŵan... ma'r defnydd 'di mynd braidd yn dena ond dwi'n siŵr y medra i gael digon allan ohono fo.' Trodd at Robin. 'Ti isio un llaes rŵan, decini, yn dwyt, a chditha 'di tyfu'n ddyn? Faint nei di? Tua'r pedair ar ddeg, dybia i.' Nodiodd Robin ei ben i gadarnhau. 'Mi fydd dy dad wedi dychryn dy weld di pan ddaw o adra. Dwi'n gobeithio dy fod di'n gefn i dy fam ac yn bihafio, paid â mynd i ddechra canlyn yr hogia gwirion 'na sy hyd y lle 'ma, cofia.'

Sythodd Robin o flaen y teiliwr bach, yn crechwenu ar y rhybudd. Wedi i Harri orffen ei fesur trodd Beti am y drws gan hysio'r plant ieuengaf o'i blaen yn bigog.

'Mi gymrith wsnos reit dda, Beti Ŵan, a pheidiwch chi â phoeni am dalu i mi nes y daw Robat adra,' galwodd Harri Puw ar ei hôl. Ysgydwodd ei ben. Mae'n siŵr na phrofodd y greadures fawr o gariad erioed, meddyliodd.

Pwysodd ar y wal derfyn rhyngddo a Bryn Dedwydd, a thanio'i getyn. Ar un ochr clywai Jini Morus yn sgwrsio efo'r ieir, ac am yr ochr arall i'r wal, sŵn Llywarch Rhys yn tuchan wrth bwmpio olwyn ei feic. Safodd Harri ar flaenau'i draed er mwyn cael gweld drosti.

5

Roedd y rhan fwyaf o deuluoedd Gwaenrugog wedi byw yn yr ardal erioed, fel eu tadau a'u teidiau o'u blaenau, ac yn adnabod ei gilydd yn bur dda. Eithriad fyddai iddyn nhw dderbyn dieithryn i'w plith.

Dyn dŵad oedd Llywarch Rhys, y gweinidog newydd. Pan ddaeth yr alwad iddo o gapel bach Berea roedd ei fam yn daer am iddo ei derbyn, ac o fewn y mis roedd y ddau wedi symud i fyny o Frynaman i Fryn Dedwydd yng Ngwaenrugog. Cymerodd yr aelodau at y bachgen ifanc, golygus yn syth, er chwithdod ei iaith, a buan iawn y daeth yntau i ddysgu ynganu ychydig o lediaith y gogledd er mwyn plesio ei braidd. Anaml iawn yr oedd Misus Rhys, ei fam, i'w gweld o gwmpas, a rhoddai Llywarch yr argraff i bwy bynnag a fyddai'n holi amdani ei bod hi'n wantan iawn ei hiechyd ac nad oedd hi'n ddigon cryf i fynychu'r oedfaon yn y capel, nac i dderbyn ymwelwyr.

'Bora da, Mistyr Rhys,' cyfarchodd Harri Puw y gweinidog ifanc, 'ydach chi'n ca'l traffarth efo'r hen feic 'na?'

'Dim ond olwyn fflat, Harri Puw, mae'n siŵr fod y tiwb yn dechrau breuo o gwmpas y falf, fe aiff â fi i'r pentre ac yn ôl, siawns. Newydd drwg wedi cyrraedd teulu Sea View mae arnaf ofn, eu mab ar goll ar y môr, a gwell fydde i mi alw yno.'

'Tewch â deud. Trist iawn. Dyddia duon, yntê?' atebodd Harri wrth wylio Llywarch yn dal i bwmpio olwyn y beic. Cymerodd bwl ar ei getyn wrth feddwl mai croeso digon oeraidd fyddai'n disgwyl y gweinidog ifanc yn Sea View. Roedd o wedi clywed si fod rhai yn y pentref yn reit blaen eu tafodau wrth ei drafod o a'i fam; yn genfigennus o'r bywyd braf, heddychlon roedd y gweinidog yn ei gael tra oedd bechgyn a dynion yr ardal i ffwrdd yn rhyfela. Yn ôl y sôn, roedd ambell un o drigolion Rhydyberthan yn barod iawn i edliw fod rhai ffermydd yn hael iawn wrth gario'u hwyau a'u tatws i Fryn Dedwydd, a phawb arall yn gorfod ymdopi hefo'r dogni prin. Roedd Harri'n gobeithio na fydden nhw'n dweud pethau cas wrth y gweinidog ifanc yn Sea View – wedi'r cwbwl, heblaw am gynnal gwasanaethau ar y Sul roedd Llywarch Rhys yn frwd iawn wrth drefnu gweithgareddau i godi arian at achosion da. Chwarae teg, nid gwaith hawdd oedd gorfod mynd i gydymdeimlo â theuluoedd ar ôl iddyn nhw golli mab neu ŵr, meddyliodd Harri, yn enwedig i rywun nad oedd wedi cael amser i ddod i adnabod pobol yr ardal.

Tybed pam nad oedd o'n briod, neu o leia yn canlyn, dyfalodd Harri, ac yntau'n hogyn mor smart a chlên? Doedd dim prinder merched yn yr ardal, wedi'r cyfan, na fawr o gystadleuaeth am eu sylw.

'Dyma ni, Mr Puw, siawns y bydd y teier yn iawn i fynd â fi i'r pentre nawr.'

'Gwrandwch rŵan, Llywarch, mae gin i gôt fawr oedd yn perthyn i rywun na ddaw o ddim yn ei ôl o'r rhyfal. Ma' hi filltiroedd yn rhy llaes i mi er 'mod i wedi'i gwisgo hi ambell dro pan o'n i'n sefyllian allan yn yr oerfal i ga'l pwl bach. Mae croeso i chi iddi hi, dim ond 'i hongian hi allan yn yr ardd ar ddiwrnod braf sy angen ac mi gollith yr ogla shag yn bur sydyn, ac mi fydd yn fuddiol i chi at y gaea pan oerith hi.'

Erbyn hyn roedd Harriet Rhys yn sefyll y tu ôl i gyrten les ffenest y parlwr ffrynt, yn gwylio'i mab yn siarad efo Harri Puw. Safai yn syth ac awdurdodol, ei gwallt tonnog arian heb flewyn o'i le a'i hwyneb gwelw yn dyst i'r ffaith na fentrai allan i'r awyr iach. Roedd mwclis trwm yn hongian o gwmpas ei gwddw a gwisgai ffedog fach ffansi am ei gwasg.

Diolch byth am ddishgled, meddyliodd wrth fwynhau ei hail baned y bore hwnnw, a diolch bod Llywarch yn ddigon lwcus i gael mymryn bach o ddail te gan hwn a'r llall i ymestyn dipyn ar eu dogni. Edmygodd ei mab ieuanc, golygus drwy'r ffenest. Roedd y goler gron yn ei siwtio mor dda – byddai Gomer, ei dad, druan wedi bod mor falch iddo dilyn ôl ei droed i'r weinidogaeth. Dyna fu breuddwyd Harriet ar ei gyfer.

Bu'n fab ufudd iawn, heb gyboli gydag yfed na smygu, a chadwodd yn ddigon pell oddi wrth y bêl hirgron a'r bechgyn geirwon, swnllyd yr oedd yn yr ysgol â nhw. Pan fu Gomer farw addawodd Llywarch i'w fam y byddai'n edrych ar ei hôl, a chadwodd at ei air, chwarae teg iddo. Gwyddai na allai Harriet godi o'r gwely yn y bore heb gael paned o de, felly byddai'n rhoi un ar y bwrdd bach wrth yr erchwyn am wyth ar y dot bob dydd.

Ochneidiodd yr hen wraig yn uchel bob yn ail â sipian ei the wrth gofio am yr amgylchiadau a orfododd iddi hi a Llywarch symud o'r Cwm i'r gogledd i fyw. Biti mawr i'r llanc diniwed gael ei hudo gan y ferch bowld honno, ond drwy ryw drugaredd cafodd alwad i Berea, yn ddigon pell oddi wrth bawb oedd yn eu hadnabod.

Roedd Harriet wedi amau ers tro ei fod yn ymhél gormod â'r hoeden ddigywilydd oedd yn gweithio yn siop y groser, ac yn amlwg yn ei hudo. Dechreuodd yntau chwilio am unrhyw esgus i fynychu'r siop... cymryd arno ei fod wedi anghofio rhywbeth neu'i gilydd byth a beunydd. Doedd hi ddim yn addas fel darpar wraig i weinidog, a hithau wedi ei magu ymhlith gweithwyr y lofa, a wnaeth Gomer druan a hithau ddim aberthu popeth er mwyn i Llywarch gael mynd i'r coleg, dim ond iddo ei israddio'i hun wrth ymhél â hi. A phan gododd yr helynt diflas, wel, roedd yn well iddyn nhw symud yn ddigon pell cyn gynted â phosibl...

Pan welodd hi Llywarch yn troi am y tŷ, camodd yn sionc i eistedd ar gadair gyfforddus wrth y tân. Yna, crebachodd ei chorff nes gwneud iddi'i hun edrych yn eiddil a gwan. Gafaelodd yn ei chwpan a'i soser yn sidêt.

'Dyma chi, Mam, wedi llwyddo i godi. Shwt y'ch chi'n teimlo heddi?' Gwyddai'r gweinidog ifanc ei fod wedi codi mymryn o lediaith y gogledd ers iddyn nhw symud, a gwyddai hefyd nad oedd ei fam yn or-hoff o'i chlywed, felly gofalai roi pwyslais ar dafodiaith y Cymoedd pan oedd yn siarad â hi.

'Gweddol, Llywarch bach, ddim yn rhy ddrwg, glei. Wy'n ame bod fy nghalon wedi gwanhau pan golles i dy dad, wyddost ti, a wna'th poeni amdanat ti fawr o les iddi chwaith. Mae'n well i mi beidio gwneud gormod... does gen i fawr o nerth i godi o'r gader hon heddi.'

'Steddwch chi yn y fan yna 'te, Mami, tra bydda i'n galw 'da teulu Sea View yn y pentre. Ma' nhw wedi ca'l newy' drwg... 'Se'n well i mi fynd yno i gydymdeimlo. Fydda i ddim yn hir, ac os bydd amser 'da fi, fe alwa i heibio Rhes Newydd wrth basio i weld shwt ma pethau yn fan'ny hefyd.'

'Paid ti ag ymdroi llawer, i ti gael fy helpu i baratoi cinio i ni'n dau, bach, a phaid ti â bod yn rhy barod â'th ffafrau tua Rhes Newydd, yn enwedig â'r Gladys Huws honno, ti'n gwybod shwt ma' hi'n tynnu sylw ati'i hun. Wy'n ei gweld hi'n pasio i ddala'r bws yn aml ar brynhawniau Sadwrn, rhag ei chywilydd hi, â'i gŵr druan siŵr o fod yn poeni amdani hi a'r plant bach, a fynte mor bell i ffwrdd. Fydden i byth yn ymddwyn fel'na pe bydde dy dad druan oddi cartre'n ymladd, yn pincio ben bore a chrwydro trwy'r dydd.' Roedd golwg ddirmygus ar wyneb Harriet Rhys wrth iddi anelu ei phregeth at Llywarch druan.

'Iawn,' mwmialodd yntau'n ddistaw gan droi am y drws, cyn ychwanegu o dan ei wynt, 'ac mae hi'n wledd i'r llyged hefyd.' Cuddiodd y wên fach slei oedd ar ei wyneb cyn troi yn ôl at ei fam. 'Oes rhwbeth alla i wneud i chi, cyn i mi fynd?' gofynnodd yn barchus.

'Rho damed o lo ar y tân a rho'r glustog 'na tu ôl i 'nghefen i, 'na grwt da wyt ti. Sai'n gwybod beth wnelen i hebddot ti wir, fydde dy Dad yn browd iawn ohonot ti.'

Chlywodd hi mo'r ochenaid rwystredig a ollyngodd ei mab wrth iddo gerdded allan drwy'r drws.

* * *

53

Fel y gweinidog, dyn dŵad oedd Capten Charles Spencer hefyd. Pendwmpian wrth y tân yng nghegin fawr Rhosddu oedd o, ei legins lledr a'i sgidiau mawr mwdlyd yn gorwedd ar lawr llechi y gegin, yn union lle cawsant eu diosg, yn barod i'r forwyn fach eu sgwrio. Roedd ei gi hela blewyn hir yn cysgu o dan y bwrdd yn ffradach drewllyd ar ôl bod allan yn niwl cynta'r bore gyda'i feistr, y ddau yn trwyna yn y winllan. Bob yn ail â pheidio gwrandawai'r Hen Gapten ar sŵn traed Ela yn cripian yn y llofftydd yn glanhau a thwtio. Fel llygoden fach yn gwneud ei nyth, meddyliodd, ac wrth godi'i draed ar y pentan sylwodd fod twll yn sawdl y sanau hirion gwyrdd o wlân cartref. Dim ond gobeithio ei bod yn gwybod sut i frodio neu mi fyddai'n rhaid iddo dalu i'r teiliwr eu trwsio. Dechreuodd ei feddyliau grwydro yn ôl, fel y gwnaent yn aml bellach, i'r cyfnod pan oedd yn llencyn ifanc ac yn etifedd stad y Wernen nid nepell o'r Amwythig. Roedd yn berchen ar sawl pâr o sanau yr adeg hynny, ac ar ddillad drudfawr at bob achlysur. Cofiai yr helfeydd, y dawnsfeydd a'r gwledda, a gwenodd wrth gofio'r amseroedd gwyllt a gafodd pan oedd yn Rhydychen. Mercheta ac yfed – dyna sut y treuliodd y rhan fwyaf o'i amser yno, ac o ganlyniad rhyw radd ddigon gwan enillodd o. Ond pan oedd yn un ar hugain, ac wedi dod i oed, mynnodd ymuno â'r Household Cavalry. Wedi'r cyfan, dyna oedd ei fyd: marchogaeth a hela. Doedd ganddo fawr o ddiddordeb mewn goruchwylio a dadansoddi materion ariannol y stad, felly gadawai hynny i'w dad, y Sgweier.

Bu'n wael am flynyddoedd lawer ar ôl dal Typhoid tra oedd yn brwydro yn erbyn y Boer yn Ne Affrica, a chofiai ei ddiflastod o orfod dychwelyd i'r Wernen i ddod ato'i hun – yn gorweddian ddydd ar ôl dydd, fis ar ôl mis, yn gwastraffu blynyddoedd ei ieuenctid. Doedd o ddim hyd yn oed yn ddigon cryf i fynd i gwffio yn y Rhyfel Mawr, a heblaw am gwmni Elizabeth, merch Plas Mawr gerllaw a ddeuai i'w weld yn gyson, wyddai o ddim beth fyddai o wedi ei wneud. Bu'r ddau yn crwydro gerddi'r Wernen yn ddyddiol, bron, ac ymhen sbel magodd ddigon o hyder i ofyn iddi a wnâi ei briodi pan fyddai o wedi mendio.

Cytunodd hithau a bu eu carwriaeth yn felys, ac yn danbaid iawn ar brydiau.

Dros y blynyddoedd gwyliodd ei dad yn llafurio i gadw'r stad i fynd, nes o'r diwedd bu iddo fethu â gwasgu ceiniog arall o log i'r banc a bu'n rhaid gwerthu'r cyfan. Y siom fwyaf gafodd Charles oedd i Elizabeth droi ei chefn arno pan sylweddolodd fod ei deulu wedi colli'r Wernen ac nad oedd gobaith ganddi o fod yn feistres ar stad oludog ar ôl priodi.

Yr ast fach ffroenuchel iddi hi, meddyliodd, y briw yn dal i losgi. Fel pob merch arall doedd hi ddim wedi ystyried neb ond hi ei hun, dim ond meddwl y gallai ei sathru o dan draed a throi ei thrwyn arno. Roedd angen dysgu gwers iddi hi a'i thebyg. Mi gâi'r merched ifanc sioc pan ddeuai eu dynion adref yn ôl o'r rhyfel – byddai'n rhaid iddyn nhw ufuddhau yn hytrach na thramwyo o gwmpas yr ardal fel pethau gwyllt, yn gwneud fel a fynnont. Naw wfft iddyn nhw, meddyliodd y Capten, gan gydnabod ar yr un pryd y pleser a gawsai wrth freuddwydio am ambell un fach go handi oedd yn byw yng Ngwaenrugog.

Gwyddai Charles iddo fod yn lwcus i etifeddu fferm Rhosddu yn ewyllys ei dad bedydd, tir a oedd yn cynnwys y rhes o hofelau a ddeuai ag ychydig sylltau iddo mewn arian rhent bob wythnos, er eu bod yn nhwll tin byd. Gwenodd wrth gofio am ei fam, Cymraes o Benybont Fawr, a ddysgodd ei hiaith iddo pan oedd yn fachgen bach, ac er ei fod wedi anghofio llawer ohoni roedd yn medru mwy nag yr oedd pobl anwybodus yr ardal yn ei sylweddoli. Cadwai yn ddigon pell oddi wrthynt oni bai ei fod yn casglu rhent y bythynnod neu fod angen y teiliwr arno i drwsio'i ddillad. Edrychai ymlaen at gael gwerthu'r cyfan ac ymddeol yn ôl i Sir Amwythig, ond ar hyn o bryd roedd yn fwy proffidiol iddo ddioddef aros yng Ngwaenrugog – siawns y byddai cyfle iddo wneud ceiniog go dda ar ôl i'r rhyfel ddod i ben, pan fyddai galw am goed y winllan i adnewyddu'r holl ddifrod a wnaethpwyd i'r trefi mawr a'r dociau. Herciodd ei ben i fyny oddi ar ei frest a tharanodd ei lais nes bod eco yn diasbedain drwy'r tŷ.

'Ela! Lle wyt ti?'

Clywodd glocsiau'r forwyn yn sgrialu i lawr y grisiau moel a thros lawr llechi'r bwtri, ac edrychodd yn ddirmygus arni pan gyrhaeddodd i sefyll o'i flaen. Doedd hi fawr mwy na phlentyn, ystyriodd, â brychni haul yn glwstwr dros groen gwyn ei thalcen a'i thrwyn a chochni ei gwallt yn cyrlio o gwmpas ei chap. Sylwodd ei bod yn cydio'n dynn yn nefnydd ei ffedog, oedd mor frau fel bod clytiau wedi eu pwytho yma ac acw arni i'w thrwsio. Wfftiodd wrth ei chymharu â'r morynion oedd yn gweini arno yn y Wernen pan oedd o'n ifanc, mor drwsiadus yn eu ffrogiau duon a'u ffedogau ffansi gwynion, ac mor barod i wenu a phlygu glin wrth ei gyfarch. Prin roedd hon yn edrych arno, a phan wnâi hynny roedd dagrau'n bygwth gorlifo o'i llygaid gwyrddion. Pam wnaeth o gytuno i'w chadw? Doedd ganddo fawr o ddewis, cofiodd, a'r rhyfel wedi rhoi cymaint o waith i ferched abl yn sgil y prinder dynion.

'Lle wyt ti wedi bod, y cythraul bach, yn cuddio rhagdda i bob munud? Os na watshi di, mi fydda i'n pinsio dy din di. Lle mae 'nghinio i?'

Roedd Ela druan wirioneddol ofn yr Hen Gapten ac oedd, mi oedd yn cuddio o'i olwg bob cyfle a gâi. Cymerai arni bobi yn y bwtri neu lanhau'r llofftydd pan oedd ei meistr o gwmpas. Ei hunig ddihangfa oedd cerdded glannau'r afon fach cyn belled â Thai Bont, ac weithiau deuai ar draws Lora Rowlands, oedd yn ei hatgoffa hi o'i mam ffeind oedd wedi marw flynyddoedd yn ôl, pan oedd Ela'n fychan.

'Dyma fo i chi, Capten.' Daeth Ela yn ôl o'r bwtri gyda phowlenaid o datws llaeth yn un llaw a chwpanaid o de yn y llall. Gosododd nhw ar y pen agosaf iddi hi o'r bwrdd, fel ei bod hi'n ddigon pell o afael ei mistar, cyn troi ar ei sawdl a'i gwadnu hi am ddiogelwch ei llofft. Caeodd y drws a llusgodd y cwpwrdd dillad trwm yn ei erbyn.

6

Hydref 1944

September 1943

Annwyl Mair,
At last I'm finding time to write to you. I'm sorry it has been so long but we had to move a lot from place to place in North Africa and now we have landed in Sicily. I expected the sea to be more calm in this part of the world, but it was very rough and most of us were seasick. Thank goodness that we were not with the first troops to land here in the middle of the night. The island looks very bad after all the fighting and bombing and the people look very poor and some are living in caves, it looks as bad as if Etna, the volcano (mynydd tanllyd) had exploded I feel lucky that I am only a lorry driver moving supplies all over the island, but the roads are very rough, specially in the mountains and we have to stop often to move things off the road.

Don't worry about me, most of the fighting has been done by the first troops and they have moved on to Italy now. It is very hot here, nearly as hot as Affrica and my skin is very brown. I don't think you would know me if you saw me in the street. Thank you for the soap, it was so nice to wash with it after having none for weeks.

I hope you and Gruffydd are OK, I hate not been able to see you and I'm sure he's changing from day to day, without me being there to see him. Do you think he will know me when I come home? I can't help not worrying about you especially later on when the winter comes and no sign that I

can come home for a long time, I am afraid. I am so thankfull
that our home is at Gwaenrugog and that you are safe there
in the middle of friends and family. I am looking forward so
much to coming home to you.
    All of my love,
    Ifan xx

Blwyddyn arall wedi hedfan, meddyliodd Mair wrth ychwanegu'r llythyr at y rhai roedd Ifan wedi eu hanfon ati fesul un dros y blynyddoedd a rhoi'r bwndel o dan ei gobennydd. Teimlai'n saffach, rywsut, pan oedd y llythyrau o dan ei phen, fel petai Ifan yno hefo hi. Erbyn y bore roedd y papurau tenau wedi crebachu, ond er hynny, y peth cyntaf wnaeth hi ar ôl codi a chynnau'r tân oedd gafael ynddynt a darllen ambell un am y canfed tro. Caeodd ei llygaid wrth eistedd yn ôl yn y gadair a gwasgu'r llythyrau at ei bron.

Yn ddiweddar roedd hi wedi dechrau poeni y byddai'r ddau wedi colli nabod ar ei gilydd ar ôl bod ar wahân am yr holl flynyddoedd. A sut roedd disgwyl i Gruffydd bach adnabod ei dad? Oedd, roedd o'n galw 'Dad' ar lun o Ifan, ond peth arall oedd ei weld o yn y cnawd. Doedd o ddim callach beth oedd tad mewn gwirionedd – doedd 'run tad yn byw yng nghartrefi ei ffrindiau na'i gymdogion, ac anodd oedd esbonio i un mor ifanc. Roedd y rhyfel wedi dwyn pum mlynedd o'u bywydau ifanc, a wyddai Mair ddim beth fyddai orau ganddi; bod Ifan ymhell i ffwrdd am flynyddoedd eto, neu iddo gael dod adre'n gynt am ei fod o wedi ei frifo.

Ysgydwodd ei phen a dwrdio'i hun am fod mor hunanol. Trodd ei meddwl at Bobi Preis druan, y creadur yn gorfod bustachu o gwmpas ar ei faglau hefo dim ond un goes ar ôl colli'r llall yn Ffrainc. Roedd eraill wedi eu hanafu yn waeth o lawer, mae'n siŵr, heb sôn am yr holl deuluoedd na welen nhw byth eu meibion a'u gwŷr eto, fel teulu Sea View ac Anni druan.

Cyn rhoi'r llythyrau yn y tun bisgedi gwag yng nghwpwrdd y seidbord, sylweddolodd nad oedd yn gwybod ble roedd Sicily.

Penderfynodd ofyn i'r gweinidog, pan fyddai'n ei weld. Roedd wedi sylwi arno'n pasio heibio yn amlach yn ddiweddar, ac yn oedi am sgwrs hefo ambell un o ferched Rhes Newydd. Efallai fod ganddo fo Atlas fel yr un oedd yn yr ysgol ers talwm, ac y byddai o'n gallu dangos iddi yn union ble roedd yr ynys. Doedd hi ddim yn lecio meddwl bod Ifan mor bell i ffwrdd a hithau ddim yn siŵr ble roedd o.

Cododd i roi clapyn o lo ar y tân. Roedd y tywydd wedi troi at ddiwedd yr haf a'r oerni a'r gwlybaniaeth wedi dechrau mynd yn ddiflas. Roedd yn gas gan Mair feddwl am y dyddiau byrion o'i blaen heb gwmni Ifan yn y tŷ. Trodd fflam y lamp fechan i lawr i arbed dipyn ar y paraffin ac aeth i wneud paned o goco iddi hi ei hun i aros i Gruffydd ddeffro.

Cyn iddi gael amser i baratoi brecwast rhuthrodd Gladys i'r tŷ fel gafr ar daranau, heb gnoc na chyfarchiad.

'Dwi am fynd i ocsiwn Bryn 'Rodyn bora 'ma i fysnesu. Ty'd efo fi am dro – gawn ni fŷs am chwartar i ddeg ac mi ddown ni'n ôl ar y bŷs un. Ma' nhw'n gwerthu bob dim... fedra i ddim fforddio prynu, ond mi fydd yn newid bach i ni'n dwy. Geriach ffarmio sy yno fwya ond ma' nhw'n deud bod 'na ddodran hefyd a'r rheiny'n werth eu gweld. Falla y ca' i syniada sut i fynd ati i ddodrefnu'r tŷ newydd ma' William am 'i godi pan ddaw o adra. Be 'di dy blania di ac Ifan ar ôl y rhyfal? Dydi o rioed am fynd yn ôl yn was ffarm, gobeithio?'

Rhag iddi orfod ateb y cwestiwn cymerodd Mair arni ei bod yn brysur yn y pantri. Ar ôl peth perswâd gan Gladys cytunodd i fynd i'r ocsiwn, ond dim ond ar ôl cirio'r llestri budron a rhoi chydig o drefn ar y tŷ yn gyntaf.

'Mi arhosith y tŷ tan heno, siŵr,' mynnodd Gladys wrth daflu golwg ar y stafell oedd eisoes fel pìn mewn papur. 'Mi wyt ti'n rhy barticlar o lawar – welith neb y llanast ar ôl i ti gau'r drws.'

Ond gwyddai Gladys mai ofer oedd ei geiriau, felly aeth yn ôl i'w chartref ei hun i chwilio am y sudd betys coch. Wrth agor y drws clywodd y plant yn cael hwyl fawr wrth dwnelu o dan ddillad y gwely oedd yn swp ar lawr y siambr.

'Lle dach chi'n cuddiad rŵan, y cnafon? Dach chi isio mynd am dro ar y bỳs?' Cymerodd arni chwilio am y ddau fach, gan orffen y gêm drwy afael yn eu bodiau nes roedd y tri ohonynt yn chwerthin dros y tŷ. Camodd Gladys dros yr annibendod i chwilio am eu dillad, a gwisgodd amdanynt cyn edrych yn y drych a rhoi'r sudd ar ei gwefusau. Gwenodd yn fodlon ar ei hadlewyrchiad wrth dwtio rhywfaint ar ei gwallt.

Ar y ffordd i ddal y bws diolchodd Mair a Gladys fod y glaw wedi clirio, er bod blas mwy ar wynt main y gorllewin.

'Neith hi ddim bwrw am dipyn 'sti,' meddai Gladys, 'mi gododd 'dani yn reit fora, yn do? Mi welis i ruban o ola dan y cymyla draw tua'r môr wrth i mi adael dy dŷ di gynna.'

Ymhen hanner awr roedd y ddwy yn cerdded heibio Tai Seimon i ddal y bws, gan godi llaw ar Harri Puw y teiliwr, oedd yn sbecian drwy ffenest ei weithdy. Doedd dim golwg o Wili Morus yn ei ardd nac o Llywarch Rhys a'i fam. Pan rygnodd y bws i fyny'r allt yn brydlon rhedodd y plant i'r seddi cefn, wedi cynhyrfu'n lân, a chafodd Mair a Gladys lonydd i sgwrsio nes cyrraedd Bryn 'Rodyn.

Ar ôl gadael y bws, aethant i fyny ffordd gul i'r cae lle'r oedd peiriannau wedi eu gosod allan yn rhes hir yn barod at eu gwerthu. Cerddodd y ddwy drwyddynt heb fawr o ddiddordeb nes cyrraedd y mân-daclau oedd yn perthyn i'r tŷ llaeth a'r pantri.

'Sbia, Gladys, ar y badall bridd 'ma, jest y peth i mi bobi bara ar ôl i Ifan ddod adra. Bechod na fasa gin i bres i roi cynnig arni hi.'

Doedd gan Gladys ddim diddordeb yn y llestri, a dechreuodd watwar Mair.

'Ar ôl i Ifan ddod adra... ar ôl i Ifan ddod adra... dyna'r unig beth sy ar dy feddwl di. Ma' raid i chdi gysidro rywfaint amdanat ti dy hun hefyd, cofia, a byw dy fywyd yn llawn i'r funud, neu mi fyddi di wedi mynd yn hen o flaen dy amsar.'

Cyffrôdd Gladys pan welodd y dodrefn derw hardd oedd wedi eu diarddel o'r tŷ i sefyll yn ddigalon ar iard y fferm.

'Sbia ar y wardrob fawr 'na, Mair, tydi hi'n neis? Yli'r drych hir ar y drws – mi fedra i weld fy hun o 'mhen i 'nhraed ynddo fo. Dim ond fy mhen dwi'n 'i weld yn yr hen sgwaryn bach brychlyd sydd ar y palis adra. Mi fydd angan un fel'na arna i, yn siŵr i ti, pan ga' i dŷ newydd.' Edmygodd ei hun yn y gwydr a rhoi plwc bach yma ac acw i'w siaced fer cyn troi ei chefn ato er mwyn edrych dros ei hysgwydd i weld a oedd sêm ei sanau'n syth.

Safodd Mair wrth ei hochr yn dawel, yn gobeithio na fyddai Gladys druan yn cael ei siomi. Roedd hi'n edrych ymlaen gymaint at y tŷ mawr roedd William wedi addo ei godi iddi ar ôl iddo ddod adref. Pan ddaeth amryw o'u cydnabod heibio i'w cyfarch a holi hynt a helynt eu gwŷr, broliodd Gladys pa mor beryglus oedd swydd William yn yr awyrlu.

'Peryglus, wir,' meddai un ffermwr wrth ei gyfaill ar ôl mynd o'u clyw, 'welis i William pan oedd o adra ddwytha a sylwi ar y bathodyn oedd ar ei iwnifform. Yn yr ACS mae o, a dwi'n ama, yn ôl yr hyn ddeudodd ei dad wrtha i, nad ydi 'run o'i draed o wedi gadael y wlad 'ma.'

'Felly? A be ydi'r ACS 'ma, dŵad?'

'Gofalu am drwsio erodrôms sy wedi cael 'u difrodi gan fomia'r Jyrmans a ballu maen nhw. Dwi'n meddwl mai ar ochor bella Lloegar ma' William, ac yn 'i gweld hi'n ormod o draffarth trafeilio o un pen i'r wlad i'r llall i ddod adra pan fydd ganddo fo ambell ddiwrnod o lîf. Cofia, dwi'm yn deud am funud nad oes 'na beryg yn 'i waith o tasa'r Jyrmans yn bomio'r erodrôms tra mae o ynddyn nhw, ond ŵyr o ddim amdani 'fath â'r hogia 'ma sy dros y môr yn cwffio.'

Ar y ffordd yn ôl am adref bu Gladys yn ceisio perswadio Mair i fynd hefo hi i'r dref y noson honno.

'Waeth i ti ddŵad ddim. Mi godith dipyn ar dy galon di, ac mi gei di ddigon o hwyl. Gawn ni fynd i'r pictiwrs, neu os bydd 'na ddawns yn y Church Hall falla bydd band y *sailors* o'r camp yno, ac maen nhw'n goblyn o gesys, 'sti... 'di gweld y byd, ac wedi byw mewn llefydd hollol wahanol i fama, dim rhyw fyw sychdduwiol fel ma' nhw ffor' hyn.' Gostyngodd ei llais. 'Ma' nhw'n deud bod genod y trefi yn mynd efo'r hogia i'r tai tafarna am ddiod... shandi a jin a phetha felly. Mi fysa tad a mam William yn cael ffit tasan nhw'n clywad ei fod o 'di twllu'r Ship yn dre, a taswn i yn mynd fy hun, mi fysan nhw'n cael un biws, yn siŵr i ti!' Chwarddodd Gladys yn ddireidus wrth feddwl am yr holl forwyr oedd yn aros yn y gwersyll ymarfer ger y dref. Bechgyn ifanc o bob rhan o'r wlad oedd yn awchu am gwmni merched ifanc. 'Ond fyswn i ddim yn mynd mor bell â gneud hynny, siŵr iawn... dim heb i William fynd â fi hefo fo. Gei di weld, mi fydd yr hen fyd 'ma'n newid ar ôl y rhyfal a fydd o byth 'run fath eto. Mi fydd pawb isio joio'u hunain, a ninna'r merchaid 'di dysgu sut i fyw heb orfod bod ar ofyn ein gwŷr am bob dim, na disgwl am 'u caniatâd nhw cyn cael symud bys na bawd.' Ochneidiodd Gladys yn freuddwydiol. 'Ma' gin y *sailors* diarth 'ma enwa mor lyfli 'fyd: Ron a Frank a Tony, yn debyg i'r ffilm stars, dim rhai hen ffasiwn fel Wmffra a Robat a... ac Ifan, 'fath â hogia ffor' hyn. Mi o'n i'n benderfynol o roi enwau neis i'r plant 'cw – mae Shirley wedi'i henwi ar ôl Shirley Temple. Ti'n gwbod pwy 'di honno, yn dwyt? Y ffilm star bach dlws 'na efo'r pen cyrliog. Argol, mi oedd William isio'i galw hi'n Meri ar ôl 'i fam. Meddylia am y beth fach yn gorfod mynd trwy'r byd efo enw mor hen ffasiwn! A phan ddaeth Gari mi ges i fy ffor' fy hun 'radag hynny hefyd. Dwi wrth fy modd hefo Gary Cooper 'sti, a chwara teg i William, anaml y bydd o'n tynnu'n groes i mi. Mae enwau'r hogia sy yn y camp yn codi dy galon di, tydyn, jyst wrth i ti eu deud nhw'n uchal. Mi fydda i'n gneud hynny, 'sti, pan fydda i'n teimlo'n unig, ac mae'u hiwnifform nhw mor smart o'i chymharu efo un y sowldiwrs sy yn yr armi – bron mor smart â William yn ei las RAF. Dipyn delach na'r lliw caci 'na ma' dy Ifan di, druan, yn gorfod 'i wisgo, yn tydi?'

Gadawodd Mair iddi draethu fel melin bupur, gan gymryd arni ei bod yn gwrando ar y geiriau byrlymus. Syllodd drwy ffenest y bws ar y wlad yn llifo heibio, gan sylwi bod yr hydref yn prysur droi'n aeaf er bod ychydig o ddail melyn ac aur y bedw yng ngwinllan Rhosddu yn gyndyn iawn o ollwng eu gafael. Roedd dail y ffawydden yn fwy herfeiddiol byth, ac mi fydden nhw'n dal i lynu'n dynn wrth y brigau am wythnosau eto i ddod.

Roedd hi mor hoff o'r hydref ers talwm, cofiai Mair yn hiraethus, pan gâi fynd i chwilio am gnau ar y coed cyll a'r coed castan. Y gastan oedd ei ffefryn ac roedd hi wrth ei bodd yn agor y plisgyn a thynnu'r gneuen frowngoch gron, berffaith, o'i gwely melfedaidd a'i gwasgu'n dynn yn ei llaw. Roedd ei sglein cyfoethog yn union fel petai rhywun wedi bod yn ei rhwbio â chadach a pholish sgidia. Addawodd iddi'i hun y byddai'n mynd â Gruffydd i'r winllan cyn gynted ag y cawsai ddiwrnod sych – efallai y caen nhw gydiad o gnau cyll i'w cadw at y Dolig, ac os byddai'r cnau castan wedi aeddfedu câi ddysgu ei mab sut i chwara concyrs...

'Lle ma' dy feddwl di, dŵad? Ti'n gwrando dim arna i,' clywodd lais Gladys wrth ei hochr.

'Be? O, na dwi'm yn meddwl y do' i... ryw dro eto, ella. Dwi am orffan gwau y pâr sana sy gin i ar y gweill i Ifan fel medra i eu postio nhw iddo fo ddechra'r wsnos. Heb ga'l llythyr ers tro rŵan ac roedd hwnnw wedi ei sgwennu wsnosa'n ôl. Dwi'n poeni braidd.'

Doedd Gladys ddim am fentro ailadrodd y cwestiwn arall roedd hi wedi ei ofyn yn betrusgar dawel i'w chymdoges, un nad oedd Mair wedi ei glywed, yn amlwg. Cwestiwn oedd o ynglŷn â'r sŵn siffrwd a chrafu roedd hi wedi ei glywed ambell noson o dan ei ffenest.

Ar ôl i'r bws gyrraedd Gwaenrugog cerddodd y ddwy yn hamddenol am adref, a'r plant yn llusgo'n flinedig y tu ôl iddynt. Fu Harri Puw fawr o dro yn eu gweld, a chamodd allan o'i weithdy cyn iddynt basio heibio.

'Helô 'na! Wedi bod am y dre dach chi'ch dwy?' gofynnodd, yn awchus am stori i'w hailadrodd.

'Na, mynd i ocsiwn Bryn 'Rodyn wnaethon ni,' atebodd Gladys.

'O, ia siŵr. Gobeithio'u bod nhw 'di cael sêl go dda... hwch 'di mynd drwy'r siop glywis i. Soniwyd rwbath am hynny hyd y lle 'na?'

'Mi fydd raid i ni fynd rŵan,' meddai Mair yn ddoeth, 'ma' hi 'di pasio amsar cinio ar y plant. Wela i chi eto, Mistyr Puw. Ty'd, Gladys,' galwodd ar ei ffrind oedd erbyn hyn wedi troi i syllu ar Fryn Dedwydd a'r cyrtens les claerwyn oedd yn cadw pob cyfrinach o olwg pawb.

'Does 'na ddim golwg o'r gweinidog. Wyt ti'm yn meddwl 'i fod o'n bishyn?' gofynnodd Gladys. 'Sgwn i pam y symudodd o i fyny i fama, i ganol nunlla, a'i fam o fel ma' hi?'

'Cael galwad nath o, yntê? Berea angan bugail arall ar ôl i'r hen Fistyr Watkins farw.'

Erbyn iddyn nhw gyrraedd Rhes Newydd roedd y plant wedi dechrau swnian am fwyd.

'Cofia, os byddi di wedi newid dy feddwl am heno,' galwodd Gladys dros ei hysgwydd, 'dwi'n siŵr y bysa Jên yn gwarchod Gruffydd i ti.'

Gwenodd Mair. Doedd hi ond yn gobeithio na wnâi'r greadures rywbeth gwirion.

7

Ar ôl rhoi Gruffydd yn ei wely y noson honno eisteddodd Mair i lawr i roi hwb ar yr hosan roedd ar hanner ei gwau. Crwydrodd ei meddwl yn ôl i'r amser pan oedd hi wrth ei bodd yn gwau a gwnïo yn yr ysgol fach a Miss Pritchard, yr athrawes, yn sefyll wrth ei phen yn ei dysgu sut i droi sawdl. Yn y gaeaf byddai tanllwyth o dân yn ngrât y clasrwm ac roedd hi'n dal i ddychmygu ei bod hi'n gallu ogleuo'r drewdod oedd yn codi hefo'r ager wrth i fenig a chapiau tamp y plant a wlychodd wrth gerdded i'r ysgol, sychu ar y giard trwy'r dydd. Ac er mor glên a ffeind oedd Miss Pritchard roedd hi wastad yn cadw gwres y tân iddi hi ei hun wrth sefyll o'i flaen i gynhesu ei phen ôl, oedd mor llydan â thalcen tas. Gwenodd Mair wrth gofio fel y byddai'n esgus wrth Miss Pritchard, weithiau, fod ganddi gur yn ei phen, a honno'n ddigon gwirion i'w choelio. Byddai'n turio i'w bag llaw i chwilio am ei sent – neu'r 'odicolôn' fel roedd hi'n ei alw – er mwyn rhoi tropyn neu ddau ar ei hances les wen a'i tharo'n dyner ar dalcen Mair cyn gwneud lle iddi eistedd wrth y tân. Diolchodd lawer gwaith nad oedd ei rhieni wedi dod i glywed am ei chastiau, neu mi fydden nhw wedi bod yn siomedig iawn ynddi.

Gollyngodd y gwau ar ei glin wrth adael i'w phlentyndod olchi drosti, un darlun ar ôl y llall, ac yn raddol caeodd ei llygaid wrth ddwyn i gof yr amseroedd hapus, tlodaidd yn y tŷ bychan wrth droed y mynydd. Llond tŷ o blant mân yn bygwth gorlifo dros y rhiniog, fel hatshiad o gywion gwenoliaid yn y nyth dan y landar â'u penolau yn hongian dros yr erchwyn. Chwarae tŷ bach efo'r tegins allan ar y creigau bob diwrnod sych, haf neu aeaf, a llais ei mam yn galw arnynt i nôl cinio blasus o datws pum munud neu lobsgows.

Cofiodd pa mor sbesial oedd y Suliau: eu cegau'n glafoerio wrth ogleuo'r talpyn cig eidion sgleiniog yn hisian wrth ddod allan o'r popty, a hwythau'r plant yn methu atal eu tafodau rhag rhuthro drwy eiriau'r gras bwyd yn annuwiol o flêr, gymaint yr oeddynt yn blysio'r cinio. Yna, ar ôl te, arferent gerdded yn fintai hapus i lawr yr allt i'r gwasanaeth nos yn yr eglwys. Roedden nhw'r plant yn cael cymaint o hwyl, yr hogiau'n rhedeg o'u blaenau ac yn canu wrth basio drwy'r pentref;

'Methodistiaid creulon cas, mynd i'r capal heb ddim gras
Gosod seti i bobol fawr, gadael tlodion ar y llawr.'

a hwythau'r genod yn rhedeg am eu bywydau dan biffian chwerthin, rhag ofn i Besi Wilias, gwraig un o flaenoriaid Capel Salem, eu clywed ac achwyn wrth eu tad.

Do, mi fu hi'n lwcus iawn o'i magwraeth. Doedd hi ond yn gobeithio y cawsai Ifan a hithau ddau neu dri o blant eto yn gwmni i Gruffydd bach, er mwyn iddo yntau brofi'r un hwyl.

Rhoddodd ochenaid wrth feddwl mor wahanol oedd hi arni erbyn hyn. Ei mam bellach yn gorwedd yn y fynwent wrth ochr ei phlant bach a gollodd y frwydr yn erbyn rhyw aflwydd neu'i gilydd, tri ohonyn nhw, gan adael dim ond chwaer a dau o'i brodyr ar ôl, a'r rheiny, fel Ifan, i ffwrdd yn gwneud eu rhan i ennill y rhyfel. Gweithiai Wmffra ac Emrys ar fferm fawr ac roedd Olwen wedi priodi ac yn gweithio mewn ffatri awyrennau.

Cododd i gadw'r darn hosan yn y fasged ac aeth at ddrws y siambr i wneud yn siŵr bod Gruffydd yn cysgu. Prociodd y tân cyn eistedd yn ôl yn ei chadair. Naddo, meddyliodd, wnaeth ei phlentyndod ddim para'n hir. Fel yr oedden nhw'n tyfu'n ddigon hen roedd yn rhaid mynd i weini yn forynion neu'n weision, i ennill ychydig geiniogau a gadael mwy o le i'r plant ieuengaf yn y tŷ bychan, cyfyng. Cofiai fel ddoe y diwrnod y bu'n rhaid iddi ymadael am y Ficrej yn bedair ar ddeg oed. Roedd cael ei gadael yno gan ei thad yn deimlad mor arswydus fel y bu bron iddi ddianc adref ar ei ôl. O'r diwrnod cyntaf roedd ganddi hiraeth mawr am ei theulu, yn enwedig ei chwaer, Leus, oedd ond prin flwyddyn yn ieuengach na hi. Chwalodd yr hen deimlad torcalonnus cyfarwydd drosti wrth iddi gofio fel y byddai'n edrych drwy ffenest ben grisiau y Ficrej a gweld ei chartref draw yn bell, bell wrth droed y mynydd, a'r lwmp mawr hwnnw a godai yn ei gwddw nes iddi deimlo ei bod bron â mygu. Cofiai fel y byddai'n cau ei llygaid ac ymestyn ei braich fach eiddil allan yn hir, hir, gymaint ag y medrai, tuag at ei chartref, ac fel y dychmygai deimlo llaw ei chwaer yn cyffwrdd ynddi, fel yr arferent wneud bob nos wrth orwedd hefo'i gilydd yn eu gwely bach cul cyn disgyn i gysgu. Ond chafodd hi ddim dewis ond aros yn y Ficrej a gweithio'n galed i blesio'i meistres.

Wrth edrych yn ôl diolchodd ei bod wedi cael lle da gan wraig ffeind y Person, oedd mor wahanol i ambell feistres oedd yn galed iawn ar eu morynion bach. Dysgodd Misus Wynn iddi sut i weini ar y bobol bwysig a ddeuai yno i swpera yn ogystal â sut i lanhau'r tŷ yn drylwyr a pharatoi bwyd. Câi fynd adref am awr neu ddwy ar brynhawniau Iau, a gofalai ei meistres fod ychydig o sbarion bwyd wedi eu rhoi yn ei basged cyn iddi gychwyn. Byddai Mair wrth ei bodd yn gadael i'w brodyr bach geisio dyfalu beth oedd ynddi cyn ei rhoi i'w mam. Ar y Suliau edrychai ymlaen am gael mynd i'r eglwys i'r tri gwasanaeth er mwyn cael cyfle i weld ei theulu. Ac yn nes ymlaen mi ddaeth Ifan.

Agorodd Mair ei llygaid wrth gofio am ei gŵr, gan droi i edrych ar ei lun ar y seidbord. Disgynnodd dagrau, un ar ôl y llall, i lawr ei bochau ac i lawr ei gwddw nes gwlychu coler ei ffrog. Roedd ganddi gymaint o hiraeth nes iddi benderfynu sgwennu ato, er ei bod yn weddol hwyr. Doedd ganddi ddim awydd mynd i'r gwely oer, unig yn y siambr.

October 1944

Dear Ifan,

*I have been reading through all your letters again, they are
a great comfort to me. It is Saturday night here now and I
have been sitting in front of the fire dreaming about the old
days instead of finishing the stockings I'm knitting for you.*

*I'll try to finish them off by the beginning of the week. Do
you remember when you first saw me in church? You winked
at me and I was afraid the Parson and everybody else would
catch me smiling back at you. I was only fifteen then and I
knew that my parents would not like to see me flirting with
you. But you were always there in the cemetery when we
were leaving church after the service, fooling around trying
to catch my attention. I had to walk back with Mam and Dad
because they were passing the Ficrej on their way home, but
I was desperet to talk to you, and we had to wait until I was
sixteen before I was allowed to. They were good times,
weren't they Ifan. Gladys keeps asking me to go to the
pictures with her, but I can't go, not with you being so far
away, but sometimes I think I should, just to keep an eye on
her. She goes on and on about the fun she has with the boys
from the camp, and sometimes I'm afraid that she will lose
her head and do something silly, but I don't think she will do
anything on purpose to hurt William. This morning we went
to the auction at Bryn 'Rodyn and the children enjoyed the
trip on the bus. There were lots of people there and Gladys
really liked the furniture. On the way home we talked to
Harri Puw who asked a lot of questions as usually and he
said that Bryn 'Rodyn had gone bankrupt. What a pity.*

*There's not much going on here at the moment, it is very
quiet. I saw the* Caernarvon and Denbigh *in Rhyd the other
day and read that Elsi, Madryn Terrace, had been fined five
bob for not having a red light on the back of her bike, and
you won't believe that a couple of men were fined for not
stopping yn Bryndu Halt. Have you heard such a thing?*

There's so little traffic on the roads these days it's not likely
that there's going to be any accidents. But Preis is on the
warpath, he's gone very miserable since Bobi came home, and
he's ready to catch anyone that's breaking the law as if he's
trying to blame them for Bobi's leg.

Nhad has got a wireless now, Eban gave him his old one,
and he's thrilled with it. We'll be able to hear more news
about the war now but I just hope he's not listening to that
Lord Haw Haw and his lies...

Fel yr oedd hi'n dod â'r llythyr at ei derfyn daeth cnoc ysgafn
ar y drws. Gwelwodd Mair a dal ei gwynt mewn ofn. Pwy oedd
yn galw yr adeg hon o'r nos?

'Ifan?' Sibrydodd enw ei gŵr. 'O, na! Plis!' Gwasgodd ei
dwylo dros ei cheg, i atal ei hun rhag sgrechian ei enw. Teimlodd
ei choesau yn gwegian oddi tani, ond cymerodd anadl ddofn
cyn mentro llusgo'i hun at y drws i holi â llais crynedig pwy
oedd yno.

'Fi sy 'ma Misus Ifans, Llywarch Rhys, y gweinidog.'

Wrth glywed ei lais crebachodd ei chorff i ddisgwyl am yr
ergyd, ond cyn iddi ollwng ei hun ar y llawr fe'i clywodd yn
dweud, 'Mae popeth yn iawn, Misus Ifans, peidiwch â dychryn.'

Rhoddodd Mair ebychiad o ryddhad a datododd linynnau
ei brat yn frysiog â bysedd crynedig, cyn ei blygu a'i stwffio i
ddrôr y seidbord. Safodd am ennyd i geisio rheoli ei hanadl, yna
tarodd ei dwylo dros ei gwallt cyn agor y drws i'r gweinidog.

'Diolch byth... mae'n ddrwg gin i, am funud ro'n i'n siŵr bod
ganddoch chi newydd drwg. Dewch i mewn, Mistyr Rhys, a
steddwch yn fanna, ylwch. Gymerwch chi rwbath i yfed, te neu
goco?' cynigiodd, gan amneidio at gadair Ifan wrth y tân.
Sylwodd Llywarch Rhys ar ei dwylo crynedig a'r gwrid
anghyfarwydd oedd wedi codi ar ei bochau.

'Diolch i chi. Wnes i mo'ch dychryn chi, gobeithio? Digwydd
pasio oeddwn i a meddwl y bysen i'n galw i weld sut ydych chi
yma.' Gwnaeth ei hun yn gyffforddus yn y gadair freichiau. 'Mi

fuasai dish... paned yn dda iawn.' Chwarddodd y ddau yn uchel.

'Sylwi nad ydi Misus Gladys Huws gartre.'

Cymerodd Mair arni nad oedd wedi ei glywed, ac aeth ati i osod cwpanau ar yr hambwrdd bach. Doedd hi ddim am drafod busnes Gladys efo neb.

Wrth i Llywarch edrych o gwmpas y stafell fach dlodaidd roedd ei lygaid yn mynnu dychwelyd at gefn main Mair, fel gwyfyn yn cael ei ddenu at fflam, a phan ymestynnodd hithau ar flaenau ei thraed at y tun te oedd ar y silff uwchben y pentan, crwydrodd ei olwg i lawr at ei choesau siapus. Daeth Mair â'r hambwrdd at y bwrdd a thywallt te i'r ddwy gwpan fach tsieina a gadwai at achlysuron arbennig, heb sylwi ar edmygedd y gweinidog ohoni, ac eisteddodd ar y gadair arall oedd yn ei wynebu.

Ar ôl sipian ei de am ennyd dawel dechreuodd Llywarch ei holi am Ifan, a soniodd hithau am rai o'r pethau roedd o wedi eu disgrifio yn ei lythyrau. Cyfaddefodd ei bod wedi pendroni ble yn union roedd Sicily wrth ddarllen llythyrau ei gŵr.

'Mi fyswn i'n lecio gweld lle mae o wedi bod, wyddoch chi. Mi ydw i'n cofio gweld siâp Affrica ac India a'r llefydd pinc 'na ar fap y byd yn yr ysgol ers talwm. Y British Empire oedd yr athrawes yn eu galw nhw, ond sgin i ddim syniad lle mae Sicily, chwaith. Doedd gin i ddim llawer o ddiddordeb mewn mapiau a phetha felly, canu a gwau a gwnïo oedd fy mhetha i. Oes gynnoch chi lyfr Atlas, Mistyr Rhys? Tybed fysa'n bosib i mi gael gweld y llefydd yma? Mi fyswn i'n teimlo'n nes ato fo rywsut.'

'Ie siŵr, y gwledydd roedden ni wedi eu meddiannu oedd y rhai pinc, yntê,' meddai Llywarch Rhys yn goeglyd. 'Mi ddo i draw 'da'r Atlas un o'r dyddiau nesaf, ac mi ddangosa i i chi ble yn union mae'r rhyfela'n mynd ymlaen.'

'Diolch i chi, ond os ydi hi'n fwy hwylus i chi, mi alwa i ym Mryn Dedwydd wrth basio,' cynigiodd Mair.

Cododd y gweinidog ar ei draed a'i hateb yn ffrwcslyd. 'Fydd e ddim trafferth o gwbl... 'dyw Mam ddim yn ddigon cryf ar hyn o bryd i gael ymwelwyr, wyddoch chi.' Pan welodd fod wyneb tlws Mair yn llawn consỳrn am ei fam eisteddodd yn ei ôl ar y gadair a bu'r ddau yn dawel am ennyd. Toc, edrychodd Llywarch ar Mair. 'Heb eich gweld yn Berea ers tro, Misus Ifans, a meddwl y bysech chi'n hoffi dod draw i'r moddion Diolchgarwch yfory.'

'Wel, dwn i ddim. Eglwyswraig ydw i, w'chi, wedi fy medyddio a fy magu yn yr eglwys, er mae'n ddrwg gin i ddeud na fydda i ddim yn mynd bob Sul rŵan chwaith, ers i mi symud i Waenrugog 'ma. Mae 'na dipyn o daith i gerddad, ylwch.'

'Gwn yn iawn, Mair fach... dych chi ddim yn malio i mi'ch galw yn Mair, na'dych? Mae croeso i chi a Gruffydd ym Merea cofiwch, unrhyw adeg.'

'Diolch i chi, Mistyr Rhys. Mi fydda i'n dod i'r cyfarfodydd cymdeithasol weithia fel y gwyddoch chi, ac yn eu mwynhau yn fawr iawn. Pan fydd Gladys a finna'n dod yn gwmpeini i'n gilydd mae Jên Williams yn fodlon gwarchod y plant i ni. Gobeithio y daw'ch mam i gryfhau, yntê?'

'Wel le, gweddol yw hi ar y foment, gwantan iawn rai dyddie a gweud y gwir. Ma' hi'n teimlo bod rhwbeth yn bod ar ei chalon. Mi fydde'n well i mi ei throi hi tua thre nawr, rhag ofon iddi ddechre poeni.'

'Mae hi'n lwcus iawn ohonoch chi beth bynnag. Dwi 'di clywad Harri Puw a Wili Morus yn eich brolio ac yn deud pa mor eithriadol o ffeind ydach chi tuag ati, ac yn gwneud popeth fedrwch chi iddi hi, er eich bod chi mor brysur.'

Gwyrodd y gweinidog ei ben uwchben ei gwpan a rhoi ochenaid fach. 'Diolch i chi am y paned. Mi af i nawr. Sai'n hoffi ei gadael hi ar ei phen ei hunan yn hir, yn enwedig ar ôl iddi dywyllu. Wedi arfer yn y dref, chi'n gweld, ac mae hi'n teimlo'r distawrwydd yn y wlad yn chwithig iawn.'

'Misus Rhys druan, deudwch wrthi fy mod yn gobeithio y bydd hi'n teimlo'n well gyda hyn, a diolch i chi am alw.'

Camodd Llywarch allan dros riniog y drws i'r tywyllwch.

Ar ôl cloi aeth Mair i gadw'r llestri a meddyliodd mor braf oedd cael cwmni dyn i sgwrsio yn hytrach na gorfod gwrando ar Gladys yn berwi am ei hanes tua'r dre, a'r pethau roedd William wedi'u haddo iddi. Roedd hi wedi blino gwrando ar holi di-baid Jên hefyd, ac ar nadu Anni. Mi fyddai Ifan a hithau'n siarad am bob dim dan haul, ac er mai gweithio ar fferm oedd o, roedd ganddo fo ddiddordeb ym mhob dim.

Tybed ddylai hi fod wedi sôn wrth Mistyr Rhys am y synau roedd hi'n eu clywed y tu allan ambell noson? Efallai y byddai hogyn ifanc fel fo yn cynnig picio heibio weithiau i gadw golwg arni hi a'r merched eraill. Dechreuodd ei meddwl grwydro. Peth rhyfedd nad oedd y gweinidog wedi priodi, ac yntau'n hogyn mor smart. Pan blygodd ei ben roedd ganddi biti drosto fo... mi fuasai unrhyw ferch yn falch o gael teimlo'i freichiau yn cau amdani a'i gwasgu, a'i wefusau yn dyner ar ei gwefusau hi...

Dychrynodd Mair pan deimlodd wefr yn codi o'i chluniau a bu bron iddi â chwydu pan sylweddolodd beth oedd yn digwydd iddi. Aeth trwodd i'r pantri a phlymio'i chwpan i mewn i'r pot pridd. Wrth iddi godi'r gwpan orlawn at ei gwefusau llifodd y dŵr oer i lawr ei gên a'i gwddf nes codi croen gŵydd ar ei bronnau.

8

Yn gynharach y prynhawn hwnnw roedd Gladys Huws yn dawnsio ac yn hymian canu yn y siambr, 'She'll be coming round the mountain when she comes, when she comes...' Gafaelodd mewn ffrog oedd yn hongian yn y wardrob a'i rhoi dros ei phen yn frysiog, cyn ei thynnu i ffwrdd drachefn a'i gadael yn swp ar y llawr. Gwnaeth yr un fath hefo dwy ffrog arall nes iddi, o'r diwedd, ddod o hyd i un oedd yn ddigon da i'w gwisgo i fynd i'r dre y noson honno.

Chwarae teg, meddyliodd, wrth edrych ar y ffrog gwta las tywyll yn fanwl, doedd hi ddim yn rhy ddrwg o ystyried mai un *utility* oedd hi. Wedi'i gwneud i bara, er y byddai allan o ffasiwn ymhen blwyddyn neu ddwy. Cofiodd Gladys iddi gostio deuddeg cwpon, a chyfrannodd rhieni William, chwarae teg, arian tuag at ei phrynu pan ddywedodd hi wrthyn nhw fod ei ffrogiau eraill wedi mynd yn rhy dynn iddi. Teimlodd fymryn yn euog wrth gofio'r celwydd hwnnw, ond roedd hi wedi laru ar weddill ei ffrogiau ac angen rhywbeth newydd, del. Taflodd gipolwg ar ei hen gôt oedd yn gorwedd yng nghornel y siambr. Efallai y buasai Anni yn lecio'i chael hi, neu hwyrach y gallai Mair ei throi hi'n siaced fach iddi'i hun, gan ei bod hi'n medru troi ei llaw at bopeth.

Cododd gôt goch roedd hi wedi'i thaenu ar wely'r plant gan wenu. Un clên oedd Howard Johnson. Roedd o'n gwybod y byddai'r lliw yn ei siwtio, a dim ond i Gladys chwarae ei chardiau'n iawn a galw heibio'r siop lle arferai weithio ambell dro, pan fyddai o'n cau am ginio, a gadael iddo fo gael blas ar yr hyn oedd o'n ei chwenychu – dim byd mawr, dim ond digon i wneud iddo ddyheu am fwy – gallai ei droi o rownd ei bys bach. Mi roddodd y gôt iddi yn abwyd, y creadur, ond byddai'n rhaid iddo aros tan Sul y Pys am fwy o'i ffafrau.

Gwisgodd y gôt amdani a gwnaeth yn siŵr fod ei sanau yn daclus ac nad oedden nhw wedi crebachu a throi o gwmpas ei choesau. Roedd yn gas ganddi wisgo'r hen sana leil, ond doedd hi chwaith ddim am i'w choesau edrych yn biws fel rhai'r merched a fyddai'n eistedd ar ben y tân am oriau cyn mynd allan i'r oerfel. Cofiodd iddi weld ar y Pathé News yr wythnos cynt fod rhai genod yn cael sanau neilon neis, rhai tenau, tenau, gan y 'Mericans. Trueni na fyddai 'na rai o'r rheiny yn dre.

Cyrhaeddodd y bws am hanner awr wedi chwech a chamodd Gladys ohono i fwrlwm swnllyd y Maes. Tyrrai dwsinau o bobol ifanc i dref Pwllheli ar nosweithiau Sadwrn, yn llenwi'r strydoedd â'u cyfarchion hwyliog a'u cellwair a'u tynnu coes wrth gyfarfod ffrindiau. Yr arfer oedd iddynt ymgynnull ar y Maes cyn dechrau cerdded i fyny'r strydoedd culion nes cyrraedd y Stryd Fawr i ymuno â'r rhai oedd eisoes wedi cyrraedd a thalu am gael gadael eu beics yn garej Huw Robaits (a gorfod talu ychydig yn fwy os oedd ganddyn nhw bwmp a lamp ar y beic). Fel yr âi'r noson yn ei blaen anelai rhai am y Coliseum – cariadon yn chwilio am le clyd a thywyll i garu neu ffrind neu ddwy oedd wedi methu cael bachiad, ac am ymgolli yn rhamant y ffilm Americanaidd ddiweddaraf. Roedd Gladys mor falch ei bod wedi treulio oriau yn gwneud yn siŵr ei bod yn edrych yn berffaith. Rhoddodd herc i'w phen nes bod ei gwallt tywyll yn symud fel tonnau'r môr i lawr ei chefn, sodrodd wên lydan ar ei hwyneb a cherddodd yn dalsyth drwy'r dorf, yn ymwybodol o'r pennau oedd yn troi i syllu arni. Wrth gongl y Ship roedd tua hanner dwsin o weision fferm yn sefyllian, yn pwyso a mesur y merched a basiai heibio iddynt ac yn chwibanu a wincio'n gellweirus arnynt.

Pan ddaeth Gladys yn nes gwaeddodd un arni, 'Hei, Glad, ti ffansi dŵad efo fi i'r pictiwrs?'

'Na, dim heno, dwi'n cyfarfod rhywun,' atebodd Gladys yn

ôl. Y diawl powld, drewllyd, wfftiodd ar ôl pasio'r gwas, a oedd yn yr ysgol efo William ac yn gwybod yn iawn ei fod o i ffwrdd.

Clywodd rywun yn galw ei henw. Luned Tan yr Ogo oedd wedi ei hadnabod, ac yn rhedeg i lawr y stryd ar ei hôl.

'Lle ti amdani?' gofynnodd Luned, yn fyr o wynt. Pelen fach gron, radlon oedd Luned, unig ferch Tan yr Ogo a gollodd ei mam sawl blwyddyn yn ôl, a'i gadael heb ddewis arall ond aros adref i gadw tŷ a helpu ei thad ar y fferm. Nos Sadwrn oedd ei hunig ddihangfa o'r gwaith diddiwedd hwnnw.

'Wn i ddim yn iawn... ffansi mynd i weld be sy'n pictiwrs.'

'Mi ddo' i efo chdi 'ta,' atebodd Luned, a cherddodd y ddwy fraich ym mraich draw at y Coliseum. Roedd fan honno'n ferw gwyllt o fechgyn ifanc, y rhan fwyaf ohonynt yn forwyr o'r gwersyll cyfagos yn gwisgo lifrai nefi blŵ gyda choleri sgwâr a streipiau gwyn o gwmpas eu hymylon, ac yn gymysg â nhw roedd hanner dwsin o filwyr a oedd adref ar ffyrlo, yn eu lifrai khaki dwl. Roedd y morwyr yn swagro o gwmpas y sgwâr nes bod gwaelodion llydan ei trowsusau yn chwifio fel baneri wrth iddyn nhw gerdded.

'Sbia ar y *sailors* del 'na,' rhyfeddodd Luned â'i llygaid fel dwy soser, 'Tydyn nhw'n fois, dŵad, yn medru sodro'u capiau i hongian ar gefn eu penna' heb iddyn nhw ddisgyn i ffwrdd?' Gwenodd yn glên ar ambell un er iddi sylwi nad oedd hi lawer haws o wneud hynny gan mai ar Gladys yr oedden nhw'n llygadrythu, pob un wan jac ohonyn nhw, ond doedd dim owns o genfigen yn Luned. Aeth y ddwy yn eu blaenau at y grisiau oedd yn arwain at ddrysau'r sinema, i weld pa ffilm oedd yn cael ei hysbysebu ar y posteri oedd mewn fframiau ar wal yr adeilad.

'O, twt,' meddai Gladys ar ôl edrych am funud. 'Sbia, hanas ryw longa' rhyfal sy 'mlaen heno. Ffilm i ddynion 'di honna, a does 'na 'run o'r ffilm stars ecseiting yn actio ynddi. Be am fynd i'r Church Hall i weld oes 'na ddawns yno? Ti'n gêm?'

Chwarddodd Luned yn gyffrous gan fachu ei llaw drwy fraich Gladys. Anelodd y ddwy yn eiddgar am ochr arall y dref a Neuadd yr Eglwys, lle'r oedd nifer wedi ymgynnull eisoes. Pan aethant i mewn i'r cyntedd safodd y ddwy ar flaenau eu traed i sbecian trwy'r ffenestri uchel yn nrws y neuadd.

'O, sbia,' sibrydodd Luned yn gynhyrfus, 'mae band y camp yma, a gwranda ar 'u miwsig nhw – digon i gosi traed unrhyw un, ac mor wahanol i guriad martsio pedwar-pedwar band y Salvation Army. Ty'd, gad dy gôt yn y clôcrwm.'

Tynnodd y ddwy eu cotiau a'u rhoi i'r eneth y tu ôl i'r cownter cyn talu i fynd i mewn.

'Lle gest ti'r ffrog 'na?' Syllodd Luned ar Gladys. 'O, dwi'n lecio'r gwddw... *sweetheart neckline* 'te? Ma' hi'n dy siwtio di'n ofnadwy.'

Gwyddai Gladys nad oedd gan Luned druan fawr o siawns o ddenu partner i ddawnsio efo'i thraed trwsgwl chwarter-i-dri a'i chorff boliog byr, ond er hynny roedd hi'n ddiolchgar am ei chwmni ac arweiniodd ei ffrind yn dalog i eistedd ar un o'r cadeiriau oedd wedi eu gosod yn rhes i lawr dwy ochr y neuadd. Mewn dim roedd traed y ddwy yn tapian i rythm chwareus y gerddoriaeth a'u cyrff yn siglo o ochr i ochr. Cyn hir daeth twr swnllyd o forwyr i mewn gan chwerthin ymysg ei gilydd, a thaflu ambell gip dros eu hysgwyddau ar Gladys a Luned bob hyn a hyn. Pan ddaeth y gerddoriaeth i ben, roedd y dawnswyr ifanc yn cymeradwyo ac yn erfyn ar i'r band chwarae mwy, ond aros am saib fach wnaeth y cerddorion a rhoi cyfle i ambell un fwynhau sigarét neu wydraid o ddŵr i iro'u gyddfau sychion.

Wrth i'r band ailddechrau chwarae daeth dau o'r llanciau oedd wedi bod yn llygadu Gladys a Luned draw atynt a gafael yn eu dwylo i'w tywys i ganol y llawr. Wyddai 'run o'r ddwy sut i ddawnsio'r Jitterbug newydd, ond unwaith roedd y bechgyn wedi dangos y stepiau iddyn nhw fuon nhw fawr o dro yn ymollwng i'r gerddoriaeth. Aeth wyneb Luned yn gochach a chochach wrth i'w chorff droi a bownsio fel chwyrligwgan, ond roedd Gladys yn mwynhau'r cyffro ac yn chwerthin yn uchel wrth i'w phartner ei thaflu yn ôl ac ymlaen fel pyped.

Yn sydyn daeth y miwsig gwyllt i ben a newidiodd y band ei gwrs i chwarae alaw araf iawn, fel tonnau mewn breuddwyd yn chwyddo ac yn gostwng ar fôr tawel. Gafaelodd partner Gladys ynddi a'i thynnu yn glòs ato cyn symud yn araf yn ôl ac ymlaen i'r tempo diog. Roedd Gladys yn falch o'r cyfle i gael ei gwynt ati ar ôl dawnsio mor wyllt ond yna teimlodd freichiau cryf y llanc nad oedd hi hyd yn oed yn gwybod ei enw, yn tynhau ei afael ynddi a gwasgu ei chorff. Ceisiodd lacio ychydig arnynt a throi ei phen oddi wrth y gwefusau gwlyb oedd yn llusgo fel malwoden o dan ei chlust ac i lawr ei gwddw. Teimlodd chwys yn tasgu ar ei thalcen ac o dan ei cheseiliau wrth iddi sylweddoli ei fod o'n gryfach na hi ac na allai wingo o'i afael. Edrychodd o'i chwmpas gan geisio dyfalu sut i ddianc o'i grafangau, a gwelodd fod un aelod o'r band wedi sylwi ar ei hanniddigrwydd. Ar yr union eiliad honno newidiodd yr awyrgylch wrth i'r miwsig gyflymu unwaith eto gan orfodi'r cyplau i ymwahanu a stepio a throelli unwaith yn rhagor. Bu'n rhaid i'w phartner ollwng ei afael ynddi, neu wneud ffŵl ohono'i hun. Dihangodd Gladys o'i afael ac aeth yn ôl i eistedd wrth ochr Luned druan, oedd ar ei phen ei hun ar ôl i'w phartner hithau sylweddoli nad oedd hi fawr o ddawnswraig. Pan ddistawodd y band am doriad byr sibrydodd Luned yng nghlust Gladys, 'Sbia'r pishyn 'na oedd yn canu'r corn, mae o'n dod aton ni, ydi wir.'

Cododd Gladys ei phen a gwelodd forwr tal, pryd tywyll yn camu'n hyderus drwy ganol y dorf. Seriodd ei llygaid arno – roedd o'n edrych mor hyderus a hunanfeddiannol yn ei lifrai glas a gwyn. Welodd hi erioed actor Americanaidd oedd hanner mor olygus â hwn – roedd ei wallt cyrliog du a'i ddannedd claerwyn yn ddigon i gyflymu calon unrhyw ferch. Sylweddolodd Gladys mai fo oedd wedi bod yn gyfrifol am newid tempo'r band yn gynharach wrth ei gweld yn stryffaglio ym mreichiau'r hogyn powld. Pan safodd uwch eu pennau a'u cyfarch teimlodd Gladys ei chorff yn tynhau nes ei bod bron â pharlysu.

'Hei, lêdis, fysach chi'n hoffi i mi ddod â diod bach i chi? Dim ond dŵr sy gynnon ni mae arna i ofn... wel, ella fod 'na dropyn bach o rwbath arall wedi digwydd disgyn iddo fo,' chwarddodd yn gellweirus.

'Hy... hy... helô.' Ceisiodd y ddwy ei ateb ar draws ei gilydd, a chanfod bod eu tafodau wedi glynu yn eu cegau sychion. Syllodd y ddwy yn syn ar y dyn ifanc oedd yn edrych i lawr arnynt fel rhyw dduw Groegaidd.

'Da... dach chi'n siarad Cymraeg?' mentrodd Luned o'r diwedd mewn llais main, cryg, gan roi pwniad slei yn ystlys ei ffrind oedd yn eistedd wrth ei hochr yn gegrwth.

'Ydw, wa,' chwarddodd yntau, 'ges i fy magu yn y Bala nes i fy rhieni symud i Gaer yn nes at waith fy nhad. Roy ydw i,' meddai, gan edrych i fyw llygaid Gladys, 'ond fel Rhodri y ces i fy medyddio. Ar ôl i ni symud i ganol Saeson, wel, mi ddechreuodd fy ffrindia newydd fy ngalw yn Roy am ei fod yn haws iddyn nhw'i ddeud.'

Teimlodd Gladys sŵn ei enw yn toddi yn ei cheg, fel darn o'r siocled hufennog hwnnw y bu'n ysu amdano ers i'r dogni ddod i ddifetha'u bywydau.

'Gl... Gl... Gloria,' cyflwynodd Gladys ei hun iddo, a chlywodd ei ffrind yn cipio'i hanadl wrth ei hochr.

'Wel, Gloria, paid ti â symud o fanna nes do' i yn ôl. Un ddawns arall a dyna fi wedi gorffen am y noson.' Ar hynny trodd ar ei sawdl a diflannu.

'Gloria? Gloria? Be ddiawl ti'n drio'i neud, GLADYS!' Rowliodd llygaid Luned yn ei phen a rhoddodd binsiad egr i Gladys yn ei chlun.

'Sh... fedra i ddim deud mai Gladys ydi f'enw i, yn na fedra?' atebodd hithau, heb dynnu ei llygaid oddi ar gefn llydan Roy, oedd yn camu i fyny grisiau'r llwyfan at weddill y band.

'A be sgin ti'n erbyn dy enw?'

'Wel, mae o mor hen ffasiwn yn tydi, mae o'n ddigon i ddychryn unrhyw ddyn.'

Pan ddechreuodd Luned sylweddoli fod Gladys wedi ei swyno gan y trwmpedwr ifanc, ceisiodd ei denu yn ddigon pell oddi wrtho.

'Yli, mae fy mỳs i'n mynd am chwarter i, ac ma'n rhaid i mi ei ddal o neu fydd 'na ddim dre nos Sadwrn nesa i mi. Mi fydd

Nhad yn fy nisgwyl ym mhen y lôn ac os na fydda i yno mi fydd o'n gandryll. Ty'd, mi awn ni rŵan hyn.'

'Na, dos di. Dwi ddim yn ffansïo tindroi o gwmpas y Maes 'na i aros am fŷs Sam. Mi fydda i'n iawn, 'sti – mi arhosa i yma am sbelan.' Daliai llygaid Gladys i ddilyn symudiadau Roy oedd allan o'i chyrraedd ar y llwyfan.

Cododd Luned, ond trodd yn ôl cyn cyrraedd y drws. 'Cofia fi at William pan fyddi di'n sgwennu ato nesa, nei di?' A chan godi ei llaw aeth nerth ei charnau i lawr y stryd gan adael ei ffrind yn eistedd ar ei phen ei hun, mewn perlewyg.

Pan ddistawodd y miwsig gwelodd Gladys fod Roy wedi troi at un o'r bechgyn eraill i ddweud rhywbeth wrtho. Anelodd y ddau wên tuag ati a phan gamodd Roy i lawr o'r llwyfan, teimlodd Gladys binnau bach yn pigo i fyny ac i lawr ei choesau wrth iddi sylweddoli ei fod yn dod yn syth ati. Eisteddodd Roy wrth ei hochr a chynnig diod iddi am yr eilwaith, ond am y tro cyntaf yn ei hoes roedd Gladys yn fud. Allai hi ddim cael gair allan o'i genau, roedd ei gwddw fel petai'n llawn tywod mân a'i thafod fel darn o bren.

Dechreuodd Roy ei holi'n dwll, ond allai hi wneud dim ond nodio'i phen o ochr i ochr neu i fyny ac i lawr, nes, o dipyn i beth, y daeth ei llais yn ôl. Wedi hynny bu'r ddau yn sgwrsio am hydoedd. Soniodd hi ddim gair wrtho am William na'r plant.

Siaradodd Roy am ei brofiad yn gorfod gadael ardal mor Gymreig â'r Bala yn wyth oed a'i fraw pan adawyd ef gan ei fam y bore cyntaf hwnnw mewn ysgol yng nghanol estroniaid. Doedd o ddim yn deall yr un gair roedd neb yn ei ddweud, meddai. Roedd ganddo gymaint o'u hofn. Ac o ganlyniad roedd yn cydymdeimlo'n fawr â'r faciwîs bach, yn enwedig y rhai a anfonwyd o'u cartrefi yn y dinasoedd mawr i ganol pobl cefn gwlad Cymru nad oedd ganddynt fawr o Saesneg. Aeth yn ei flaen i ddweud fel y bu iddo ymuno â'r llynges a'i fod yn hyfforddwr yn y gwersyll lleol, ac nad oedd yn credu y byddai o yno fawr hirach cyn cael ei symud i wersyll arall neu i ymuno â chriw llong ryfel. Pan fyddai popeth drosodd ei ddymuniad oedd mynd i'r coleg er mwyn cael swydd fel athro ar blant bach a'u helpu i ddygymod â'r newidiadau mawr oedd wedi digwydd yn eu bywydau.

Er i Gladys sylweddoli nad bachgen ifanc yn chwilio am sbort oedd yn sgwrsio hefo hi, diolchodd ei bod wedi colli pwysau ers iddi briodi a bod ei dwylo wedi meinio cymaint nes iddi orfod tynnu ei modrwy briodas oddi ar ei bys rhag ofn iddi ei cholli. Doedd hi ddim am ddifetha noson mor hwyliog yng nghwmni Roy. Roedd hi'n haeddu dipyn bach o sylw weithiau, meddyliodd, a hithau wedi gorfod aberthu cymaint ar ôl cael ei gadael ar ei phen ei hun am yr holl flynyddoedd.

Erbyn hyn roedd hi wedi nosi a'r neuadd yn gwagio wrth i bawb droi am adref.

'Be am fynd am dro o gwmpas y dre?' awgrymodd Roy. Ond doedd Gladys ddim am i bawb ei gweld yn ei gwmni, yn enwedig bechgyn Gwaenrugog, neu mi fyddai'r byd a'r betws yn cael gwybod, felly soniodd wrtho am y llwybr bach oedd yn troelli yn y goedlan y tu ôl i'r eglwys.

'Mae'n dawel yn fanno ac yn wastad o dan draed,' meddai, 'a dwi'n nabod y lle fel cefn fy llaw ers pan o'n i yn yr ysgol ers talwm.' Wnaeth hi ddim egluro wrtho mai yno y byddai hi'n hudo'r bechgyn yr adeg hynny hefyd.

Pan aethant o olwg y neuadd gafaelodd Roy yn ei bysedd i'w thywys, a cherddodd y ddau wrth eu pwysau dan sgwrsio. Cyn bo hir rhoddodd Roy ei fraich yn ysgafn am ei hysgwydd a'i gwasgu'n nes ato yn dyner.

'Gloria,' mwmialodd yn floesg yn ei chlust, 'ti'n gwbod be maen nhw'n ddeud amdanon ni'r *sailors*, yn dwyt? Merch ym mhob porthladd ac ati. Ond dwi rioed wedi ffansïo hogan gymaint â chdi, mi sylwais i arnat ti'n syth pan ddoist ti i mewn i'r neuadd.'

Chwarddodd Gladys yn nerfus. 'Dyna ti'n ddeud wrth bob un o'r genod ti'n gyfarfod, dwi'n siŵr.'

'Na, wir, Gloria, ar fy llw.' Gwasgodd hi'n dynnach ato. 'Pwy a ŵyr faint o amsar sy ganddon ni y dyddia yma... mae'n rhaid i ni neud yn fawr o bob munud, ac ar ôl dy weld di heno dwi ddim am wastraffu 'run eiliad heb ddangos fy nheimlada.'

Roedd Gladys wedi dechrau hoffi sŵn ei henw newydd a swatiodd o dan ei fraich. Roy a Gloria. Gloria a Roy. Doedd hi erioed wedi teimlo gwefr fel hon o'r blaen ac ysai am i'r noson bara am byth. Ond o'r diwedd, wrth ddod i olwg y stryd, rhyddhaodd Gladys ei llaw. 'Ma'n rhaid i mi redag rŵan, dwi 'di addo cyfarfod ffrind cyn dal y bỳs am adra,' eglurodd, a chyda hynny trodd yn anfodlon oddi wrth Roy a gwibio i gyfeiriad y Maes.

'Wela i di wsnos nesa?' Clywodd gwestiwn Roy yn hofran yn yr awyr yn obeithiol.

Pan gyrhaeddodd Gladys y Maes roedd y bws wedi cyrraedd a thywalltodd pawb i mewn iddo yn llawn miri nes ei fod yn orlawn, a rhai o'r teithwyr yn gorfod sefyll ar y grisiau.

Trodd y gyrrwr atynt gan godi ei lais uwchben yr holl sŵn.

'Reit! Pawb sy'n sefyll, allan â chi neu mi fyddwn ni mewn trwbwl!' Gwyddai y byddai'r awdurdodau yn ei ddirwyo'n drwm pe cawsai ei ddal yn gorlwytho, ac wrth glywed ochneidiau uchel ac ambell reg gwaeddodd eto i gyhoeddi fod bws arall wedi ei anfon i godi gweddill y teithwyr oedd wedi eu troi i ffwrdd. 'Fydd o ddim yn hir!'

Fu dim rhaid iddo ailofyn. Neidiodd tua dwsin o'r llanciau allan i aros am yr ail fws ac er eu cwyno, yn ddistaw bach roeddynt yn falch o gael esgus i aros am ychydig funudau yn hwy ar y Maes i gael hwyl a thynnu coes efo hogia Pen Llŷn oedd yn disgwyl am eu cludiant hwythau.

Gwasgodd Gladys ei thrwyn yn erbyn ffenest y bws wrth graffu i dywyllwch blacowt y dref, gan obeithio y cawsai gip ar Roy yn cerdded i lawr y stryd wrth i'r lleuad ddangos ei wyneb o dro i dro rhwng y cymylau. Sychodd yr ager, a oedd yn troi yn ddagrau ar y gwydr oer, gyda'i hances boced. Er iddi sylweddoli yn siomedig nad oedd dim golwg ohono daliodd i bwyso'i thalcen ar y ffenest fel na fyddai'n rhaid iddi sgwrsio â neb o'i chyd-deithwyr. Roedd hi angen amser iddi hi ei hun i feddwl am yr hyn oedd wedi digwydd iddi y noson honno.

Doedd hi erioed wedi teimlo fel hyn o'r blaen, meddyliodd, dim hyd yn oed efo William, wnaeth ei dilyn i bobman fel ci bach nes iddo o'r diwedd ei pherswadio i fod yn gariad iddo. Braidd yn llugoer oedd ei theimladau tuag at William yr adeg hynny, ond roedd y byd a addawai iddi yn gryfach na chariad, ac o'r diwedd, ar ôl iddo grefu digon arni, derbyniodd ei gynnig i'w briodi. Yn raddol daeth i glosio ato, nes i'r rhyfel eu gwahanu cyn iddynt ddod i adnabod ei gilydd yn iawn. Roedd hi wedi dechrau edrych ymlaen am ei weld yn dod adref, ond heno roedd rhywbeth arbennig wedi digwydd iddi, meddyliodd yn grynedig wrth wrando ar injian y bws yn rhygnu i fyny'r allt allan o'r dref. Roy... Roy... Roy...

Yn lle ymuno â gweddill y criw fel yr arferai ei wneud ar ôl i'r bws gyrraedd Gwaenrugog, llusgodd Gladys y tu ôl iddynt. Doedd hi ddim am rannu ei chyfrinach â neb a doedd ganddi hi ddim amynedd gwrando ar eu straeon am helyntion y noson. Cerddodd yn araf i lawr y lôn, heibio i Dai Seimon, yn dal i deimlo braich gref Roy am ei hysgwydd a'i fawd yn anwesu ei boch, ei lais tawel yn ei galw'n Gloria a'i arogl gwrywaidd yn dal yn ei ffroenau. Oedodd wrth y gyffordd. Roedd hi ofn i'r freuddwyd hudol ei gadael yn y fan honno, ond pan ddechreuodd gerdded tuag at ei chartref sylweddolodd fod Roy wedi dod yn rhan ohoni. Doedd neb na dim wedi ei chyffwrdd fel hyn erioed o'r blaen.

Fel yr oedd Rhes Newydd yn dod i'r golwg yn llewyrch llwyd y lleuad stopiodd Gladys yn ei hunfan pan welodd rywun yn gafael mewn beic oedd yn pwyso ar y gwrych o flaen y tai. Cododd ei dwylo at ei gwddw mewn dychryn a chau ei llygaid i geisio arafu rhywfaint ar guriadau ei chalon, ond pan fentrodd eu hagor roedd cwmwl du yn hwylio'n bowld o'r dwyrain i daenu ei len dros y wlad, ac fel cysgod diflannodd y beiciwr o'i golwg. Dechreuodd amau ei llygaid ei hun, ond gwyddai yn bendant ei bod wedi gweld dyn yn dod allan o dŷ Mair.

Arhosodd lle'r oedd hi nes i'r cwmwl symud yn ei flaen cyn cerdded yn wyliadwrus tuag at ei chartref. Yn ofalus, agorodd y ddôr a chyda llaw grynedig rhoddodd y goriad yn y clo. Oedodd ei bysedd ar y glicied, ond yna trodd a mynd allan yn ôl i'r lôn. Er nad oedd hi am i ddim darfu ar y teimladau melys a brofodd yng nghwmni Roy y noson honno gwyddai ei bod yn ddyletswydd arni i fynd i sicrhau fod Mair yn iawn.

Wrth gamu drwy'r ddôr, oedd yn dal ar agor, meddyliodd am esgus i egluro pam ei bod yno, a sylwodd fod yr edefyn lleiaf o olau yn dangos rhwng y cyrtens.

Cnociodd yn ysgafn ar y drws. 'Mair,' sibrydodd, 'fi sy 'ma, Gladys.' Cnociodd wedyn, ychydig yn galetach, wrth sylweddoli fod Mair yn petruso cyn agor. Rhoddodd ei chlust wrth y drws ac yna clywodd Mair yn tynnu'r bollt yn ôl yn araf.

'O! chdi sy 'na,' meddai hithau, a golwg ffrwcslyd ar ei hwyneb. 'Ers faint wyt ti 'di bod yn sefyll yn fanna?'

Safodd y ddwy ar y rhiniog yn syllu ar ei gilydd, heb yngan yr un gair.

O'r diwedd sylweddolodd Gladys nad oedd Mair am sôn wrthi fod neb arall wedi galw yno yn gynharach, ac am unwaith roedd hithau wedi ei tharo'n fud. Cododd ei llaw i amneidio at y rhimyn golau. 'Rhag ofn i Preis basio,' mwmialodd cyn troi ar ei sawdl am adref.

Caeodd Mair y drws gan ysgwyd ei phen mewn penbleth. Fel arfer byddai Gladys yn llawn bwrlwm ar ôl nos Sadwrn yn y dref – pwy oedd yn canlyn pwy a disgrifiadau o'r ffilm roedd hi newydd ei gweld. Llyncodd gegaid arall o'r dŵr oer cyn troi am ei gwely.

9

Ben bore trannoeth aeth Mair allan i'r cowt ac edrych tua'r awyr i weld sut roedd y tywydd yn argoeli am y diwrnod. Roedd hi'n ddigon iasoer a'r cymylau llwydion yn ymlid ei gilydd ond doedd dim golwg eu bod am oedi i ollwng eu cawodydd uwchben Gwaenrugog cyn cyrraedd y mynyddoedd. Anadlodd yr aer oer i geisio clirio'i phen – dim ond awr o gwsg yma ac acw roedd hi wedi llwyddo i'w gael drwy'r nos. Bob tro y caeai ei llygaid gwelai wyneb Llywarch Rhys yn ei gwawdio ac Ifan druan yn sefyll y tu ôl iddo a dagrau'n llenwi ei lygaid gleision. Teimlodd y fath gywilydd wrth gofio'r teimladau nwydus oedd wedi llifo drwy ei chorff fel rhaeadr wrth i'r gweinidog adael y noson cynt.

Beth ddaeth drosti, yn ymateb fel'na i ddyn arall? Roedd hi cyn waethed â Gladys, os nad gwaeth, ceryddodd ei hun. Go drapia'r rhyfel felltith – roedd o wedi cael effaith ar bob un o'r merched yn y rhes, yn ei ffordd ei hun. Roedd Mair wedi gweddïo mor daer bob nos ers i Ifan adael, ond doedd neb yn gwrando. Pa fath o Dduw fyddai'n anwybyddu ymbilio taer miloedd o ferched am iddo ddod â'r cwffio arswydus i ben?

Safodd yno ei hun am rai munudau i hel ei meddyliau dryslyd cyn agor y ddôr a chamu i'r byd mawr y tu allan. Roedd Danial Dafis wedi codi eisoes ac yn dod tuag ati, ar ei ffordd i'r ffynnon, a'i biseri gwag yn hongian oddi ar yr iau ar ei ysgwyddau.

'Mair Ifans,' meddai pan oedd yn nes ati, 'dach chi allan yn fore iawn. Fysach chi'n lecio i mi ddod a dŵr i chi, 'ngienath i?'

'Bobol annw'l, Mistyr Dafis bach, dwi'n ddigon tebol i'w nôl o fy hun, diolch i chi 'run fath am gynnig. Na, wedi dod allan ydw i i weld ydi hi am aros yn sych i mi gerddad i'r eglwys.'

Roedd Mair wedi penderfynu ei bod am fynychu'r gwasanaeth boreol yn yr eglwys, er bod cryn dipyn o ffordd i gerdded yno o'i chartref. Doedd hi ddim am ymwrthod â'i ffydd yn llwyr heb roi un cynnig arall i'w pherswadio'i hun fod yna rywun yn rhywle yn ei gwarchod.

'Neith hi ddim bwrw llawar, ryw strempan fach ella, mi fyddwch chi'n ddigon saff. Sut mae Ifan Ifans y dyddia 'ma? Yn iach, dwi'n gobeithio wir.'

'Tydw i ddim yn siŵr iawn lle mae o erbyn hyn, cofiwch. Ma'i lythyra fo'n cymryd cymaint o amser i gyrradd.'

'Wel wir 'rionadd i, ma' siŵr ei fod o'n cael gweld dipyn ar yr hen fyd 'ma, yn tydi? Deudwch i mi, lle oedd Gladys Huws yn ei chychwyn hi bora 'ma? Mi basiodd hi fi tua Tai Bont a'i gwynt yn ei dwrn. Fel arfar ar foreau Sul, pan fydd y plant wedi bod yn cysgu efo rhieni William, ma' hi'n falch o gael aros yn 'i gwely i gael dipyn bach o amser iddi hi'i hun am ryw awran neu ddwy, yn tydi? Y gryduras.'

Ar hynny daeth Jên allan o'i chuddfan y tu ôl i'r gwrych, yn amlwg wedi bod yn clustfeinio ar sgwrs Mair a Danial.

'Does 'na frathiad yn y gwynt heddiw, deudwch? Mi fydd yn reit oer i chdi gerddad yr holl gam i'r eglwys, Mair, yn enwedig i Gruffydd bach yn y goets. Cofia di 'i lapio fo'n iawn efo digon o blancedi. Be s'ar Gladys, 'dwch? Wedi codi'i phac ben bora 'ma?'

Esgusododd Mair ei hun gan ddweud ei bod angen paratoi brecwast i Gruffydd, cyn cilio i'w thŷ. Roedd hi wedi gofalu gwneud tân oer yn y grât yn barod erbyn iddyn nhw ddychwelyd o Rydyberthan y prynhawn hwnnw – roedd am alw yno i weld ei thad ar y ffordd yn ôl o'r eglwys. Ar ôl bwyta a chlirio'r llestri brecwast, gwisgodd Gruffydd yn gynnes cyn ei roi yn y goets a thaenu sawl planced dros ei goesau, yna gafaelodd yn ei chôt aeaf frown oddi ar fachyn ar wal y siambr. Edrychodd yn fanwl arni a phenderfynu y byddai'n rhaid iddi orfod gwneud y tro am aeaf arall, petai'n cwteuo dipyn bach arni i ddilyn y ffasiwn ddiweddaraf.

Roedd ei heuogrwydd yn dilyn ymweliad y gweinidog yn dal i boeni Mair wrth iddi wthio'r goets am yr eglwys, ac yn groes i'w harfer wnaeth hi ddim loetran i sgwrsio efo Gruffydd a dangos rhyfeddodau'r cloddiau a'r caeau iddo fo ar y ffordd. Croesodd y bont heb chwarae eu gêm arferol o ollwng deiliach a phriciau dros un canllaw a rhedeg dan chwerthin i'r ochr arall mewn pryd i'w gweld yn llifo allan o dan y bwa. Cododd ei llaw yn frysiog ar Lora Rowlands wrth weld ei chysgod y tu ôl i'r cyrten les.

Roedd Gruffydd wedi syrthio i gysgu erbyn i Mair gyrraedd yr eglwys braidd yn fuan. Gadawodd y goets ger y bedyddfaen a cherdded i lawr yr eil nes cyrraedd y pumed eisteddle o'r blaen, a gollyngodd ei phen-gliniau ar y llawr pren caled, llychlyd. Caeodd ei llygaid a cheisiodd weddïo am faddeuant o'i phechodau; am iddi deimlo gwefr yn nghwmni Llywarch Rhys y noson cynt, ac am feio Gladys am ei hymddygiad benchwiban, ond wyddai hi ddim a oedd clust yn gwrando. Eisteddodd ar y sedd oer, galed a syllu'n ddwys ar y ffenestr o wydr lliw hardd oedd y tu ôl i'r allor.

Sut allai hi fynd ar ei gliniau i addoli Duw sydd wedi anghofio'i bobol, ystyriodd. Teimlodd sŵn y tu mewn i'w phen, fel hymian cacwn barus yn hedfan yn ôl a blaen o un blodyn i'r llall wrth geisio penderfynu pa un oedd yn cynnig y neithdar melysaf iddo.

Disgynnodd ei llygaid ar y ffenest, ar y Crist croeshoeliedig yn syllu i lawr arni a'i ddisgyblion yn sefyll o'i gwmpas: Tomos, Pedr, Jiwdas a'r naw arall. Treiddiodd pelydrau'r haul gwan drwy'r gwydr i ddisgyn yn batrymau amryliw ar liain gwyn yr allor, ond yn lle edmygu'r ddelwedd fel yr arferai ei wneud, anelodd eiriau rhwystredig tuag atynt.

'Iesu Grist a'i ddisgyblion. Fab Duw, yr Hwn sydd yn y goruchaf. Yr Hwn sydd â'r gallu i neud unrhyw beth, medda nhw. Pam na neith o stopio'r holl ladd ma, 'ta? Pam na ddeudi di wrth dy Dad gymaint mae pobol yn diodda yn yr hen ryfal 'ma, tra mae O yn gneud dim? Dim. Dim ond edrach i lawr ar yr holl ddioddefaint. A be amdanon ni, ei ferched, sy'n byw ein bywyda bach diniwad mewn ofn fis ar ôl mis, flwyddyn ar ôl blwyddyn? Sut fedra i goelio mewn Tad sy'n gadael i hyn ddigwydd i'w blant o'i hun?'

Yng nghanol y drysni pigog oedd yn chwalu ei phen clywodd sŵn ambell esgid yn llusgo i'r seddi y tu ôl iddi wrth i'r addolwyr gyrraedd fesul un a dau. Yn raddol, sylweddolodd Mair gyda chywilydd ei bod hi wedi bychanu rhywbeth oedd wedi cael ei serio ar ei hymennydd er pan oedd yn blentyn bychan yn cyd-addoli gyda'i theulu yn yr union sedd yr oedd hi'n eistedd ynddi y bore hwnnw. Ond er iddi geisio lluchio'r cwestiynau a oedd wedi sigo'i ffydd o'r neilltu allai hi ddim esmwytho.

Edrychodd o'i chwmpas – doedd 'na fawr o bobol ifanc a phlant yno bellach, dim ond hen bobol, a'r rhan fwyaf ohonyn nhw ar eu pennau eu hunain. Doedd dim hogia ifanc yn un twr gwinglyd yn y cefn, dim côr a dim cloch, dim hyd yn oed cnul. Ble roedd pobol y seti blaen, tybed? Arferai hen deulu Plas Eirian fynychu'r gwasanaethau boreol efo'u morynion a'u gweision, oedd yn eistedd yn y cefn yn y seti oer, moel tra oedd yr hen Fisus Edwards a'i merched yn closio at yr allor cyn camu'n barchus wysg eu cefnau i'w seti moethus, hefo clustogau cyfforddus wedi eu brodio'n grand o dan eu tinau a hesogau yr un mor grand o dan eu pen-gliniau. Byddai Mair a'r plant eraill yn piffian chwerthin tu ôl i'w dwylo, yn gobeithio y byddai un ohonyn nhw'n baglu dros eu sgerti llaes a'u lesys duon. Doedd dim posib gweld eu hwynebau o dan yr hetiau llydan a'u neting du, ac roedd cymaint o binnau yn sownd yn eu gwalltiau roedden nhw'n edrych fel draenogod wedi'u cornelu. Roedden nhw'n ddigon â dychryn Mair, yn union fel roedd Cati Fala Surion yn dychryn Martha fach. Tybed oedd hogia'r byddigion yn cael mwy o chwarae teg yn y rhyfel ar ôl yr holl blygu glin? Efallai fod Duw wedi cyfri arian casgliad pawb dros y blynyddoedd...

Toc, daeth llais y Person o'r cefn i dorri ar y distawrwydd

llethol, a cherddodd yn urddasol tuag at yr allor a'i lyfr emynau yn ei law i arwain yr emyn gyntaf. 'Efengyl tangnefedd...'

Cododd Mair a gweddill y gynulleidfa denau ar eu traed i ymuno yn y canu marwaidd. Braidd yn gryg oedd ei llais hi y bore hwnnw, sylwodd. Ar ddiwedd y gwasanaeth tarodd y llyfr gweddi a'r llyfr emynau yn ddi-hid ar y bwrdd wrth y drws, a chan roi'r esgus fod Gruffydd bron â deffro wnaeth hi ddim aros i sgwrsio na mynd i sefyll uwchben bedd ei mam yn y fynwent. Roedd blas sur yn ei cheg.

Pan gyrhaeddodd dŷ ei thad roedd tanllwyth o dân yn y grât ac arogl bwyd yn llenwi'r tŷ, a cheisiodd ddyfalu beth oedd gan ei thad i ginio iddyn nhw. Fel arfer, tatws pum munud fydden nhw'n ei gael, ond synnai hi ddim yn ôl yr oglau da nad oedd ganddo fo dalp o gig i'w gynnig.

'Mi ddoist o'r diwadd,' gwenodd ei thad yn groesawgar, 'a sut mae Gruffydd bach bora 'ma?'

Roedd Taid yn amlwg wedi gwirioni ar ei ŵyr cyntafanedig, a chododd y bychan ei ddwylo tuag ato i gael ei ryddhau o'r harnais. Dyn byr, eiddil oedd ei thad, a edrychodd ar ôl ei blant i gyd ar ôl iddyn nhw golli eu mam. Er bod ei wallt wedi gwynnu tyfai yn donnau trwchus dros ei glustiau. Roedd ei grys gwlanen yn dwt ac yn lân o dan y wasgod o frethyn cartref – doedd Mair ddim yn cofio iddi ei weld o'n gwisgo coler a thei erioed ond byddai'n gofalu fod ei grys wedi'i gau yn daclus a'r styden uchaf yn sgleinio bob amser. Er mai gweddol fu ei iechyd roedd wedi ceisio gweithio rhywfaint ar fferm Eban Robaits i ennill swllt neu ddau yn ychwanegol at ei bensiwn, hyd nes y cafodd ddamwain. Doedd Mair erioed wedi ei glywed yn gofyn am ddim iddo fo'i hun heblaw am owns o faco bob wythnos i'w getyn a phaced o dda-da mintys, neu 'botwm gwyn' fel yr oedd o'n eu galw, a byddai un o'r ddau wastad yn ei geg o dan ei ddannedd prin. Yn yr haf treuliai ei amser yn yr ardd ymysg ei resi tatws, pys a ffa, a byddai'n gofalu na fyddai Mair byth yn mynd adref i Waenrugog yn waglaw.

'Helô, Nhad,' meddai Mair yn dyner. 'Mi fuon ni yn 'reglws, yn do, Gruffydd?' Plygodd Mair ei phen i ddatod strapiau'r goets heb edrych i wyneb ei thad, rhag ofn iddo sylwi ar yr amheuon yn ei llygaid.

'A sut oedd hi yno, dŵad?'

'Digon tena, ac mor chwithig heb glywad y gloch yn ein galw. Ydach chi'n cofio fel y byddai Mam yn gweiddi arnon ni? "Brysiwch y c'nafon bach, ma'r ail gloch 'di canu!", a ninna'n ei heglu hi am y cynta i lawr Allt Ddu, ac aros i gael ein gwynt atom yn y fynwant am eiliad cyn sleifio'n sidêt i mewn, a Sioni'r clochydd yn gwgu arnon ni.'

Gwenodd y ddau wrth gofio'r amseroedd da.

'Dach chi ddim 'di bod yno ers blynyddoedd, nac'dach. Pam, Nhad? Mi wn ei bod hi'n anodd i chi fynd rŵan ar ôl i chi symud i'r Rhyd, ac ers y rhyfal does 'na neb i fod i wastraffu petrol i fynd â chi. Ond doeddach chi ddim yn mynd cynt chwaith, yn nac oeddach?'

'Dwn i ddim, 'sti. Rhyw hirath ar ôl dy fam oedd gin i i ddechra, a phan ddechreuis i fynd wedyn, wel, dwn i ddim... do'n i'm yn teimlo 'mod i'n ca'l fawr o ras rywsut. Felly o dipyn i beth mi es i chwilio am esgusodion i beidio mynd, ac erbyn hyn neith yr hen goesa 'ma ddim fy ngharo i cyn bellad. Mi ddaw y Person draw weithia i holi amdanon ni, cofia, chwara teg iddo fo, ac mi fydd yn holi dipyn amdanat titha, yn dal i gofio dy fod ti wedi gweini yno, ond mae o'n mynd i oed rŵan a tydi 'i feddwl o ddim mor siarp ag y buo fo.'

'Tydi o ddim yn disgwl i chi gerddad bob cam a chitha fel yr ydach chi, siawns?' Ceisiodd Mair newid trywydd y sgwrs i guddio'i hanesmwythder. 'Ylwch, mi a' i ati i neud cinio. Rargol, mae 'na ogla da yn dŵad o'r popty. Be sgynnoch chi'n rhostio?'

'Choeli di byth, ond roedd Eban Robaits a Thyddyn Maidd yn lladd mochyn ar y cyd ac mi roddodd yr hen Eban ddarn bach o asan fras i mi. Wneith o byth anghofio amdana i ers i mi orfod rhoi'r gora i weithio yno ar ôl brifo 'nghoes wrth lyfnu. Cofia di mai dim ond hannar y mochyn oeddan nhw ill dau yn gael i'w gadw, a'r hannar arall yn gorfod mynd i'r llywodrath.'

'Chwara teg iddo fo am gofio amdanach chi, wir, chydig oedd o'i hun yn 'i gael am ei holl waith magu a phesgi, yntê?'

Aeth Mair drwodd i'r gegin gefn i baratoi'r llysiau, gan deimlo saeth o genfigen fod ei thad mor lwcus o gael rhentu tŷ Cyngor yn y pentref gyda chegin gefn fach hwylus a thap dŵr uwchben y sinc, a stof baraffîn ar gyfer y sosbenni a'r tegell. Roedd y siop mor agos hefyd. Ond er bod Rhydyberthan yn lle braf iawn i fyw ynddo, roedd hi wedi addo i Ifan mai yn eu cartref yng Ngwaenrugog y byddai hi'n aros amdano nes iddo ddod adref, felly yno roedd hi'n bwriadu aros am y tro. Dim ond gobeithio y byddai Ifan yn cytuno iddyn nhw roi eu henwau ar y rhestr aros ar gyfer un o dai newydd y Cyngor ar ôl y Rhyfel.

Gallai glywed ei thad yn chwerthin wrth chwarae efo'i ŵyr bach, a throdd at y llysiau gan wenu. Un chwareus fu ei thad erioed. Wrth gerdded adref o'r eglwys yn y gaeaf mi fydda fo'n siŵr o redeg o'u blaenau nhw'r plant i guddio, ac er eu bod yn gwybod yn iawn beth oedd yn eu disgwyl yr un oedd y canlyniad bob tro: nhw'n gweiddi a sgrechian nes y byddai'r holl wlad yn eu clywed wrth i'w tad lamu allan o'r tu ôl i goeden neu wrych â'i gôt dros ei ben i'w dychryn, a'u mam yn eu ceryddu am wneud y ffasiwn stŵr ar nos Sul.

Wrth y bwrdd cinio bu'r ddau yn sgwrsio'n dawel. Soniodd ei thad wrthi am ambell raglen roedd o'n gwrando arni ar y weiarles, ac am yr ysbïwr, 'y Lord Ho Ho 'na', fel y galwai ei thad y dihiryn twyllodrus oedd yn torri ar draws rhaglenni hefo'i bropoganda a'i gelwyddau brwnt, wrth geisio perswadio'r genedl fod Prydain yn dioddef wrth i gannoedd o longau gael eu suddo, a bod miloedd o hogiau wedi eu lladd gan y gelyn a bod y wlad ar fin llwgu.

'Peidiwch chi â gwrando arno fo na gadael iddo fo'ch poeni chi fel'na.' Gafaelodd Mair yn ei law grebachlyd yn dyner.

'Fysat ti'n lecio i mi ei throi hi mlaen i ti gael clywad dipyn o fiwsig ar y *Light Programme*?' gofynnodd. 'Chei di fawr o Gymraeg arni, dim ond tua ugian munud y dydd sy 'na i'w ga'l.'

Doedd gan Mair fawr o awydd gwrando ar gerddoriaeth. Roedd yn well ganddi sgwrsio efo'i thad, a doedd ganddi fawr o awydd meddwl cychwyn adref chwaith, ond cychwyn oedd raid.

'Mi alwa i yn nhŷ tad a mam William rhag ofn bod Gladys yn dal yno – ella y cawn ni gwmpeini'n gilydd i gerddad adra. Dwi'n poeni am Gladys,' ychwanegodd, 'mi oedd hi'n bihafio'n reit rhyfadd neithiwr ac mi ddiflannodd am y pentra heb dorri gair efo fi bora 'ma. Doedd hi ddim fel hi'i hun o gwbwl.'

'Paid ti â dili-dalian, cofia,' siarsiodd ei thad, 'dwi 'di clywad bod 'na ryw hen betha 'di bod yn pryfocio rhai o ferchaid y pentra 'ma yn ystod yr wsnosa dwytha.'

Cododd Mair ei phen mewn syndod. 'Be dach chi'n feddwl, pryfocio?' gofynnodd.

'Paid ti â phoeni, 'mach i, dim ond hen hogia gwirion ydyn nhw, siŵr i ti, yn meddwl 'u bod nhw'n glyfar yn cael sbort ar draul rhai o'r merchaid. Yli, dwi 'di deud wrthat ti o'r blaen, yn do, bod croeso i ti a Gruffydd aros yma, ond gan dy fod ti yr un mor styfnig â dy fam ac yn gwrthod, mi fysa'n well i chdi a Gladys fynd adra cyn iddi nosi.'

Cododd ei thad ac aeth i chwarae hefo Gruffydd cyn i'w fam ei roi yn ôl yn y goets, ond arhosodd Mair wrth y bwrdd wrth i'w hofnau ddod yn ôl i'w phoeni. Un o'r pethau roedd hi wedi dod i'w casáu ers i Ifan adael oedd nosweithiau tywyll y gaeaf yn gwasgu amdani. Roedd yr oriau yn llusgo mor araf, a chodai pob smic roedd hi'n ei glywed yr ofn mwyaf arswydus arni. Doedd fiw iddi sôn wrth ei thad am y synau a glywai yn ystod y nos rhag iddo boeni, a doedd hi ddim yn bwriadu torri ei haddewid i Ifan drwy symud i'r pentre chwaith. Byddai'n rhaid iddi ddygymod â'r sefyllfa, a chroesi bysedd y deuai ei gŵr adre'n fuan.

Ar ôl ffarwelio â'i thad aeth Mair heibio i gartref Meri Huws i chwilio am Gladys, ond roedd hi wedi cychwyn am Waenrugog eisoes. Penderfynodd fynd i'w gweld ar ôl rhoi Gruffydd yn ei wely y noson honno.

'Gwen a Mair ac Elin...' canodd Mair yn uchel wrth wthio coets Gruffydd am adref, a phan ddaeth at y geiriau 'a Gruffydd bach yn mynd o'i go'...' chwarddodd ei mab yn uchel. Meddyliodd mor lwcus oedd hi i'w gael o yn gwmni iddi.

10

Hanner ffordd rhwng pentref Rhydyberthan a Rhes Newydd safai tri thŷ: Tai Bont. Fe'u galwyd felly am y rheswm syml eu bod yn sefyll ger y bont a oedd yn croesi'r afon fach a droellai drwy rostir Rhosddu ac i lawr heibio i gapel Berea a Thai Seimon ar ei ffordd i'r môr. Roedd tair stepen yn arwain i lawr o'r lôn wrth ochr y bont at y llwybr oedd yn dilyn yr afon rhwng y tociau eithin. Yn yr haf roedd arogl y blodau melyn a'r gwyddfid yn ddigon i feddwi rhywun, ond yn y gaeaf ychydig iawn o ddefnydd a wneid o'r llwybr gan fod gwlybaniaeth y rhostir yn ei droi yn swtrach mwdlyd.

Wrth basio'r rhes tai am yr eilwaith y diwrnod hwnnw gwelodd Mair fod Lora Rowlands yn gwau wrth y ffenest. Cododd ei llaw arni, a rhuthrodd Lora i agor y drws ffrynt i'w chyfarch. Roedd Lora yn gwirioni pan welai bobol yn pasio heibio, cymaint oedd ei hawydd i gael sgwrs. Ychydig o gerddwyr fyddai'n pasio heibio i Dai Bont gan fod y rhan fwyaf yn cymryd y ffordd am gapel Berea i ddal y bws i'r dre.

'Mair, peidiwch â phasio,' gwaeddodd Lora ar ei hôl, 'dewch i'r tŷ am funud bach. Ma' Gwilym 'di mynd i Dai Seimon i edrach am Harri Puw... am funud ddeudodd o, ond os ydw i'n nabod y ddau yna mi fydd o yno am yn nes i awr yn paldaruo yn yr hen weithdy 'na, ac mi ddaw adra yn disgwl i mi wrando ar bentwr o straeon digri dwi wedi'u clywad ddega o weithia o'r blaen.'

Trodd Mair yn ei hôl, a chyn iddi gael cyfle i godi Gruffydd allan o'r goets roedd Lora wedi cyrraedd y bwtri a thorri tafell o fara, gan ei thaenu'n hael â menyn a jam cyn ei rhoi yn llaw'r bychan. Plygodd uwchben Gruffydd i gynnig y frechdan iddo a gwenu'n annwyl arno. Roedd ei gwallt gwinau wedi'i blethu'n daclus a'i glymu ar dop ei phen, a'i siwmper batrymog yn dangos ei medrusrwydd gyda'i gweill.

"Na chdi, 'ngwas i, byta di hon rŵan i chdi gael tyfu'n fawr,' meddai, cyn troi at Mair, 'a stedda ditha am funud i mi ga'l dy hanas di.'

Adroddodd Mair y newyddion diweddaraf o Rydyberthan, fel y bu yn yr eglwys y bore hwnnw a chael cinio hefo'i thad. Gwrandawodd Lora arni'n fodlon braf.

'Does 'na ddim 'di digwydd i William Meri Huws, yn nagoes?' gofynnodd Lora pan ddaeth ei thro i siarad. 'Gweld Gladys yn pasio bora 'ma â'i gwynt yn 'i dwrn, heb amsar hyd yn oed i dorri dau air efo fi, a dyma hi'n ôl wedyn pnawn 'ma heb godi 'i phen. Ma' hi fel arfar yn paredio fel peunas i ddangos 'i dillad newydd i bawb. Ma' Meri wedi gwirioni efo hi, 'sti, ac yn 'i difetha hi a'r plant yn lân... ond un felly ydi Meri, dipyn bach yn ddiniwad 'swn i'n ddeud, gwahanol iawn i'r gŵr 'na sy ganddi. Ma' hwnnw'n ddyn capal mawr.' Cyn i Mair gael amser i ateb aeth yn ei blaen. 'Roeddat ti'n gwbod, debyg, fod 'na bobol newydd 'di cyrradd y rhes 'ma?'

'Oeddwn, mi soniodd rhywun. Sut bobol ydyn nhw?'

'Rhyfadd iawn tasat ti'n gofyn i mi. Saeson ydyn nhw, a ti'n gwbod nad oes gin Gwilym na finna fawr o'r iaith fain i fedru siarad efo nhw.'

'Fyddwch chi'n 'u gweld nhw o gwbwl?'

'Dim ond y hi weithia, pan fydd hi'n mynd i nôl dŵr i'r pwmp. Cadw iddyn nhw'u hunain maen nhw. Mae *o*'n mynd o'ma ar y bỳs cynta bob bora Llun a ddaw o ddim yn 'i ôl tan nos Wenar, lle bynnag mae o'n mynd. Mae 'na ddau o blant yna – dwi 'di clywad y fam yn siarad hefo nhw yn y cefn – Rwth a Jac. Fydda i byth yn gweld yr hogan ond dwi 'di cael cip ar yr hogyn, mae o tua deunaw 'swn i'n feddwl, hogyn nobl, smart ofnadwy. Ella 'i fod o'n hŷn, cofia, ond pam nad ydi o yn yr ysgol, neu'n gweithio, neu'n cwffio, 'fath â phob hogyn arall yn y lle 'ma? Mae 'na rwbath yn od iawn yn 'u cylch nhw, oes wir. Ma' Gwilym yn gweld yr hogyn yn cerddad i fyny ac i lawr glanna'r afon pan fydd o'n mynd i nôl dŵr golchi i mi, ond ddeudith o ddim byd wrth Gwilym chwaith, dim ond nodio'i ben arno fo. Ma' Gwilym yn siŵr mai 'sbïwr ydi'r tad, 'sti, neu rwbath i neud efo'r llywodraeth. Sut arall, medda chdi, gafon nhw ddod yma mewn car neis, a lorri'n dŵad â'u trugaredda nhw? Tydan ni'r werin ddim yn cael gwastraffu petrol – efo trol a cheffyl aeth teulu Tŷ Pen o'ma pan oeddan nhw'n mudo, ti'n cofio? Ond mewn lorri y daethon nhw. Welis i yn y C'narfon an' Denbi fod rhywun o Ben Llŷn 'di cael 'i ddal yn mynd i'r dre cfo'i lorri, ac yn y cwrt landiodd o efo esgus 'i fod o angen ryw ddarn i drwsio'r lorri a'i fod o wedi prynu nwyddau i'w wraig tra oedd o yno. Ond wnaethon nhw 'mo'i goelio fo ac mi gafodd andros o ffein. Na, mae 'na rwbath yn rhyfadd am y bobol ddŵad 'na.'

Nodiodd Mair ei phen, 'Be fasa sbïwr yn 'i ncud ffor'ma?'

'Wel, ma' camp y Nêfi heb fod yn bell, yn tydi, ac mae rhai yn deud 'u bod nhw wedi gweld sybmarîn yn y bae. Mewn difri rŵan, wyddon ni ddim be sy'n mynd ymlaen o'n cwmpas ni y dyddia yma.'

'Falla mai ffoaduriaid ydyn nhw, Lora,' mentrodd Mair o'r diwedd, 'dwi 'di clywad bod miloedd wedi dengid o flaen yr hen Hitlar 'na cyn i'r rhyfal dorri allan, a chael lloches yn y wlad yma. Iddewon ydi'r rhan fwya, wedi cael 'u herlid a'u poenydio.'

'I be fasa'r cythral Hitlar 'na'n gneud y ffasiwn beth, dŵad? Iddew oedd Iesu Grist yntê, yn ôl y Beibil? A dwi'n siŵr na fysan nhw'r Iddewon yn gneud dim drwg i neb.'

'Dyn ofnadwy 'di Hitlar, chi, Lora.'

Ar ôl sgwrsio am tua hanner awr cododd Mair gan egluro bod yn rhaid iddi droi am adref cyn iddi dywyllu. Bu'n ystyried yn ddwys am ennyd cyn mentro gofyn i Lora a oedd hi wedi clywed y si fod rhai o ferched ifanc y pentref yn cael eu dychryn yn y nos.

'Bobol annw'l, chlywis i 'mo'r ffasiwn beth,' atebodd Lora yn syfrdan, 'rhyw hen stori wirion 'di dechra yn y pentra 'na ydi hi siŵr. Er hynny mi fyswn i'n cloi'r drws bob nos taswn i yn dy le di.'

Welodd Mair ddim arlliw o Gladys wrth iddi gyrraedd Rhes Newydd. Rhoddodd fatsien yn y papur a'r priciau yn y grât nes bod y fflamau'n dawnsio i fyny'r simdde i gynhesu'r gegin oer, ac eisteddodd o flaen y tân i aros nes i Gruffydd gysgu.

Pan glywodd hi ei chwyrnu ysgafn, sleifiodd y drws nesaf i dŷ Gladys. Cnociodd a chododd y gliced fel yr arferai wneud, ond roedd y drws ar glo. Cnociodd eilwaith a galw yn ddistaw ar Gladys – roedd hi'n benderfynol o gael gair â hi ac arhosodd yno am funud neu ddau nes yr agorodd y drws yn araf. Daeth wyneb llwydaidd ei chymdoges i'r golwg.

'Bobol bach, Gladys, be 'di'r matar? Does 'na ddim byd wedi digwydd i William, siawns?' gofynnodd wrth gerdded i mewn i'r gegin. Amneidiodd Gladys iddi eistedd wrth y bwrdd, a dechreuodd siarad yn dawel.

'Na, mae William yn iawn, cyn belled ag y gwn i... dwn i ddim sut i ddechra. Mae 'na rwbath ofnadwy 'di digwydd i mi, waeth i mi ddeud wrthat ti ddim.' Syllodd llygaid duon Gladys i fyw rhai Mair wrth iddi ddechrau egluro yn araf. 'Dwi 'di cyfarfod rhywun yn y dre neithiwr... hogyn... a fedra i ddim peidio meddwl amdano fo. Wnes i ddim cysgu o gwbwl drwy'r nos.'

'Be ti'n feddwl, "hogyn"?' holodd Mair mewn penbleth.

'Roy. Dyna ydi'i enw fo. Mae o'n chwara corn mewn band o'r camp ac mae o'n siarad Cymraeg a phob dim. Be wna i, Mair? Nes i rioed deimlo fel hyn tuag at William.'

'Twt lol, paid â berwi. Wedi gwirioni efo'i enw crand o, a'i fod o mewn band a ballu, wyt ti. Mi fyddi wedi anghofio bob dim amdano fo 'mhen diwrnod neu ddau.'

'Na fyddaf! Wir yr, rŵan. Bob tro dwi'n cau fy llgada, mi rydw i'n gweld 'i ben cyrliog o a'i wên chwareus o, cyn blaened â tasa fo yma efo fi, a dwi'n dal i deimlo'i law gynnes o'n gafael yn f'un i. Mi fu'r ddau ohonon ni'n siarad a siarad wrth gerdded tu ôl i'r eglwys. Nath William a finna rioed siarad fel'na efo'n gilydd.'

'Yli, Gladys, wnaethoch chi ddim mynd dros ben llestri, yn naddo?' Syllodd Mair arni'n ddifrifol.

'Naddo siŵr, be ti'n feddwl ydw i? Ond mae o isio 'ngweld i nos Sadwrn nesa eto. Be wna i?'

'Mi ddeuda i wrtha ti be wnei di – ei roi o allan o dy feddwl y munud yma ac aros adra nos Sadwrn nesa efo dy blant... a ben bora fory, sgwenna bwt at William. Mi a' i â fo i'w bostio i ti,' gorchmynnodd Mair yn gadarn, gan roi pwyslais ar bob gair. 'Llc fuost ti drwy'r dydd heddiw? Mi est ti ben bora am Rydyberthan cyn i neb stwyrian, bron. Fuost ti rioed yn nhŷ Meri drwy'r dydd?'

'Mi gerddis i draw cyn belled â'r camp gan obeithio y byswn i'n gweld rhyw gip ar Roy, ac mi gyrhaeddis yn ôl i Rydyberthan erbyn amser cinio. Wedyn mi ddois adra.'

'Yr het wirion i ti, Gladys. Rŵan, dos i dy wely a thria gysgu, ma' golwg ddifrifol arnat ti, ac anghofia dy fod ti rioed wedi cyfarfod y Roy 'na.'

Wyddai Mair ddim beth oedd yn digwydd o'i chwmpas. Nid fel hyn roedden nhw'n arfer byw – ers talwm, fyddai 'na ddim rhyw hen gwestiynu ac amau ei gilydd; roedd pawb fel un teulu mawr yn rhannu cyfrinachau. Methodd atal y dagrau trymion oedd yn cronni yn ei llygaid wrth iddi gau drws ei thŷ ar ei hôl, a disgynnodd un ar ôl y llall i lawr ei gruddiau.

Roedd y llythyr at Ifan yn dal ar ei hanner ganddi ers y noson cynt. Sychodd Mair ei dagrau er mwyn ei orffen, ond soniodd hi ddim wrth ei gŵr am ymweliad y gweinidog, nac am ymddygiad Gladys, na'r teimladau annifyr oedd wedi dod drosti yn yr eglwys y bore hwnnw.

11

Rhagfyr 1944

Oerodd y tywydd wrth i fis Rhagfyr a nosau hirion y gaeaf sathru sodlau'r hydref. Treuliai Mair ei dyddiau fwyfwy yn y tŷ, wedi ei lapio fel nionyn mewn sawl haen o ddillad, yn chwarae ar yr aelwyd efo Gruffydd neu yn eistedd wrth ei pheiriant gwnïo yn addasu hen gôt iddi hi yn wasgod a throwsus bach cynnes iddo yntau. Roedd hi ofn gorlwytho'r glo ar y tân rhag iddo brinhau, a cheisiai anwybyddu'r oerni a'r tamprwydd oedd yn gafael fel gefel yn ei chorff eiddil. Gwisgai hen bâr o sanau er eu bod yn rhy fawr ac yn llac am ei choesau meinion – yn ogystal â'u cynhesrwydd roeddynt yn rhoi rywfaint o gysur iddi hi hefyd, am mai rhai Ifan oedden nhw. Ambell noson roedd hi a Gladys yn cadw cwmni i'w gilydd yn nhŷ'r naill neu'r llall, yn chwarae cardiau neu'n sgwrsio. Roedd unrhyw beth yn well na'r unigrwydd a'r hiraeth mawr am Ifan roedd hi'n ei deimlo fel clapyn caled yn ei brest.

Chlywodd hi ddim gair am Roy o enau Gladys wedyn, ond roedd hi'n amau'n gryf eu bod yn cyfarfod yn gyfrinachol yn y dref ambell nos Sadwrn. Doedd Gladys ddim wedi ceisio ei hannog i fynd efo hi yno ers tro byd, ac roedd Mair yn ei chlywed yn sleifio'n ddistaw bach i ddal y bws ar ôl iddi ddychwelyd o Rydyberthan yn y prynhawniau, ar ôl gollwng y plant efo'u taid a'u nain. Tybiai hefyd iddi glywed sŵn dôr Gladys yn agor a chau yn ddistaw wrth iddi wawrio ambell fore Sul, ond roedd hi'n ddigon doeth i beidio â chrybwyll y peth wrth neb.

Ailgydiodd yn y llythyr diweddaraf a ddaeth oddi wrth Ifan.

Dear Mair, my love,

I hope you and Gruffydd bach are OK. By now I am so gratefull to you for knitting the stockings for me. It is so cold here and the fighting has come to a stop because of the weather. In summer we were following the Americans who were fighting their way up the country but now we are back in the centre again. The Americans were bragging how easy it was to conquer Rome because the Germans left with their tails between their legs, and they were able to walk into the city without much difficulty. I don't like the word conquer because some people are suffering so much, people like us and children like Gruffydd Ifan bach. I think that we will be here for some time now, not able to move because of the weather, the snow is very deep and has covered the destruction left after the fighting earlier in the year, like icing sugar on a wedding cake, it is very very beautifull and peacefull at the moment. You must think that I'm talking like I'm on holiday here, but really we're so lucky that we are here now and not with the first wave that had to fight for every inch of land, so don't worry about me. We haven't got a lot to do at the moment and we spend the time playing cards and dominos with lads from Scotland and far away places like New Zealand. Sometimes we play for money, only for small sums, but don't mention it to my mother. Don't worry about Gladys, I'm sure she knows what she's doing, and maybe you should go with her sometimes for a change and to keep an eye on her. It will do you good. I know that I don't have to worry about you and that you will not look twice at those boys who admire you. You have been so faithfull to me always.

I am looking forward to your next letter and to coming home,

My love to you as usual,
Your true husband,
Ifan.

Ar ôl rhoi Gruffydd i glwydo aeth Mair ati yn ngolau'r lamp i ateb y llythyr, ond soniodd hi 'run gair wrth ei gŵr am ymweliad y gweinidog pan ddychwelodd yno efo'r Atlas...

Cawsai Mair dipyn o sioc pan welodd Llywarch Rhys yn sefyll ar garreg y drws un noson gyda llyfr mawr o dan ei gesail, a gadawod ei brat amdani yn hytrach na'i dynnu a'i stwffio i ddrôr y seidbord fel yr arferai wneud pan fyddai rhywun diarth yn galw heibio. Lapiodd hen siwmper lwyd ddi-siâp oedd yn perthyn i Ifan yn dynnach amdani wrth i'r gweinidog gamu dros y trothwy a gosod yr Atlas mawr ar fwrdd y gegin. Agorodd y llyfr i dudalen oedd yn dangos map o Fôr y Canoldir. Roedd y lluniau'n gyfarwydd i Mair, yn enwedig Gwlad Palesteina, yr Iorddonen ac ynys Cyprus lle glaniodd Paul yr Apostol. Plygodd Mair dros yr Atlas i gael gweld yn well, ond ymhen sbel dechreuoddd deimlo'n anghyfforddus wrth iddi sylweddoli fod Llywarch Rhys yn sefyll yn ddigywilydd o agos y tu ôl iddi, a'i fod wedi rhoi ei ddwy law i bwyso ar y bwrdd o bobtu iddi nes ei charcharu rhwng ei freichiau. Teimlai fel aderyn bach mewn cawell. Gwyddai fod ei drwyn bron â chyffwrdd ei gwallt ac roedd ei anadl boeth yn chwarae ar ei gwar. Rhedodd rhyw gryndod afiach drwyddi. Ceisiodd wingo o'i afael, ond chymerodd y gweinidog ddim sylw o'i hanniddigrwydd. Pan godod ei law i bwyntio at ynys Sicily manteisiodd Mair ar y bwlch a ymddangosodd o dan ei fraich dde i sleifio'n rhydd o'i afael.

Dal i wenu'n gam ar yr Atlas wnaeth y gweinidog am eiliad fer nes iddo droi at Mair.

'Meddwl am Ifan Ifans druan mor bell yn y fan yna, a chithe yn fan hyn ar ben eich hunan. Rhaid eich bod yn hiraethu amdano'n ofnadw, glei.'

Ymdrechodd Mair i roi rhyw fath o wên ar ei gwefusau tynn. 'Ia... y... wel, diolch yn fawr i chi, Mistyr Rhys, am eich trafferth,' meddai'n sur, 'a chofiwch fi at eich mam.' Camodd at y drws a'i agor led y pen iddo. 'Cofiwch fynd â'r Atlas efo chi.'

Ar ôl iddo adael heb ddweud gair o'i ben, caeodd Mair y drws yn glep ar ei ôl a phwyso'i chefn arno. Roedd ei choesau yn crynu ac yn gwegian oddi tani, a theimlodd chwd sur yn codi o'i stumog. Wyddai hi ddim beth i'w wneud. Gollyngodd ei hun yn llipa i gadair Ifan a dechrau igian crio wrth i'r holl emosiynau roedd wedi eu cadw dan glo dros y blynyddoedd diwethaf dywallt ohoni fel rhaeadr. Aeth bron i awr heibio cyn iddi deimlo nad oedd yr un deigryn arall ar ôl. Cododd a thynnodd amdani, ac aeth i wely Gruffydd gan lapio ei breichiau'n dyner amdano.

* * *

Roedd festri capel bach Berea dan ei sang ddyddiau cyn y Nadolig hwnnw yn 1944, ac roedd surni'r gwlybaniaeth a redai i lawr y waliau yn gymysg ag arogl dillad tamp a lampau paraffin yn rhoi rhyw ymdeimlad o agosatrwydd i'r gynulleidfa, gan wneud iddyn nhw deimlo fel un teulu mawr. Roedd merched Rhes Newydd a'u plant yno, heblaw Beti Ŵan a Cati Fala Surion, ynghyd â'r rhan fwyaf o drigolion Gwaenrugog – doedd neb am golli hwyl noson olaf tymor y Gymdeithas Lenyddol. Noson Lawen gan Barti Llechdinwyd oedd yr arlwy, er ei bod yn noson ffiaidd, a'r gwynt a'r glaw yn ddidostur.

Eisteddai Ela, morwyn fach Rhosddu, wrth ochr Mair a Gruffydd, a oedd wedi dechrau aflonyddu ers peth amser. Aeth Ela i'w phoced i estyn ei hances, a dechreuodd ei phlygu a'i rowlio'n gelfydd nes gwneud siâp llygoden fach ohoni. Ar ôl i'r bychan gael ei ddwylo arni bu'n chwarae'n fodlon â hi tan ddiwedd y cyngerdd.

Ceisiodd Mair osgoi edrych ar wyneb Llywarch Rhys, oedd yn eistedd yn y tu blaen ger y llwyfan yn lled-wynebu'r gynulleidfa. Teimlai gywilydd yn rhedeg drwy ei chorff bob tro y cofiai am y wefr roedd hi wedi ei theimlo yn ei bresenoldeb, a throdd at Ela er mwyn taflu'r atgof annifyr o'r neilltu.

'Diolch i ti am ddiddanu Gruffydd, dyma hi dy hancas di yn ôl, yli.'

Dechreuodd y bychan grio a gwingo pan gollodd ei lygoden fach, nes i Ela ei chynnig yn ôl iddo. Gwenodd Gruffydd ar y forwyn ifanc trwy ei ddagrau.

'Mi wyt ti 'di gneud ffrind am byth rŵan, Ela... yn tydi, Gruffydd?' Nodiodd Gruffydd ei ben ar ei fam a llithro i lawr o dan y sêt i chwarae hefo'i degan newydd.

'Efo pwy ddoist ti yma, Ela?' Ceisiodd Mair dynnu sgwrs hefo'r ferch eiddil, lwydaidd a eisteddai wrth ei hochr. Atebodd Ela yn swil ei bod wedi cerdded o Rosddu ar ei phen ei hun.

'Wel, fyddi di ddim yn cerddad adra dy hun, mae hynny'n ffaith i ti,' meddai Mair yn bendant, 'mi ddaw rhai ohonon ni yn gwmpeini i ti. Chei di ddim mynd i lawr yr hen lwybr unig 'na drwy ganol gwinllan Rhosddu ar ben dy hun bach.'

'Fydda i'n iawn, chi, dwi 'di arfar. Sgin i ddim ofn o gwbwl.'

'Mi fydd gin ti gwmni heno 'ma p'run bynnag,' atebodd Mair gyda'i gwên gyfeillgar arferol.

Doedd neb o'r gynulleidfa ar frys i adael y festri gynnes i wynebu tywyllwch stormus y nos, a buont yn sefyllian o gwmpas yn trafod y cyngerdd.

'Noson ardderchog, wir.' Roedd llais main treiddgar Wili Morus i'w glywed yn uchel, ac roedd ei wraig fechan wrth ei ochr yn nodio ei phen i fyny ac i lawr fel io-io i ategu pob gair a ddywedai ei gŵr.

'Ia'n wir,' chwarddodd Harri Puw, ei fochau a'i dalcen moel yn goch a chwyslyd rhwng effaith gwres y festri a miri'r noson, 'chlywis i rioed ffasiwn straeon digri gan yr un arweinydd o'r blaen, naddo ar f'enco.'

'Mistyr Rhys wedi'n gadael ni'n o handi,' sylwodd rhywun arall, 'adra at 'i fam aeth o ma' siŵr, tydi hi ddim yn dda, w'chi, a fydd o byth yn 'i gadael yn hir ar ei phen ei hun, chwarae teg iddo fo.'

Casglodd y mamau eu plant at ei gilydd, a'u rhoi o olwg y glaw ym mhen pella'r coetsys cyn cychwyn am adref: Gruffydd, Gari a Shirley yn un goets a phlant Anni, Siôn a Martha, yn y llall. Roedd Mair wedi ymorol fod Ela yn cerdded gyda mintai

Rhes Newydd a gofynnodd i Gladys a fyddai hi'n fodlon dod efo hi cyn belled â Rhosddu yn gwmni i'r forwyn fach. Petrusodd Gladys cyn cytuno'n llugoer, yn poeni am faeddu ei sgidiau, ac yn gyndyn o gerdded ar y ffasiwn noson hegar ar hyd y llwybr heibio'r pwmp a thrwy'r coed tywyll.

Cytunodd Jên i warchod y plant yn nhŷ Mair a chychwynnodd y merched ar eu taith, gan godi eu lleisiau i foddi'r gwynt stormus. Er bod y glaw wedi arafu ychydig roedd y gwynt yn dal i gwyno ym mrigau'r coed ac yn peri i'r canghennau bythwyrdd chwipio'n swnllyd yn erbyn ei gilydd. Swatiodd Gladys, Mair ac Ela yn glòs at ei gilydd, eu breichiau ymhleth. Bob hyn a hyn arafai camau un ohonynt wrth iddi ddychmygu clywed clecian neu duchan yn y coed, a gwasgai fraich y nesaf ati yn dynnach, a honno wedyn yn tynhau ei gafael ym mraich y llall nes achosi i ias oer drydanu drwy eu cyrff. Erbyn iddynt gyrraedd hanner ffordd roedd eu cyhyrau'n dynn fel tannau telyn a'u synhwyrau mor siarp â sgwarnogod, yn ymateb i'r synau lleiaf o grombil y goedwig.

Yn sydyn, arhosodd Gladys yn stond.

'Isht!' meddai'n grynedig. 'Glywsoch chi'r sŵn yna? Yn fan'cw... mae arna i ofn...'

'Paid â bod yn wirion,' sibrydodd Mair, 'dim ond y gwynt ydi o, siŵr iawn.'

'Mi glywis i o hefyd,' sibrydodd llais gwantan Ela.

'Dewch yn eich blaena, peidiwch â bod yn wirion. Be oedd y gân 'na glywson ni heno? "Ton ton ton dyri ton ton ton..." Dewch, canwch, genod!' Ceisiodd Mair swnio'n wrol, ac o dipyn i beth ymunodd y ddwy arall yn y byrdwn nes i'w lleisiau foddi eu hofnau. Erbyn iddyn nhw gyrraedd giât Rhosddu roedd y tair wedi ymlacio rhyw fymryn, a diolchodd Ela i'r ddwy arall gan fynnu y byddai hi'n iawn i gerdded ar ei phen ei hun weddill y ffordd. Gofynnodd Mair a oedd yr Hen Gapten yn debygol o fod ar ei draed yn aros amdani.

'O, mi fydd o yn 'i wely bellach – mae o'n clwydo'n reit fuan bob nos.'

'Dwi'm yn lecio'i olwg o. Ydi o'n gadael llonydd i chdi?' gofynnodd Gladys.

'Dwi'n lwcus iawn o fy lle,' atebodd Ela wrth agor y giât a diflannu i lawr y llwybr at y tŷ.

'Cadwa di cyn bellad ag y medri di o'i afael o, a phaid ti â chrwydro ar ben dy hun ar hyd yr hen lwybr unig 'ma, cofia,' galwodd Gladys ar ei hôl. Arhosodd Mair a hithau wrth y giât nes i Ela fynd o'r golwg, ac erbyn iddyn nhw droi am adref roedd y gwynt wedi gostwng a'r ddwy yn teimlo'n fwy hyderus.

'Mae arna i ofn y nosweithiau tywyll 'ma, 'sti, Mair. Ma' hi mor oer ac unig yn yr hen dŷ bach 'na, ac mae'n gas gin i fynd i 'ngwely bob nos, cofia.'

'Yli, pam nad arhosi di acw heno? Mi stwffiwn ni'n dwy i wely Gruffydd yn lle styrbio'r plantos, ac mi fydd Jên wedi cadw'r tân i fynd nes y cyrhaeddwn ni'n ôl. Fydd dy dân di wedi hen ddiffodd, a'r tŷ yn oer fel hoewal.'

Cytunodd Gladys, ac wedi diolch i Jên am ei chymwynas a'i danfon i ddrws ei thŷ yn saff, eisteddodd y ddwy i yfed diod boeth cyn mynd i'r gwely. Agorodd Mair ddrws y siambr yn ddistaw rhag deffro'r plant oedd yn cysgu yn un bwndel bach cymysglyd cynnes, fel cenau llwynogod, yn y gwely mawr.

'Y petha bach,' sibrydodd Gladys, 'yli del a diniwad ydyn nhw, 'di blino'n lân ar ôl noson hwyr yn Berea. Diolch byth nad ydyn nhw'n sylweddoli be sy'n mynd ymlaen yn yr hen fyd 'ma.'

Agorodd Mair ddrôr y cwpwrdd dillad i estyn coban arall, a sylwodd Gladys mor daclus oedd pob dilledyn, wedi eu plygu'n ofalus, yn wahanol iawn i'w dillad hi oedd wedi eu lluchio i bob cornel o'r tŷ.

Roedd yn anodd cysgu ar ôl bod allan yn yr oerni, a bu'r ddwy yn sgwrsio'n ddistaw am hir ar ôl cyrraedd y gwely.

'Mi *oedd* 'na rywun yn y winllan heno, Mair,' mynnodd Gladys, 'mi welis i gysgod yn diflannu drwy'r coed, ond do'n i ddim am ddychryn Ela a hitha'n byw ar ei phen ei hun efo'r Captan sglyfaethus 'na.'

'Mi welis inna gip arno fo hefyd, ond dwi bron yn siŵr mai'r llanc Defi John 'na oedd o, ar ôl cwningod. Mae o allan yn hela bob awr o'r nos meddan nhw.'

'Dwyt ti ddim yn dal i gyboli efo'r Roy hwnnw, yn nagwyt?' mentrodd Mair ofyn i Gladys ar ôl ennyd hir o dawelwch.

Trodd Gladys ei chefn ar Mair cyn ei hateb. 'Mi fydda i'n 'i weld o weithia tua'r dre, fedra i ddim peidio. Mae o mor daer, yn benderfynol ein bod ni'n dau yn treulio amser efo'n gilydd.'

'Ti 'di sôn wrtho fo am William a'r plant?'

'Wel... na... dim cweit,' atebodd Gladys mor ddistaw ag y gallai, a'i thrwyn ynghudd o dan ddillad y gwely.

'Ti'n chwara efo tân 'sti, Gladys. Mi fydd rhywun yn siŵr o dy weld di efo fo, a dyna hi wedyn, mi fydd yn ta-ta arnat ti, ac mi fydd y stori o gwmpas y lle 'ma fel tân gwyllt. Mi fydd rhywun yn siŵr o achwyn wrth rieni William. A pheth arall, mae 'na rai pobol tua'r Rhyd fysa'n ddigon parod i fynd cyn bellad â sgwennu at William ei hun i ddeud. Cofia di hynny. Sut fysat ti'n teimlo wedyn – ac yn waeth byth, sut fysa William druan yn teimlo tasa fo'n dod i wbod?'

'Neith neb ffendio, siŵr. Mae Luned Tan yr Ogo yn aros amdana i wrth y bỳs ac yn cerddad efo fi i gwfwr Roy, ac yn disgwyl wrtha i wedyn yn ymyl yr eglwys cyn mynd adra.'

'Mae Luned yn fwy o ffŵl nag o'n i'n feddwl felly,' chwyrnodd Mair rhwng ei dannedd, 'watshia di rhag ofn iddi hi agor 'i cheg wrth rywun. Mi fydd 'na helynt wedyn.'

'Na, ma' hi wedi addo na neith hi ddim, a dwi'n 'i thrystio hi i gadw at 'i gair. Mae Roy wedi bod yma unwaith neu ddwy ar 'i feic, a dwi ddim yn siŵr be i neud nesa. Mi ddeudis i glwydda 'mod i'n gweithio yn y Post. Pan ffeindith o allan 'mod i 'di priodi a dau o blant gin i dwi'n siŵr o'i golli fo. Fedrwn i ddim diodda hynny!' Llifodd ei dagrau nes gwlychu'r gobennydd. 'Yr unig beth sy gin i i edrach ymlaen ato fo ydi sleifio i'w weld o ar nos Sadyrna. Fedrwn i ddim diodda byw fel chdi, yn unig ar ben dy hun yn fama, ddydd ar ôl dydd.'

'Ond tydw i ddim yn unig! Ma' Gruffydd gin i, a chdi a Jên ac Anni a phobol yr ardal 'ma, a Nhad yn Rhyd, a llythyrau Ifan yn dod bob hyn a hyn. Dwi'n fwy lwcus o lawar na lot o ferchaid, ac yn byw mewn gobaith y daw Ifan adra yn fuan ata i. Yli, Gladys bach, dyro ddiwadd ar hyn efo'r hogyn 'na rŵan, cyn i betha fynd yn rhy bell a difetha dy fywyd di. Cofia be ma' William wedi'i addo i ti... y tŷ mae o am ei godi i chi'ch dau a ballu... ac mi gei di bob dim fyddi di'n gofyn amdano ganddo fo, mi wn i y cei di. Pan ddaw'r hen ryfal 'ma i ben, ac mae Ifan yn siŵr na neith o ddim para yn hir eto, mi fydd digon o alw am fildars 'run fath â William i godi tai. Tria di gysgu rŵan ac mi gei di feddwl o ddifri yn y bora be ti am neud.'

Doedd gan Mair ddim llawer o ffydd yn ei geiriau ei hun wrth iddi synhwyro fod Gladys wedi mopio'n lân efo Roy. Er iddi drio anwybyddu'r teimladau cymysglyd a oedd yn troi yn ei meddwl bu'n hir cyn syrthio i gysgu y noson honno.

12

Y diwrnod wedyn daeth cerdyn Nadolig gan Ifan a llun o adeiladau hardd arno. Trodd Mair y cerdyn drosodd a gweld mai Firenze oedd enw'r ddinas. Tybiodd mai yn yr Eidal yr oedd hi, er nad oedd ganddi syniad ym mha ardal o'r wlad chwaith. Roedd un peth yn sicr – y peth olaf a wnâi oedd gofyn i'r gweinidog. Dechreuodd ddarllen neges ei gŵr.

Dear Mair and Gruffydd, I am writing this to make sure you will get it before Xmas. As you can see we have been given a few days leave to come here to Florence, the Germans have shelled the city and destroyed many beautifull bridges. Maybe after all this is over and all the damages are mended we will be able to come here together some day. I have already sent a small present to you both for Xmas and hope they will not be late in arriving. My heart will be with you on the day. Remember to enjoy yourselves.
All my love, Ifan

Dolig arall hebddo, meddyliodd Mair. Dim ond gobeithio mai hwn fyddai'r olaf. Gwyddai fod dyletswydd arni i geisio mwynhau'r Ŵyl er mwyn Gruffydd bach, er mor ifanc oedd o. Mi fyddai'n siŵr o synhwyro petai ei fam yn ddigalon.

Penderfynodd ofyn i Anni a Gladys oedden nhw awydd trefnu rhywbeth er mwyn cael dipyn o hwyl. Wyddai hi ddim allai hi berswadio Beti Ŵan i ymuno â nhw, ond roedd hi'n benderfynol o drio, petai ond er mwyn ei phlant bach. Byddai

Robin wedi tyfu'n ddyn mewn dim ac yntau heb gael fawr o blentyndod, druan ohono.

Ar ôl te aeth at ddrysau pawb yn Rhes Newydd i gynnig eu bod yn mynd yn slei bach ar ôl iddi dywyllu i winllan Rhosddu i dorri coeden Nadolig bob un. Addawodd Jên warchod y plant, er nad oedd hi ei hun awydd coeden. 'Meddyliwch hwyl geith y plant pan godan nhw yn y bora a gweld coedan yn sefyll yng nghongol y gegin! Mi gân nhw sbort iawn yn 'u trimio nhw hefyd,' meddai wrth y merched ieuengach.

Doedd dim angen llawer o berswâd ar Anni a Gladys, ond chafodd Mair ddim croeso gan Beti Ŵan. Rhoddodd un cynnig arall arni.

'Pam, Beti fach? Mi fysa'r plant 'ma wrth 'u bodda'n cael dipyn o liw yn y tŷ dros y Dolig. Sgynnyn nhw ddim help bod y rhyfal 'di difetha bob dim, ac mi fysa'n newid i ninna gael meddwl am rwbath heblaw yr hen aea trymaidd 'ma.'

Ond doedd dim yn tycio. Cafodd lai byth o groeso gan Catrin Pari pan agorodd honno gil ei drws a rhoi cic i'r gath allan heibio i draed Mair.

'I be dwi isio coedan yn y tŷ? Ma' gin i ddigon o friga yn hongian o'r to – sgin i ddim lle i fwy yn yr hofal 'ma,' oedd ei hymateb sarrug. Wrth sbecian heibio'r drws gwelai Mair, drwy'r mwg a'r llwch, ganghennau o rosmari a saets wedi eu sychu yn gymysg â mintys a moch coed yn hongian oddi wrth y distiau. Teimlodd drueni dros yr hen wraig fechan, gam oedd yn sefyll o'i blaen hefo cudynnau o wallt tenau yn nadreddu allan o dan y cap stabal a wisgai ddydd a nos. Roedd ei llygaid llonydd yn goch oherwydd y mwg, a'r rhiciau oedd yn gorchuddio'i hwyneb yn llawn o huddug du.

'Fedra i neud rwbath i chi, Catrin Pari? Dod â negas i chi, neu nôl dŵr? Mae'n oer iawn i chi fynd allan y dyddia yma, cofiwch.'

Agorodd Catrin ei gwefusau a chrawciodd yn gras, ''Sdim isio i neb boeni amdana i. Mi rydan ni yn iawn, tydan Giaman?' Anelodd ei chwestiwn at y gath oedd erbyn hyn wedi cyrraedd yn ôl o'i hela gydag un o'r llygod bach niferus oedd yn llechu ym mrwgaits gardd y tŷ pen yn ei cheg.

O leia roedd hi wedi trio, cysurodd Mair ei hun.

Roedd Gladys braidd yn nerfus ynglŷn â mentro i'r goedwig yn dilyn y noson yr aeth hi a Mair i ddanfon Ela adref, ond roedd Mair mor daer nes iddi gytuno. Bu'r tair yn trafod sut i fynd ati i dorri'r coed – roedd llif Ifan gan Mair ac roedd gan Anni fwyell fechan – a phenderfynwyd y buasen nhw'n cerdded i'r blanhigfa ar hyd y lôn yn hytrach nag ar hyd y llwybr gan eu bod angen mynd a'r coetsys hefo nhw i gario'r coed adref.

Y noson honno, ar ôl swper, rhannwyd y pum plentyn rhwng y ddau wely yn nhŷ Mair a'u siarsio i fihafio a mynd i gysgu yn blant da i Anti Jên. Cychwynnodd y merched am y winllan, ac er bod Mair yn amau ar brydiau a oedd hi wedi gwneud y peth iawn yn perswadio'r lleill i ddod hefo hi, roedd yn benderfynol o ddod o hyd i goed pinwydd bychain del i addurno'u tai erbyn y Nadolig. Ond roedd hithau, fel Gladys, wedi amau bod rhywun yn cuddio yn y coed er mwyn dychryn Ela yn fwriadol wrth iddi gerdded i Rosddu ar ôl y Noson Lawen, a'i fod wedi diflannu pan sylwodd nad oedd hi ar ei phen ei hun. Roedd yr hen ofn yn dal i'w phrocio bob tro y cofiai am y noson dywyll honno yn y winllan, y gwynt yn chwipio'r canghennau a'r synau anghyfarwydd o grombil y coed duon. Yr un ofn a deimlai wrth glywed y crensian a'r tagu o flaen ei thŷ ambell noson dywyll.

Cyn cyrraedd y giât oedd yn arwain i'r goedwig roedd yn rhaid mynd heibio i Dai Bont, a siarsiodd Mair y ddwy arall i symud ar flaenau eu traed a pheidio yngan gair rhag ofn i Lora Rowlands eu clywed. Wrth iddynt droi i mewn i'r goedwig daeth golau'r lleuad i adlewyrchu ar yr haenen o farrug oedd o dan eu traed, gan ei gwneud yn haws iddyn nhw ddilyn y llwybr. Siaradodd 'run o'r tair fawr ddim, rhag ofn bod yr Hen Gapten o gwmpas yn gwarchod ei goed.

'Be wnawn ni os ddeith o ar ein traws ni?' sibrydodd Anni'n ofnus, 'dwi ddim yn 'i drystio fo o gwbwl. Ma' golwg slei yn 'i llgada fo.'

'Sh! Tewch rŵan... ddaw o ddim ffor' hyn, siŵr, dwi'n cofio Ela'n deud 'i fod o'n mynd i'w wely'n fuan bob nos. Dyma ni, ylwch, yn fan hyn mae o 'di plannu'r coed ifanc. Mi fydd y rhain yn ddigon mawr i ni'n tair, ac mi welis i goedan gelyn goch yn fan'cw. Mi awn ni â thamaid o honno hefyd, am lwc, yntê. Torra di'r briga isa 'na i ffwr' efo'r fwyall, Anni, a watshia dy goesa, wir,' sibrydodd Mair, 'ac mi a' i a Gladys i lifio. Fyddan ni ddim chwinciad yn eu torri.'

'Mae 'nwylo i mor oer, mae gin i grepach yn fy mysadd. Dwn i ddim fedra i lifio, cofia Mair,' cwynodd Gladys.

'Hwda! Cym'ra fy menig i. Rhai Ifan ydyn nhw. Fyddi di ddim eiliad yn cnesu wedi dechra gweithio, 'sti. Rŵan, gafaelwch ynddi, i ni gael 'i heglu hi o'ma'n reit sydyn.'

Fuon nhw fawr o dro yn llwytho'r coed ar y coetsys. Ar ôl dod allan o'r winllan aethant yr un mor ddistaw yn ôl heibio Tai Bont, ac ar ôl iddynt fynd yn ddigon pell o glyw Lora Rowlands dechreuodd y tair garlamu'n wyllt, gan biffian chwerthin wrth wthio'r coetsys a'r coed i fyny'r lôn gul rhwng y cloddiau uchel. Roedd yr aer rhewllyd yn troi eu hanadl yn gymylau gwyn o gwmpas eu pennau. Hanner ffordd i fyny'r allt serth arhosodd Anni i adennill ei gwynt, ac ar yr union eiliad honno daeth sŵn gwichian a hercian o'r tywyllwch o'u blaenau. Saethodd llygaid y tair i gyfeiriad y sŵn. Rhyngddynt a wyneb crwn, gwyn y lleuad uwchben copa'r allt roedd silwét du yn rhuthro tuag atynt fel ystlum enfawr, a'i adenydd ar led. Gan sgrechian, gwthiodd Mair ac Anni y coetsys i'r ffos a neidio ar eu holau. Safodd Gladys yn ei hunfan, wedi rhewi, ond neidiodd Mair allan o'i chuddfan a gafael yng ngodre côt Gladys er mwyn ei llusgo i'r ffos ar ei hôl. Eiliad yn ddiweddarach roedd y sŵn gyferbyn â nhw, ac wrth iddi gael cipolwg ar y gwrthrych dieflig du yn gwibio heibio sylweddolodd Mair mai dyn ar feic oedd o, yn gwisgo côt fawr hir oedd yn chwifio'n agored y tu ôl iddo. Doedd dim lamp ar flaen na chefn y beic. Cyrcydodd y merched o'r golwg nes ei fod wedi diflannu. Dim ond wedyn, yn araf bach, y llusgodd Mair ei hun yn grynedig allan o'r ffos.

Estynnodd ei dwylo i helpu'r ddwy arall fesul un. Roedd Gladys fel petai wedi'i pharlysu, ac Anni yn dal i sgrechian yn afreolus. Gafaelodd Mair yn ei breichiau i geisio'i thawelu.

'Hisht, wir, neu mi fyddi'n siŵr o ddeffro pawb yn y lle 'ma. Helpa fi i dynnu'r coetsys allan, wir Dduw.' Roedd golwg druenus arnynt; eu traed a'u coesau'n wlyb ac yn fwd drostynt a deiliach a mwsog yn glynu wrth eu gwalltiau a'u cotiau. Wrth geisio rhoi trefn ar ei dillad ceisiodd Mair berswadio'i hun mai cyd-ddigwyddiad llwyr oedd bod rhywun wedi eu pasio ar ei feic fel y diafol ei hun fel yr oedden nhw'n cerdded adref.

'Wel, sbiwch arnon ni, y petha gwirion,' meddai o'r diwedd, gan daro ei llaw dros ddillad Gladys a phlicio ambell ddeilen o'i gwallt, 'mi fysa rhywun yn meddwl ein bod ni'n tair yn mynd o'n coea'n lân, yn dychryn o weld dyn ar feic! Dewch, tacluswch 'ych cotia cyn i ni fynd adra at Jên.'

'Dyn oedd o? Fedrwn i ddim sbio arno fo, mi o'n i wedi dychryn gymaint. Welist ti o, Mair?' gofynnodd Gladys.

'Ia, dim ond dyn yn gwisgo côt fawr laes, ond fedris i 'mo'i nabod o chwaith,' atebodd Mair. 'Soniwn ni ddim gair am hyn wrth neb – tydan ni ddim isio bod yn destun sbort gan bawb yn yr ardal. Dach chi'n cytuno? Mi anghofiwn ni bob dim am y peth.'

Erbyn iddyn nhw gyrraedd Rhes Newydd roedd wynebau'r merched yn siriol er eu bod nhw'n dal i deimlo cryndod yn cerdded drwy eu cyrff.

'Y cnafon drwg i chi,' ffug-geryddodd Jên, 'cerwch â'r coed 'na i mewn, wir, 'cofn i rywun basio heibio. O, sbiwch golwg sy arnoch chi ar ôl stryffaglian drwy'r winllan!' Wrth iddi ddwrdio, cododd ei brat dros ei hwyneb i guddio'i gwên, yn falch o weld bod y genod wedi cael dipyn o sbri hefo'i gilydd. Er hynny, fedrai hi ddim peidio ag amau fod ryw awyrgylch annifyr wedi canlyn y genod i'r tŷ.

Roedd cynhesrwydd plantos Gladys yn dal i loetran rhwng plancedi'r gwely pan aeth Mair iddo, a rowliodd ei chorff yn belen fach gron i geisio manteisio i'r eithaf ar y gwres. Ond bob tro y caeai ei llygaid allai hi ddim cael gwared ar y cysgod du a welodd rhyngddi hi a'r lleuad ar allt Rhosddu. Ai dychymygu oedd hi fod y beiciwr wedi eu dychryn yn fwriadol?

Bu'n ymgodymu â'i meddyliau drwy'r nos, ac wrth i'r wawr dorri cododd a gwisgo hen siaced i Ifan dros ei choban. Llithrodd ei thraed i bâr o sgidiau oedd wedi gweld dyddiau gwell ac aeth i nôl yr hen bwced ludw haearn o'r cefn. Roedd ei gwaelod yn dyllau mân ac roedd hi wedi bwriadu mynd â hi i'w thad i'w rhoi dros y riwbob, ond gwnâi'r tro yn iawn ar gyfer y goeden Nadolig, wedi ei llenwi â chymysgedd o ludw a phridd. Ar ôl gorffen paratoi'r bwced, glanhaodd y grât a chynnau'r tân cyn mynd drwodd i'r siambr lle'r oedd Gruffydd yn dal i gysgu.

'Deffra, 'ngwas i. Ty'd, mae gan Mam rwbath i'w ddangos i ti,' sibrydodd yn gynhyrfus yn ei glust wrth ei godi yn ei breichiau a'i gario i'r gegin. Deffrodd Gruffydd yn syth pan welodd fod coeden yn sefyll yn y gornel, a rhwbiodd ei lygaid gyda'i ddyrnau bychain. 'Coedan Dolig ydi hi, ac mi fydda i angan dy help di i'w rigio hi ar ôl brecwast. Mi fydd hi'n ofnadwy o smart, ac mi gawn ni agor y presanta fydd wrth 'i thraed hi fora Dolig cyn mynd i dŷ Taid Rhyd i gael cinio sbesial efo fo. Dwi'n meddwl y bydd Dewyrth Emrys a Dewyrth Wmffra yn dod adra aton ni hefyd. Hwyl 'te?'

Ar ôl brecwast aeth Mair ati i chwilio am yr hen bapurau lliwgar yr oedd wedi eu cadw'n saff yng nghwpwrdd y seidbord, a daeth o hyd i ychydig o ddolenni amryliw roedd hi wedi'u gwneud yn y blynyddoedd cynt. Aeth â phob dim at y bwrdd a bu hi a Gruffydd yn ddistaw drwy'r bore yn torri siapiau Nadoligaidd allan o'r papur. Erbyn amser cinio roedd y goeden wedi ei gorchuddio bron i gyd gyda darnau bychain o bob lliw a llun.

'Mi gawn ni damaid o ginio rŵan ac wedyn mi gei di fynd am y ciando.'

Eisteddodd Mair i lawr ar ôl rhoi Gruffydd yn ei wely i edmygu'r goeden liwgar yn y gornel. Roedd hi wedi goleuo'r gegin fychan drwyddi, a byddai'r celyn coch roedd hi wedi ei roi ar y silff ben tân yn siŵr o ddod â dipyn o lwc iddi. Fyddai hwn yn fawr o Ddolig iddyn nhw eu dau, meddyliodd, ond wrth feddwl am bobl ddigartref Sicily y soniodd Ifan amdanyn nhw, teimlai'n lwcus iawn. Edrychodd eto ar y goeden – roedd rhywbeth ar goll. Roedd angen seren neu angel ar y top, penderfynodd, a chafodd syniad. Estynnodd y llun o Ifan a chlymu'r fram efo darn o edafedd i frigyn ucha'r goeden. Rŵan, roedd angel Gruffydd a hithau yn eu gwarchod, fel yr oedd o a llawer o fechgyn ifanc tebyg iddo yn gwarchod miloedd o bobol ledled Ewrop.

Tra oedd Gruffydd yn dal i gysgu, manteisiodd Mair ar y cyfle i bicio i dŷ Anni i weld sut hwyl roedd hi'n ei gael ar addurno'i choeden. Ond doedd fawr o siâp arni, ac edrychai'r plant yn syn ar y goeden fechan, heb y syniad lleiaf beth i'w wneud â hi.

'Ty'd Anni, dwi 'di dod â chydig o bapur sy gin i dros ben i ti... dewch, blant, i dorri siapiau... fel hyn, ylwch.'

'Dechra meddwl am John Emlyn nes i,' eglurodd Anni pan oedd y plant wedi ymgolli yn eu tasg, 'a meddwl sut fywyd sydd o'n blaena ni hebddo fo. Dwi'n styried mynd yn ôl i fyw yn nes at Mam a Nhad – ma' nhw wedi cynnig gwarchod y plant i mi gael chwilio am waith ar ôl y rhyfal.'

'O, Anni fach. Dwi'n siŵr y byddi'n di'n iawn, 'sti. Mi wyt ti'n gneud peth call iawn, symud yn nes at dy rieni,' cytunodd Mair, 'ond rŵan mae'n rhaid i ni wneud y gora o'r Dolig 'ma. Ella mai hwn fydd y Dolig dwytha gawn ni efo'n gilydd yn Rhes Newydd, ac mi wnawn ni ein gorau glas i'w fwynhau o.'

Ar ei ffordd adref o dŷ Anni, clywodd Mair sŵn gweiddi a miri yn dod o gyfeiriad tŷ Gladys. Wedi iddi wneud yn siŵr bod Gruffydd yn dal i gysgu, aeth yno i fusnesa. Pan aeth i mewn i'r tŷ roedd Gladys a'r plant yng nghanol y llanast mwyaf a welodd Mair erioed, y plant yn dawnsio o gylch y goeden a Gladys yn chwerthin am eu pennau. Doedd hi ddim wedi clirio'r un llestr oddi ar y bwrdd cinio, ac roedd llawr y gegin ynghudd o dan haenau o bapur. Gwenodd Mair o weld bod ychydig o naws y Nadolig wedi cyrraedd un tŷ yn Rhes Newydd, o leia.

* * *

Dearest Ifan,

I know that I have already sent you a Xmas card and that you will not get this letter until the New Year but I have to tell you about the Concert and the Xmas tree. The concert was held by Parti Llandinwyd and it was a very good one. Plenty of funny stories, singing and solos. Then last night Gladys, Anni and myself went after dark to The Winllan to cut down three small Xmas trees. We were a bit nervous incase The Captain was about to catch us but he never saw us and we had fun. We found three small nice young trees and I am looking at ours now in the corner covered in coloured paper and with your picture on top, like an angel. So you can see that we are in good spirit and only a few days to go before Xmas morning.

I hope that you are able to enjoy the day with your friends, you will be in my thoughts all day. Hopefully we will be together next year.

Best wishes to you from your loving wife, Mair.

P.S. I nearly forgot to tell you that your parcel came the other day and it is sitting by the tree ready to be opened first thing Xmas morning. We look forward to it.

Y diwrnod wedyn, ddeuddydd cyn yr Ŵyl, clywodd Mair sŵn y tu allan a gwelodd fod y lorri laeth wedi aros o flaen ei thŷ. Agorodd y gyrrwr ei ddrws i'w chyfarch.

'Parsel i chi, Mair Ifans, o Bencrugia,' meddai, gan estyn bocs cardbord oddi ar y sedd wrth ei ochr, 'ac mae isio i chi ei agor o'n syth gan fod 'na fwyd ynddo fo.'

Diolchodd Mair iddo a dymuno Nadolig Llawen cyn mynd â'r parsel i'r tŷ. Datododd y llinyn yn ofalus, ei rowlio'n belen fach a'i gadw yn ei basged wnïo, yna agorodd y bocs. Tynnodd lythyr allan yn gyntaf, a'i ddarllen cyn edrych beth arall oedd yn y parsel.

Bwlch y Graig,
Pencrugiau,
Aberdaron.

Annwyl Mair a Gruffydd Ifan,
Dyma fi'n anfon rhywbeth bach i chwi eich dau at y Dolig.
Gobeithio eich bod yn iach fel finnau yma. Cefais gerdyn gan
Ifan yr wythnos ddwytha ac yn falch ei fod yntau yn iach
hefyd. Gobeithio y caf eich gweld yn y flwyddyn newydd, mae
croeso i chwi eich dau yma unrhyw amser.
    Cofion goreu atoch,
    Nanw Ifans.

Yn yr amlen hefyd roedd gwerth coron o stampiau cynilo i
Gruffydd. Rhoddodd Mair y cerdyn o'r neilltu ac o un i un agorodd
y pecynnau oedd wedi'u lapio'n ofalus mewn papur llwyd.

'Sbia Ifan, yli be mae Nain 'Rabar wedi'i anfon i ni! Sgarff i
ti, o sbia neis ydi o, un glas 'fath â dy llgada di, ac ma' hi 'di gwau
menig o'r un lliw i minna. O, mae 'na hannar pwys o fenyn, a
thorth frith hefyd. Be 'di hwn yng ngwaelod y bocs, dŵad?
Iesgob! Chwadan i ni at ginio Dolig. Wel am ffeind 'di Nain efo
ni, 'te? Mi awn ni â nhw i gyd i'r Rhyd fora Dolig er mwyn cael
andros o wledd!'

Teimlodd Mair yn euog wrth feddwl am y wraig garedig,
dyner oedd yn byw ar ei phen ei hun mewn tyddyn bychan
uwchlaw'r môr ym mhen draw Pencrugiau, filltir neu ddwy o
bentref Aberdaron. Ceryddodd ei hun nad oedd hi wedi gwneud
ymdrech i fynd i'w gweld yn amlach. Doedd ei nain ddim wedi
gweld Gruffydd ers misoedd – efallai y byddai chydig ddyddiau
yng ngwynt y môr yn gwneud lles i'r ddau ohonyn nhw.
Addawodd y byddai'n mynd at fam Ifan am wyliau bach yn y
flwyddyn newydd ar ôl i'r tywydd gynhesu a'r dyddiau ddechrau
ymestyn. Byddai'n siŵr o gael mynd ar y lorri laeth i osgoi
gorfod llusgo ar fws Sam i'r dre a newid am fws arall i gyrraedd
Aberdaron, siwrnai oedd yn debygol o gymryd drwy'r dydd i'w

chyflawni, heb ystyried y daith hir ar droed i fyny'r gelltydd i Bencrugiau.

* * *

Gwawriodd bore'r Nadolig yn farugog oer, ond roedd addewid yn yr awyr felyn wanllyd y byddai'r haul yn dangos ei wyneb cyn hir. Er bod calon Mair yn hiraethu am gael Ifan yno ceisiodd fod mor hwyliog ag y gallai yng ngŵydd Gruffydd, oedd yn dal yn ei wely yn chwarae gyda'r dyn bach oedd yn gwneud campau wrth iddo wasgu'r fram bren rhwng ei ddwylo – anrheg roedd ei dad wedi ei anfon iddo.

Edrychodd Mair ar ei harddwrn ac ar y freichled hardd a gafodd hithau. Ceisiodd ddychmygu Ifan druan draw yn oerni mynyddoedd yr Eidal... sut Ddolig oedd o'n ei gael, tybed? Oedd o'n dathlu mewn unrhyw ffordd? Yn cael gwasanaeth cymun gan ryw gaplan? Neu a oedd Ifan, fel hithau, wedi dewis gwrthod ei Dduw y bore hwnnw?

Aeth o gwmpas ei gwaith i dacluso'r tŷ cyn galw efo'i chymdogion i ddymuno'n dda iddyn nhw i gyd.

Roedd Gladys a'r plant yn gwisgo'u dillad crandiaf, yn barod i gychwyn i Rydyberthan i gael cinio efo rhieni William. Dim ond agor crac ar y drws wnaeth Beti Ŵan, fel arfer, a mwmial rhyw esgus o 'Ddolig Llawan' gwantan. Clywodd Mair y plant yn ffraeo yn y gegin y tu ôl iddi. Gan fod rhieni Anni yn byw yr ochr arall i Bwllheli a Jên mor unig â hithau, roedd y ddwy wedi penderfynu treulio'r diwrnod hefo'i gilydd.

Cnociodd Mair ar ddrws Catrin Pari, a phan agorodd yr hen wreigan gil y drws gwelodd soser ac arni sleisen denau o dorth frith a thalpyn bychan o fenyn. 'Dolig Llawan i chi, Catrin,' cyfarchodd Mair hi hefo gwên, 'tamad bach o gacan Dolig i chi, ylwch.' Cymerodd yr hen wreigan y soser yn ei llaw ddu gnotiog, oedd yn atgoffa Mair o grafanc brân, ond roedd ei llwnc mor sych fel na allai yn ei byw gael y geiriau allan i ddiolch am y rhodd.

116

Ar ôl tacluso'r llestri brecwast a gosod y grât rhoddodd Mair ei mab yn y goets o dan yr holl barseli a chychwyn i Rydyberthan nerth ei thraed. Roedd hi mewn hwyliau da, ac yn adrodd hwiangerddi digri iddo ar hyd y daith.

'Ar y ffordd wrth fynd i Lerpwl gwelais Siôn ar ben y cwpwrdd.

Gofynnais iddo be ti'n neud? Byta siwgwr, sh... sh... sh...'

Roedd Gruffydd yn barod am y saib a rhoddodd ei fys ar ei wefusau cyn i'r geiriau 'Paid â deud!' fyrlymu allan.

Erbyn iddynt gyrraedd cartref ei thad roedd y lle yn ferw gwyllt a'i brodyr yn llenwi'r tŷ hefo'u twrw a'u rwdlian uchel. Buan iawn yr oedd Wmffra wedi codi Gruffydd o'r goets a'i luchio i'r awyr cyn ei ddal yn ei freichiau praff, a cheisiodd Emrys wneud yr un modd efo Mair.

'Peidiwch, yr hen betha gwirion i chi,' gwaeddodd arnynt rhwng pyliau o chwerthin, 'mae Gruffydd 'di styrbio'n lân, fynta heb eich gweld chi ers cyhyd. Rŵan, rho fi i lawr, Emrys, mae gin i syrpréis i chi ac mae angen iddi fynd yn syth i'r popty.'

Agorodd y parsel papur llwyd seimllyd, ac roedd bonllefau'r hogiau pan welsant yr hwyaden yn ddigon i godi'r meirw. Rhoddodd Mair hi yn y popty ac aeth i gyfarch ei thad, oedd yn eistedd yn dawel yn ei gadair.

'Be 'stad i'r hogia 'ma, deudwch? Maen nhw'n mynd yn wirionach fel maen nhw'n mynd yn hŷn, choelia i byth. Sbiwch arnyn nhw'n difetha Gruffydd – fydd dim trefn arno fo am ddyddia ar ôl y fath sylw.' Oedodd am ennyd. 'Dach chi'n dawal iawn bora 'ma, Nhad.'

'Meddwl mor braf fysa cael pob un ohonan ni o gwmpas y bwr' heddiw, fel ers talwm. Mae Olwen 'di symud yn bell, a dy fam a'r genod bach wedi'n gadael ni o flaen eu hamser, ac Ifan druan i ffwr'.'

'Ia.' Gafaelodd Mair am ei ysgwyddau a tharo cusan ar ei gorun. 'Ond fel hyn ma' hi ar bawb, bron, y dyddia yma... bylchau mawr ar bob aelwyd. Dewch rŵan, mi gewch chi blicio'r tatws i mi tra ma'r hogia'n chwara. Sgynnoch chi ddim bwnsiad bach o saets ac afal neu ddau yn digwydd bod yn y cwt, i mi gael gneud dysgliad o stwffin? Mi ddois i â darn o hen grystyn efo fi.'

Drwy'r bore bu Mair yn brysur yn paratoi'r cinio, a phob hyn a hyn deuai un o'i brodyr i stelcian a busnesu yn y gegin, gan godi caead un o'r sosbenni, agor drws y popty i gael cip ar yr hwyaden yn rhostio neu roi ei fys yn y ddesgil stwffin. O'r diwedd cafodd Mair lond bol arnyn nhw o dan ei thraed.

'Hogia, rhowch Gruffydd yn y goets, wir Dduw, ac ewch â fo am dro. Does wybod pwy welwch chi o gwmpas y pentra. Mae Gladys 'di cychwyn ben bora am dŷ tad a mam William – gwestiwn gin i ydi hi yn y gegin yn helpu, felly ella y dowch chi ar ei thraws hi. Mi fydd hi'n falch iawn o'ch gweld chi'ch dau, ac ella y cewch chi dipyn o hanes William ganddi. Cofiwch chi fod yn ôl yma cyn hanner awr 'di hanner.'

Cawsant ginio bendigedig y diwrnod hwnnw a siom gafodd y gath pan daflwyd yr esgyrn iddi gan nad oedd tamaid o gig ar ôl arnyn nhw. Chafodd Mair fawr o help i glirio a golchi'r llestri budron gan fod Wmffra ac Emrys yn chwyrnu cysgu ar y soffa a Gruffydd Ifan, oedd wedi ymlâdd yn llwyr ar ôl yr holl firi, yn gorwedd yn llipa rhwng y ddau.

Gwenodd Mair wrth edrych arnynt. Roedd ei brodyr mor wahanol i'w gilydd: Wmffra yn olygus yn ei ffordd ei hun er bod ei wallt golau wedi dechrau teneuo, gyda'i lygaid gleision yn disgleirio o wyneb llydan, rhadlon. Ac Emrys druan, yn llipryn tal, main, a'i lygaid duon yn cuddio o dan y ciw-pi tywyll oedd yn mynnu disgyn dros ei dalcen. Un yn tynnu ar ôl ei thad, fel hithau, a'r llall yn debyg i'w mam. Teimlai mor ddiolchgar i Wmffra am ysgwyddo'r cyfrifoldeb am Emrys annwyl, oedd yn dilyn pob symudiad o eiddo ei frawd mawr. Doedd hi ddim yn hawdd i Wmffra, meddyliodd, cael brawd diniwed oedd wastad dan ei draed, yn enwedig fel yr âi yn hŷn, yn ysu am gael dilyn ei ffrindiau i'r dref i chwilio am gariadon.

Trodd ei thad y weiarles ymlaen yn isel am dri o'r gloch i wrando ar y Brenin yn llafurio hefo'i araith, ac ymhen sbel dechreuodd yr hogiau stwyrian. Mynnodd Gruffydd lithro oddi ar y soffa a chilio o dan y bwrdd i chwarae hefo'r trên bach roedd ei ewythrod wedi ei roi yn anrheg iddo. Erbyn hynny, sylwodd Mair, roedd llygaid ei thad yn cau yn ara deg wrth iddo ddechrau hepian yn ei gadair, a gwasgodd hithau rhwng ei dau frawd ar y soffa.

'Mi ydw i mor falch o'ch gweld chi'ch dau, cofiwch,' mwmialodd yn ddistaw. 'Pryd fydd yn rhaid i chi fynd yn eich holau?'

'Ben bora fory, 'sti. Yntê, Emrys?'

Gwasgodd Mair law ei brawd bach. Rhy ddiniwed i gael ei dderbyn i'r fyddin, ond yn ddigon tebol i weithio ochr yn ochr â'i frawd mawr, oedd hefyd wedi ei wrthod ar y sail ei fod yn fyr o wynt yn aml ar ôl dioddef o'r diciâu pan oedd yn ifanc. Roedd y ddau yn gweithio ar fferm fawr yn ardal Caer a heb gael dod adref ers misoedd rhwng prysurdeb y cynhaeaf ŷd a'r tatws.

Holodd y ddau am Ifan, ac ar ôl i Mair ailadrodd cynnwys ei lythyrau iddyn nhw, trodd y sgwrs at faterion lleol.

'Welsoch chi ryw hanas o Gladys bora 'ma?' gofynnodd Mair.

'Do, mi gafon ni gip arni, yn do, Emrys? O flaen giât y siop oedd hi, yn cellwair efo ryw griw ifanc, a doeddwn i ddim yn lecio tarfu ar ei hwyl hi wrth fynd i holi am William. Ma' hi'n edrach mor ifanc ag yr oedd hi cyn i'r rhyfal 'ma ddechra. Faint neith hi, Mair?'

'Tua'r un oed â fi ydi hi.'

'Dew! Ydi William yn sylweddoli pa mor lwcus ydi o, dŵad?'

Newidiodd Mair y stori drwy sôn am Bobi Preis a sut roedd o'n trio dygymod â byw ag un goes, ac am yr effaith roedd colli John Emlyn wedi'i gael ar Anni. Wrth sylwi ar lygaid Emrys druan yn llenwi cododd ar ei thraed yn sionc.

'Wel wir, amser paned. A choeliwch chi ddim, ma' gin i ddarn o gacan Dolig i ni, yr holl ffordd o Aberdaron.'

* * *

Roedd hi wedi dechrau tywyllu pan gychwynnodd Mair yn ôl i Waenrugog. Roedd ei thad wedi siarsio'i brodyr i'w hebrwng bob cam o'r ffordd, ond er ei bod hi mor falch o'u cwmni doedd hi ddim yn teimlo fel sgwrsio llawer. Roedd yn noson serog, oer, a'r lleuad fel soser yn gorwedd ar wastad ei gefn, yn addo dal y glaw am ychydig ddyddiau, beth bynnag. Teimlai'n fregus ac yn unig iawn wrth weld ei chartref yn dod i'r golwg, a gwyddai y deuai'r hen ofnau i'w phoeni unwaith y byddai clo ar y drws a hithau'n cael ei gadael ar ei phen ei hun. Ofn cael newydd drwg am Ifan, ofn clywed rhywun yn trio'i dychryn gefn nos. Doedd hi ddim wedi sôn wrth neb am hynny, ond wrth gydgerdded hefo'i brodyr y noson honno gwelodd gyfle i ddweud y cwbwl wrthyn nhw. Wedi'r cyfan, roedden nhw'n gadael ben bore wedyn ac o leia mi fyddai hi wedi cael gwared ar rywfaint o'r pwysau oedd yn ei phoeni. Doedd ganddi hi neb arall i ymddiried ynddyn nhw.

'Pam na ddewch chi i mewn am banad cyn troi am adra, gan na wela i mohonoch chi am dipyn go lew ar ôl heno.'

'Wel ia, pam lai, 'te, Emrys?' Trodd Wmffra at ei frawd oedd yn ysgwyd ei ben i fyny ac i lawr yn frwdfrydig.

Cariodd Wmffra ei nai bach i'w wely a chau drws y siambr yn ddistaw ar ei ôl. Taniodd Mair y gannwyll, cynnau'r tân a rhoi'r tegell i eistedd arno, yna estynnodd y lamp baraffîn fach a'i thanio i oleuo'r gegin. Eisteddodd y tri yn fud am sbel, gydag Emrys yn dotio at y goeden Nadolig â llun Ifan ar y brigyn uchaf, ac Wmffra yn llygadu moelni'r ystafell.

'Pam nad ei di i fyw at Nhad, Mair, yn lle bod ar ben dy hun yn fama? Sbia hwylus ydi bob dim yno, dŵr a lectrig a ballu,' gofynnodd Wmffra toc.

Ysgwyd ei phen wnaeth Mair ac ailadrodd yr un hen stori mai yno oedd ei chartref hi ac Ifan a'i bod wedi addo aros yno i ddisgwyl amdano.

'Ond sgin ti ddim ofn yma?'

'Na, ma'r genod yn...' Teimlodd ei llais yn gwanio a cheisiodd lyncu'r lwmp oedd yn codi yn ei gwddw, ond methodd atal y dagrau. Neidiodd Emrys ar ei draed i afael amdani cyn i'w frawd mawr gael y cyfle.

Roedd Wmffra wedi'i daro yn fud. Welodd o erioed Mair yn crio o'r blaen. Hi oedd asgwrn cefn y teulu. Ati hi roedd ei thad wedi troi ar ôl iddynt golli eu mam. Ati hi roedd o neu Emrys yn dod â'u cwynion, a hithau bob tro yn ei ffordd hwyliog yn eu datrys. Tynnodd ei gadair yn nes at ei chwaer, a gafael yn ei dwylo.

'Mair bach, be 'di'r matar? Be sy 'di digwydd?'

'O, dwi mor lwcus bod y rhyfal 'ma'n tynnu at y terfyn ac Ifan yn dal yn fyw ac yn iach. Ond dwi'n dal i boeni amdano fo, a tydi'r petha eraill sy'n digwydd yma ddim yn helpu chwaith.'

'Be ti'n feddwl, "y petha eraill", Mair?' gofynnodd Wmffra.

'Do'n i ddim isio sôn am y peth wrth neb, dwi 'di trio'i gadw fo i mi fy hun, ond mae o wedi mynd yn drech na fi ac mae'n rhaid i mi ddeud wrth rywun neu mi fydda i wedi mynd o 'ngho'. Wnewch chi addo peidio sôn gair wrth Nhad? Dwi ddim isio iddo fo boeni.'

Adroddodd Mair fel yr oedd wedi cael ei dychryn sawl gwaith gan rywun yn tindroi yn y cowt ar ôl iddi dywyllu, ac am y noson yr aeth hi a'i chymdogion i chwilio am y coed Dolig.

Teimlodd Wmffra ei wrychyn yn codi a dechreuodd gamu yn ôl ac ymlaen ar hyd llawr y gegin. 'Pwy ydi'r diawl, Mair? Sgin ti syniad?'

'Dwn i ddim. Does 'na fawr o ddynion yn byw yma fel ma' hi, dim ond dynion mewn oed a llancia sy ar ôl.'

'Ti'n ama' rhywun?'

'Wel, i ddechra ro'n i'n ama' mai Defi John oedd wrthi – mi wyddost ti un mor ddireidus ydi o, ac mae o allan bob awr o'r nos yn hela. Wedyn mae Robin, Nymbar Wan, 'di dechra hel hefo fo, meddan nhw. Hwnnw 'di mynd yn jarff bach yn ôl Harri Puw, ond dwi'm yn meddwl bysa fo yn gneud peth mor dan-din chwaith, a fynta yn byw yn y rhes 'ma.'

'Pwy arall sy 'na? Be am y Captan? Dwi wedi dy glywed ti'n sôn nad ydach chi'r genod yn ei drystio fo, bod 'i llgada fo ym mhob man.'

Gwenodd Mair drwy ei dagrau. 'Na, dwi'm yn meddwl y bysa fo'n dod allan mor hwyr. Mae Ela'r forwyn fach yn deud ei fod o'n mynd i'w wely'n gynnar bob nos. Ond mae 'na deulu diarth wedi dod i Dai Bont, ac mae ganddyn nhw fab reit hen medda Lora Rowlands – mae o'n cerddad hyd yr afon yn ddyddiol. Ond i be fysa fo'n trio'n dychryn ni? Newydd ddod yma i fyw mae o, a tydi o ddim yn ein nabod ni o gwbwl. Na, mae'n haws gin i gredu mai Defi John ydi o, ond er 'mod i'n gwbod na fasa fo'n gneud dim drwg i mi, mae o'n ddigon i 'nychryn i a pheri i mi fethu cysgu.'

'Pam na fysat ti'n sôn wrth Preis? Fysa hwnnw fawr o dro yn cael gafael arno fo a'i roi o o flaen ei well.'

'O, dydw i ddim isio rhyw hen helynt fel'na, mynd i'r cwrt a ballu, a mam Defi John druan ei hun, ac yn dibynnu arno fo am bob dima. Gyda lwc mi fydd Ifan adra gyda hyn ac mi setlith bob dim wedyn, siawns. Na, cerwch chi rŵan, dwi'n teimlo'n well ar ôl cael bwrw fy mol.'

Aeth y ddau allan drwy'r ddôr a throdd Emrys i gyfeiriad Rhydyberthan, ond gafaelodd Wmffra yn ei lawes.

'Mi awn ni ffor'ma, yli, am stelc bach cyn mynd adra.' Trodd y ddau i fyny'r llwybr i Winllan Rhosddu.

Fore Dydd San Steffan roedd gwartheg Cae'r Hafod yn fwy swnllyd nag erioed, yn brefu am eu bwyd, a'r llaeth oedd wedi casglu yn eu pyrsiau dros nos yn dripian o'u tethi chwyddedig. Cerddodd Magi Elin i gyfeiriad y beudy wrth glywed y sŵn a chlincian yr aerwyon yn erbyn y rheseli wrth i'r gwartheg ysgwyd eu pennau'n rhwystredig. Roedd hi wedi gwawrio ers tro a doedd dim golwg o Defi John. Rhegodd Magi o dan ei gwynt gan afael yn y rhaw a'r ferfa i lanhau'r rhigol o dan benolau'r gwartheg cyn dechrau godro. Toc clywodd sŵn traed yn ymlwybro ar draws yr iard i'r deri, a heb ddweud gair camodd Defi John i'r beudy â'r pwcedi godro yn ei ddwylo.

'Lle ti 'di bod yr hurtyn? Sbia golwg ar y buchod bach 'ma! Un bora fel hyn eto ac mi fyddi di o'ma, ti'n clywad?'

'Dwi'n sori, go iawn, Magi, dwi wedi gorfod cerddad bob cam.'

'Lle ma' dy feic di? Paid ti â deud dy fod ti wedi'i falu o, a finna wedi talu amdano fo yn dy le di, i ti fedru dod yma. Mi wn i mai hen beth ydi o, ond mae'n gneud y tro, yn tydi?'

Erbyn hyn roedd wyneb Defi o'r golwg yn ystlys boeth y fuwch, a wnaeth o ddim trafferthu ateb ei feistres.

'Mi adawa i i ti orffen ac mi fydd dy frecwast di ar y bwrdd.'

Ar ôl troi'r gwartheg i'r dŵr yn y ffos a charthu'r beudy llusgodd Defi i'r tŷ, yn disgwyl pryd o dafod arall gan Magi. Tynnodd ci gap i lawr dros ei wyneb cyn eistedd wrth y bwrdd a daeth hithau allan o'r pantri hefo powlenaid o uwd iddo.

'Fysa dim rheitiach i ti dynnu'r cap 'na cyn byta, dŵad?' Ufuddhaodd yntau a rhewodd Magi pan welodd y briwiau ar ei wyneb.

'Brensiach y bratia! Be ddigwyddodd i chdi? Mynd ar dy ben i rwbath nest ti? Dwi 'di deud wrthat ti ganwaith am beidio crwydro hyd y wlad gefn nos heb lamp ar dy feic, yn do? Dyna sy i'w gael am beidio gwrando, yli. D'o mi weld faint o lanast sy arnat ti. Dew, Defi bach, mi fydd gin ti andros o lygad ddu erbyn fory!'

Wnaeth Defi ddim edrych i fyny o'i frecwast, na sôn beth oedd wedi digwydd iddo y noson cynt pan oedd o'n chwilio drwy'r croglathau roedd o wedi'u gosod yng nghegau tyllau'r cwningod yng Ngwinllan Rhosddu. Ddywedodd o ddim bod dau gysgod du wedi llamu allan o'r gwyll o bob ochr iddo, yn rhegi ac yn gweiddi ac yn ei gyhuddo o ddychryn merched Rhes Newydd. Dim gair ei fod o wedi gwadu'r cyfan, a'r dynion ddim yn ei goelio. Wnaeth o ddim disgrifio'r dyrnau cryfion yn ei bwnio'n ddidrugaredd na'r traed yn sathru ar olwynion ei feic nes bod y sbôcs i gyd yn rhacs jibidêrs. Wnaeth o ddim dweud wrth Magi sut deimlad oedd trio codi ar ei draed yn simsan i sychu'r gwaed o'i drwyn a'i geg hefo coler ei grysbas a gweld, yng ngolau'r sêr, gefnau dau roedd o yn eu hadnabod yn diflannu i'r coed ac yn lluchio'i groglathau – y croglathau yr oedd o'n dibynnu arnyn nhw i wneud ceiniog neu ddwy yn ychwanegol i'w fam drwy werthu cwningod – nes eu bod ynghrog ym mrigau uchaf y coed pinwydd tal. Wnaeth o ddim sôn ei fod wedi tyngu o dan ei wynt, 'Mi'ch ca' i chi'n ôl am hyn, y diawlad... ryw ddiwrnod, gewch chi weld.'

13

Ionawr 1945

Cadwodd y glaw diddiwedd a ddaeth yn sgil y flwyddyn newydd drigolion Gwaenrugog yn eu tai nes roedd pawb yn teimlo'n unig a diflas iawn. Doedd fawr neb am fentro allan os nad oedd raid, dim ond picio i'r ffynnon i nôl dŵr ac i'r siop i nôl bwyd.

Enciliodd Ela yn ddistaw bach i'w llofft yn yr atig, gan eistedd ar ei gwely i hel atgofion am y digwyddiadau trist ddaeth â hi i le mor erchyll â Rhosddu. Deg oed oedd hi pan fu farw ei mam a'i gadael hi a'i thad ar ben eu hunain ar eu fferm fach yng nghanol y wlad. Ond wnaeth hi erioed deimlo unigrwydd nes iddi ddod i Rosddu. Cofiodd pa mor hapus oedd hi yn crwydro'r caeau a'r ffordd goediog o gwmpas ei chartref, yn sylwi ar newidiadau'r tymhorau a byd natur o'i chwmpas, cyn iddi droi yn ôl am adref erbyn i'w thad orffen ei waith. Ar ôl bwyta'u swper byddai'r ddau ohonyn nhw'n eistedd o flaen y tân yn y gegin fach glyd i sgwrsio am weddill y noson – hi yn disgrifio beth roedd wedi'i weld ar ei thro ac yntau'n tynnu ar ei getyn wrth wrando arni. Wnaeth hi erioed amgyffred y byddai raid iddi symud i fyw i unlle arall yn y byd.

Ond un diwrnod dychrynllyd nad anghofiai hi byth, digwyddodd rhywbeth i newid ei bywyd. Roedd ei thad yn hwyr yn dod i'r tŷ am ei ginio ac aeth Ela allan i chwilio amdano. Er iddi alw a galw ddaeth dim ateb o'r beudai, ac aeth i lawr i'r cae dan tŷ i chwilio amdano. Teimlodd sioc yn gwasgu ei chorff pan welodd ei thad yn gorwedd ar ei hyd yn y rhesi tatws, ei wyneb yn y pridd a'r hof ar lawr ddwylath oddi wrtho. Rhedodd nerth ei thraed tuag ato a'i ysgwyd i geisio'i ddeffro, nes iddi weld nad oedd yn anadlu. Gwaeddodd arno fwy nag unwaith ond doedd hi ddim haws. Roedd o'n hollol ddiymadferth. Cododd ei hwyneb tua'r awyr a rhoi un floedd ingol cyn disgyn yn ôl ar ei phen-gliniau wrth ochr corff ei thad. Arhosodd felly, yn fud, am rai munudau, nes iddi glywed sŵn sgrechian dirdynnol. Edrychodd o'i chwmpas cyn sylweddoli mai ei llais hi ei hun a glywai, a bod cymydog wrth ei hochr.

Dyna'r cyfan roedd Ela yn ei gofio hyd nes ar ôl y claddu, pan ddaeth dynes ddieithr ati a chyflwyno'i hun fel cyfnither i'w thad a dweud wrthi'n oeraidd, heb ddim cydymdeimlad, bod perchennog y tyddyn am ei hawlio yn ôl. Felly, gan fod Ela yn amddifad a digartref roedd hi, ei hunig berthynas, yn gyfrifol amdani. Dywedodd y ddynes ei bod hi wedi llwyddo i gael lle iddi fel morwyn fach ar ffarm o'r enw Rhosddu, ychydig filltiroedd i ffwrdd. Welodd hi 'mo'r ddynes wedyn, a wyddai hi ddim beth ddigwyddodd i ddodrefn ei mam, y ddresel a'r llestri glas y byddai Ela yn gofalu amdanynt yn gariadus, na thaclau ei thad, na'r ddwy fuwch a'r hwch. Treuliai oriau cyn mynd i gysgu yn ceisio ail-fyw y dyddiau coll, y dyddiau rhwng y sgrechfeydd a'r ddynes haerllug yn y festri ddiwrnod yr angladd, ond methu a wnâi bob tro. A dyma hi, meddyliodd, yn tendio ddydd a nos ar yr Hen Gapten afiach, yn golchi ei ddillad budron o ac yn gorfod gwagio'i bot piso drewllyd o bob bore. Roedd yn gas ganddi'r ffordd roedd o'n sbio arni, o'i chorun reit lawr i'w sodlau, gan oedi'n hir ar ei bronnau a'i chluniau. Doedd o ddim wedi ei chyffwrdd hi, diolchodd, heblaw trio rhoi ei fraich amdani pan oedd hi'n ei basio fo yn y pasej neu'n rhoi ei fwyd ar y bwrdd o'i flaen. Ond roedd hi wedi dechrau amau ei fod o'n sefyll y tu allan i ddrws ei llofft ambell waith, yn gwrando, felly stwffiodd ddarn o bapur newydd i dwll y clo rhag iddo sbecian i mewn.

Ond er mor fregus oedd edrychiad a llais Ela, roedd styfnigrwydd ei thad yn rhedeg drwy ei gwythiennau. O dipyn i beth roedd wedi dysgu nad oedd dim iws iddi deimlo unrhyw hunandosturi. Doedd ganddi hi ddim dewis arall. I ble arall allai hi fynd? Addawodd y byddai'n chwilio am le gwell ar ôl i'r rhyfel ddod i ben – swydd morwyn mewn tŷ crand yn y dre, efallai, neu yn well byth, gwaith mewn gwesty.

Clywodd sŵn traed yr Hen Gapten yn dod i fyny'r grisiau a daliodd ei gwynt nes y clywodd ddrws ei lofft yn agor a chau oddi tani. Ar ôl sbel o ddistawrwydd, sychodd ei dagrau a gafael yn y gannwyll er mwyn mentro i lawr yn nhraed ei sanau i dacluso bwrdd y gegin a llwytho glo mân ar y tân i'w gadw i fynd tan y bore. Llanwodd y tegell a'i osod ar ochr y pentan i'w gadw'n gynnes dros nos ac i wneud yn siŵr y byddai'n berwi mewn chwinciad ar gyfer paned chwech ei meistr. Penderfynodd y byddai'n mynd am dro ar hyd yr afon y diwrnod wedyn, glaw ncu beidio – roedd yn well ganddi wlychu nag aros yn y tŷ mawr oeraidd drwy'r dydd efo'r Hen Gapten yn stelcian o'i chwmpas, yn ei llygadu a'i bygwth. Mi wisgai ei chlocsiau, gan y byddai'n ddigon hawdd iddi eu sgwrio ar ôl dod yn ôl i'r tŷ.

Roedd yn ddiwrnod mwll a diflas y diwrnod canlynol, a'r glaw mân yn treiddio i bob twll a chornel o gwmpas Rhosddu. Teimlai Ela fel petai'n mygu yn nüwch y tŷ unig, heb neb i dorri gair â hi, neb i boeni owns amdani. Roedd yn rhaid iddi ddianc, petai ond am awr, neu mi fyddai wedi colli arni ei hun.

Ar ôl cinio rhoddodd y Capten ei glogyn hir dros ei gôt fawr a'r het cantal llydan ar ei ben, ac aeth allan i'r winllan i gyfri ei goed. Sleifiodd hithau o'r tŷ yn ddistaw bach. Aeth y ffordd groes i'r winllan, tuag at yr afon a'r llwybr oedd yn mynd heibio i Dai Bont. Cerddodd yn bwyllog gan osgoi'r mwd mwyaf, a chamu'n ofalus rhwng y tociau eithin. Roedd cyn ddistawed â'r bedd yno, pob bref a chrawc wedi eu mudanu gan y glaw a'r niwl. Roedd ambell bry copyn wedi mentro allan i'r tywydd cynnes anghyffredin a sylwai Ela fod patrwm eu gwead prydferth a'r diferion a lynai wrthynt yn edrych fel cadwyni bychain o arian ar bigau'r eithin.

O, na fyddai'n haf, meddyliodd Ela, iddi gael gweld fflach gwyrddlas glas y dorlan, neu'n ddigon sych o dan draed iddi fedru gadael y llwybr a mynd i'r gors i chwilio am nyth y gylfinir a'i wyau brych, pigfain. Fyddai hi fawr o dro nes y byddai'n amser y grifft llyffant – byddai'n rhaid iddi gofio dod â phot jam gwag efo hi y tro nesa er mwyn cario rhywfaint o'r jeli smotiog yn ôl efo hi i'w roi ar ffenest y gegin. Byddai hynny'n rhywbeth iddi edrych ymlaen ato: codi bob bore i weld a oedd penbwl yn nofio o gwmpas yn y pot.

Roedd hi wedi arafu ei cherddediad wrth freuddwydio a hel meddyliau, felly penderfynodd nad âi cyn belled â Thai Bont i gael sgwrs efo Lora Rowlands, er cymaint roedd hi'n mwynhau sgwrsio â hi a chlywed ei geiriau caredig. Roedd hi'n ofni y byddai'n hwyr yn dychwelyd i Rosddu, ac y byddai'r Hen Gapten wedi cyrraedd adref o'i blaen yn disgwyl am ei de. Byddai tymer filain arno petai Ela yn ei esgeuluso.

Trodd yn ôl ar hyd y llwybr, ond cyn iddi gymryd prin hanner dwsin o gamau gwelodd, o dan gysgod ei chwfl, ffurf dyn yn dod i'w chyfarfod drwy'r llwydni. Peth rhyfedd, meddyliodd – anaml iawn y gwelai neb yn crwydro glannau'r afon, a'r llwybr yr oedd hi wedi'i hawlio fel ei chynefin ei hun.

Dechreuodd deimlo'n anghyfforddus ac arafodd ei chamau. Ond dal i frasgamu tuag ati wnaeth y dyn nes ei chyrraedd, a theimlodd Ela yn anniddig pan sylweddolodd nad oedd o am symud o'r ffordd i wneud lle iddi ei basio ar y llwybr cul. Arhosodd yn ei hunfan, yn ansicr beth i'w wneud. Toc, cafodd ddigon o hyder i edrych i fyny ar ei wyneb a synnodd o weld bachgen ifanc, golygus o'i blaen. Ddywedodd o ddim gair wrthi, dim ond camu i'r ochr o'i ffordd. Rhoddodd hithau ochenaid o ryddhad a diolch nad oedd bygythiad i'w weld yn yr hanner gwên a daflodd tuag ati wrth basio.

* * *

Roedd Lora Rowlands hithau wedi diflasu ar eistedd yn y tŷ yn gwau yn dragwyddol. Oherwydd y tywydd ffadin doedd neb wedi galw heibio ers tro am sgwrs, heblaw'r ddynes ddiarth oedd yn byw yn y tŷ pen, a gnociodd ar y drws un diwrnod a siarad hefo hi mewn Saesneg bratiog. Rywsut deallodd Lora, rhwng ystumiau'r ddynes ac ambell air, ei bod hi'n gofyn a gawsai ffeirio'i chwpons cig moch ei hun am gwpons wyau a chaws Gwilym a hithau.

Peth rhyfadd ar y naw i ofyn amdano, meddyliodd Lora. Mi fysa hi'n llwm iawn ar Gwilym heb ei frechdan gaws neu wy wedi'i ferwi, gan eu bod nhw'n cael digon chydig fel yr oedd hi. A phan ddywedodd Lora 'Meri Crysmas' wrth y ddynes cyn y Dolig mi edrychodd arni fel petai'n wirion bost! Doedd gan Lora ddim syniad o ble y daeth hi a'i theulu, na beth i'w wneud ohonyn nhw chwaith. Yn ôl Gwilym, roedd mab y teulu yn crwydro glannau'r afon bob awr o'r dydd a'r nos, fel llew mewn caets. Mi fysa'n rheitiach iddo fod yn yr ysgol, ystyriodd Lora, neu wneud diwrnod gonest o waith.

Roedd Saesneg y wraig yn waeth na'i hun hi, a rowliai'r llythyren 'r' fel petai'n trio clirio fflem o'i gwddw. Gwyddai Lora ei bod wedi clywed rhywun arall yn siarad felly hefyd, ond allai hi yn ei byw â chofio pwy. Penderfynodd ofyn i Gwilym, gan ei fod o'n gwrando ar y weiarles yn ddyddiol yn y parlwr.

* * *

Cerddai Danial Dafis yn feunyddiol, fel y torrai'r wawr, i ffynnon Rhosddu gyda'i biseri. Doedd neb o'i gymdogion yn mentro allan mor fore ag o, heblaw Defi John fyddai'n ei basio'n wyllt ar ei ffordd i'w waith, gan godi llaw arno'n amlach na pheidio. Ond un bore Sul, aeth beiciwr dieithr heibio iddo ar wib. Synnodd yr hen ŵr weld rhywun yn ei basio mor gynnar yn y bore heb ei gyfarch na chymryd arno ei fod wedi ei weld.

'Wel ar f'enco,' meddai Danial wrtho'i hun yn uchel, 'pwy goblyn oedd hwnna, tybed? Mi fysa fo 'di medru mentro codi'i law arna i ben bora Sul fel hyn, bysa'n tad annw'l.'

* * *

Yr un oedd tynged pobl Tai Seimon yn ystod y mis Ionawr gwlyb hwnnw, yn gweld fawr ddim ar eu cymdogion. Bodlonai Wili a Jini ar gwmni ei gilydd yn eu cegin glyd, ac weithiau, rhwng pyliau o dynnu llwch o gwmpas y ffigarîns yn y parlwr, rhoddai Jini dro ar yr harmoniwm fach a safai yn y gornel. Âi Wili yntau i lawr i'r cwt bob hyn a hyn i archwilio'r tatws a'r nionod am arwydd o bry neu afiechyd. Cyn noswylio byddai fel arfer yn rhoi tro bach sydyn i lawr y llwybr i sicrhau fod giât yr ardd wedi cau. Ambell nos Sadwrn tybiai iddo glywed sŵn beic yn pasio, ond nid rhygnu swnllyd, cyfarwydd beic Defi John oedd o, na sŵn pedlo araf, llafurus, beic trwm Preis Plisman chwaith. Cododd chwilfrydedd Wili, a phenderfynodd gadw llygad a chlust yn agored. Efallai, pan ddechreuai oleuo'n gynt, y cawsai gip arno, gan ei fod, pwy bynnag oedd o, yn mynd yn ei ôl ben bore Sul. Roedd Wili'n siŵr nad oedd ar berwyl da, yn sleifio o gwmpas yn y tywyllwch. Byddai'n syniad iddo sôn am y peth wrth Preis pan ddeuai hwnnw heibio, rhag i genod ifanc Rhes Newydd, ar eu pennau eu hunain efo'r plantos bach, gael eu styrbio.

* * *

Yn ei weithdy y dewisai Harri Puw fod ddechrau'r flwyddyn, fel ar bob adeg arall, er nad oedd fawr neb wedi dod â gwaith iddo ers cyn y Nadolig. Llusgai'r dyddiau unig heibio gan nad oedd Harri'n un am loetran yn ei wely ar ôl deffro. Y peth cyntaf a wnâi ar doriad dydd oedd tanio'r stof baraffîn yn ei weithdy fel y byddai'r lle wedi cynhesu erbyn iddo orffen ei frecwast. Heblaw am bicio i'r tŷ i gael tamaid i'w fwyta arhosai yn ei weithdy am oriau. Teimlai'n gartrefol yno yng nghanol ei geriach, hyd yn oed ar ôl iddi dywyllu, yng ngolau ei lamp fechan. Er bod y glaw a'r niwl yn tueddu i foddi pob sŵn o'r tu allan, roedd clyw Harri yn ddigon main i wneud iddo yntau amau weithiau ei fod yn clywed sŵn beic diarth yn mynd fel cath i gythraul i fyny'r lôn heibio i'w weithdy.

* * *

Roedd Llywarch Rhys wedi mynd i deimlo rhyw unigrwydd rhyfedd er bod ei fam yn byw yn yr un tŷ ag o. Ar ôl gwasanaethau'r Nadolig ym Merea a chyfarfodydd gweddi digon tila ddechrau'r flwyddyn, roedd o'n gyndyn iawn o ymweld â'i braidd fel y dylai wneud. Roedd dyddiau tywyll mis Ionawr wedi oeri unrhyw gynhesrwydd oedd yn ei galon, a theimlai'n sur at bawb a phopeth o'i gwmpas. Cawsai ddigon ar lais ei fam yn swnian arno'n ddi-baid, yn pwdu os na chawsai hi wybod am bob cam a gymerai, bob eiliad o'r dydd a'r nos. Teimlai'n union fel y nico bach truan hwnnw â'i blu amryliw, prydferth, oedd wedi'i garcharu mewn caets gan un o ddynion y Cwm ers talwm. Ond yn wahanol i'r aderyn bychan hwnnw doedd Llywarch ddim yn teimlo fel canu yn ei garchar.

Doedd y teimlad ddim yn un newydd iddo, myfyriodd. Cafodd ei garcharu o ddiwrnod ei enedigaeth – gofalodd ei fam am hynny. Mae'n biti na fyddai ei dad wedi achub ei gam weithiau. O'r eiliad gyntaf roedd hi'n maldodi ei fab, ac yn ei wylio bob munud. 'Paid, Llywarch, 'na fachgen da i Mami.' Y paid, paid, paid dragwyddol – dyna oedd ei fyrdwn. 'Paid â baeddu', 'paid dal annwyd', 'paid cymysgu 'da'r Dai 'na a'i fath'. Paid, paid, paid. 'Well iti bido ware 'da'r hen bêl hirgron 'na yn yr ysgol, cadw di at dy lyfre, 'na fachgen da i Mami, a tithe â'th fryd ar fynd yn bregethwr fel Dat.'

Ei bryd *hi* oedd o. Bryd Llywarch oedd cael bod allan yng nghwmni'r bechgyn, nid yn cuddio tu ôl i'r llenni yn y stydi uwchben papurau ei dad. Pan ddewisodd ei fam y byddai'n mynd i'r coleg, wyddai o ddim sut i gyfathrebu gyda'r myfyrwyr eraill, a threuliodd y rhan fwyaf o'i amser ar ei ben ei hun yn ei stafell.

Tra oedd yn y coleg bu farw ei dad, a chafodd Llywarch ei alw i Saron yn ei le, yn syth ar ôl gorffen ei gwrs, ac yno y bu... dan lygad barcud ei fam. 'Paid â dangos i'r aelode dy fod yn nerfus', 'paid â bod yn rhy gyfeillgar 'da nhw', 'paid â darllen gormod o'r Hen Destament na sôn am y ferch Mair Magdalen honno wrthyn nhw'. Paid, paid... sawl gwaith, tybed, oedd o wedi clywed y gair hwnnw, dyfalodd Llywarch.

Yn fuan ar ôl dechrau ei yrfa yn y Weinidogaeth, cyfarfu â Mavis yn y siop wrth wneud neges i'w fam. Cafodd ei swyno gan ei llygaid glas golau a'i chorff lluniaidd. Roedd wedi mopio â'i gwên ddireidus a'i ffordd bowld, chwareus o siarad efo fo, yn hollol wahanol i aelodau Saron oedd yn ei gyfarch â lleisiau parchus, sychdduwiol.

Cofiodd fel y bu iddo, o dipyn i beth, godi digon o hyder i ofyn iddi ei gyfarfod ar ôl iddi orffen ei gwaith, a thrwy'r haf tanbaid hwnnw bu'r ddau yn cadw oed yn llechwraidd yn y coed derw ar y llechwedd uwchben y cwm. Fel yr aeth y misoedd rhagddynt aeth y caru'n boethach, ond 'paid... paid, Llywarch' fyddai ei byrdwn bob tro. Un noson, ffrwydrodd pan glywodd y gair atgas hwnnw, a chollodd bob rheolaeth arno'i hun. Aeth pethau dros ben llestri pan fynnodd gael ei ffordd ei hun, am y tro cyntaf yn ei fywyd.

Wnâi Llywarch byth anghofio'r helynt: tad Mavis yn bygwth dod i'r seiat i ddweud yn gyhoeddus wrth yr aelodau beth oedd wedi digwydd i'w ferch ac yn waeth byth, bygwth y gyfraith arno. Ond fel arfer daeth ei fam i'r adwy gyda'i chryfder tawel. Wyddai o ddim sut y setlodd hi bethau gyda theulu Mavis, ond y peth nesaf a glywodd oedd bod galwad wedi dod iddo o Berea. Siarsiodd ei fam ef nad oedd i gael perthynas ag unrhyw ferch wedyn, a dyna pam ei fod yn dal heb briodi, yn dal i fyw yn ei chysgod ac yn gorfod cuddio pob teimlad nwydus.

Deffrodd Llywarch o'i freuddwydion pan glywodd ei fam yn galw.

'Llywarch, 'sen i'n hoffi dishgled – a phaid ti â rhoi gormod o laeth yn'o fe fel wnest ti y tro diwetha, 'na fachgen da.'

* * *

January 1945

Dear Ifan,
Sorry that I have not written to you since Xmas, but I've been feeling a bit sad, every time I went to put pen to paper the

*tears started to roll down my cheeks and covered the page. It
is evening here now and I miss you so much. I had to pretend
that I was really happy yn Rhydyberthan on Xmas day, with
my father and brothers and Gruffydd Ifan bach, of course,
but everything went OK. Your kind mother sent me a parcel
with the milk lorry and we even had a duck from her. I have
promised her that Gruffydd and I will go there to stay as soon
as the weather improves. Thank you very much for the
presents. Gruffydd plays with the little wooden man all the
time and I love the bracelet. Where on earth did you find
them? It's been raining here every day since the New Year
and it was too wet to go round the neighbourhood to collect
Calennig on New Years Day. It will get better soon, I hope,
and the day will get longer.*

Looking forward to having you home,
Love. Your wife and son,
Mair and Gruffydd.

Dechrau blwyddyn arall, meddyliodd Mair ar ôl gorffen y llythyr
un gyda'r nos. Doedd dim yn ei disgwyl ond aros: aros i'r
gwanwyn ddod i ddeffro'r ardal a'i phobl, aros i Ifan ddod adref,
aros i gael rhywle gwell i fyw na'i thŷ bach tamp. Y bore hwnnw
roedd wedi sylwi bod cynfasau'r gwlâu wedi dechrau brychu,
ac roedd hi ofn calon i Gruffydd ddal rhyw anfadwch ar ei frest.
Gallai glywed Cati yn pesychu drwy ddwy wal – gwnaeth
addewid i fynd i'w gweld gynted ag y byddai'r glaw yn peidio.

Wrth iddi wrando ar anadlu meddal Gruffydd yn dod o'r
siambr caeodd ei llygaid a llithrodd ei gwau oddi ar ei glin.
Dechreuodd chwyrnu'n isel, ond yn sydyn, rhoddodd ei phen
blwc sydyn ac agorodd ei llygaid led y pen. Edrychodd o'i
chwmpas – roedd y tŷ fel y fagddu gan fod y gannwyll wedi
diffodd, a dim ond marwroyn bach oedd yn mudlosgi yng
ngwaelod y grât. Lledodd yr hen ias oer, cyfarwydd drwy ei
chorff wrth iddi glywed sŵn siffrwd a chrafu tu allan i'r ffenest.
Neidiodd ar ei thraed a chydio yng nghongl y bwrdd i'w chynnal

ei hun. Oedd, roedd y sŵn yn dal yno. Ceisiodd berswadio'i hun mai rhyw anifail yn snwffian o gwmpas y llwyn hen ŵr oedd o, er ei bod yn cofio cau'r ddôr y noson cynt, a bod y gwrych yn rhy uchel i unrhyw gi neidio drosto i'r cowt. Ai cath Cati oedd yno? Na, go brin y byddai cath yn gwneud cymaint o sŵn.

Ymhen munud neu ddau distawodd, ac wrth ymbalfalu am gannwyll newydd yn nrôr y seidbord ceisiodd Mair berswadio'i hun mai dychmygu'r peth wnaeth hi. Ond cyn iddi gael cyfle i danio matsien clywodd sŵn gwahanol. Sŵn gwichian yn dod o'r tu ôl i'r llenni. Safodd fel delw wrth sylweddoli fod rhywun yn rhwbio'i fys i fyny ac i lawr gwydr gwlyb y ffenest. Camodd yn nes i wahanu'r mymryn lleiaf ar y llenni duon trwm. Sythodd... cymerodd anadl ddofn a gweiddi nerth ei phen;

'Defi John, y llabwst gwirion, doro'r gora i drio'n dychryn ni a dos adra at dy fam, y lembo.'

Roedd Mair wedi cynhyrfu cymaint nes iddi ollwng y gannwyll a'r fatsien, ond cafodd sioc eto pan welodd gefn rhywun yn sleifio allan drwy'r ddôr. Lluchiodd y llenni'n ôl yn dynn at ei gilydd cyn pwyso'i dwy law ar y bwrdd. Nid cefn llydan, byr Defi John oedd o. Cefn main a thal welodd hi. Wrth iddo, pwy bynnag oedd o, droi i gau'r ddôr gwelodd Mair ei fod yn gwisgo cap balaclafa oedd yn cuddio'i wyneb yn llwyr, ac eithrio'i lygaid. O'r diwedd llwyddodd i oleuo'r gannwyll gyda'i bysedd crynedig cyn rhuthro i'r siambr i gysuro Gruffydd Ifan, oedd wedi dechrau crio wrth glywed ei fam yn gweiddi.

Roedd hi'n gyndyn o fynd i'r gwely y noson honno a bu'n troi a throsi drwy'r nos. Oedd Gladys neu Anni wedi ei chlywed drwy'r parwydydd tenau yn gweiddi ar y dihiryn? Meddyliodd am esgus rhag ofn iddyn nhw sôn rhywbeth wrthi yn y bore. Ond y poendod mwyaf oedd nad oedd hi wedi adnabod y cnaf. Os nad Defi John oedd yn aflonyddu arni, pwy arall oedd yn ddigon dan-din i agor y ddôr i'w dychryn? Roedd yn amlwg fod pwy bynnag oedd o yn gwybod nad oedd dyn yn y tŷ neu fyddai o byth wedi meiddio gwneud y fath beth llwfr.

Dechreuodd ddyfalu: Fyddai Robin, Nymbar Wan, byth yn

gwneud y ffasiwn beth, siawns, er ei fod wedi'i gau yn y tŷ pen efo'i fam a'r plant iau. Ond tybed oedd caethiwed felly yn ddigon i ddrysu hogyn ifanc a'i yrru i wneud pethau gwirion? Roedd dynion Gwaenrugog, Harri Puw, Wili Morus a Gwilym Rowlands, yn rhy hen i wneud rhyw hen lol, ac allai hi ddim credu y byddai'r Hen Gapten, er nad oedd Mair yn trystio dim arno fo, yn codi allan ganol nos i aflonyddu ar ferched ifanc unig. Na, meddyliodd, roedd y Capten yn ddyn tal iawn er ei fod o wedi crymu chydig yn ei henaint. Nid ei gefn o a welodd hi. Roedd hi'n bendant mai cefn rhywun ifanc welodd hi yn y cowt, ond roedd y rhan fwyaf o fechgyn ifanc yr ardal i ffwrdd yn cwffio, heblaw meibion y ffermydd. Yna, cofiodd am y teulu dieithr a ddaeth i fyw yn Nhai Bont, ac fel y soniodd Lora wrthi am y mab oedd yn cerdded glannau'r afon yn ddi-baid. Ond sut gwyddai o am eu sefyllfa nhw yn Rhes Newydd a fynta mor ddiarth i'r ardal? A ph'run bynnag, roedd yr helynt wedi dechrau cyn iddo fo a'i deulu fudo yno.

Ofnai i'r holl beth fynd yn rhy bell, a hithau heb sôn wrth neb, ond faint elwach fyddai hi o sôn wrth Preis Plisman am ei hamheuon? Y cwbwl allai hwnnw ei wneud oedd holi, a thynnu gwarth ar fam Defi John ac ar Beti Ŵan druan yn y fargen.

Byddai'n rhaid iddi geisio anwybyddu'r holl helynt am y tro. Roedd y gwanwyn ar ei ffordd, ac wrth i'r dyddiau ymestyn go brin y mentrai neb wneud eu hen lol wedyn, siawns.

* * *

Roedd Gladys hithau wedi diflasu ar y cawodydd trymion oedd yn ei chadw yn y tŷ bron bob dydd, ac âi'r plant ar ei nerfau y mwya'n y byd roedden nhw o dan ei thraed, yn gweiddi ac yn ffraeo ac yn tynnu'r tŷ yn rhacs grybibion. Heblaw bod ganddi un noson bob wythnos i edrych ymlaen ati gwyddai y byddai diflastod y gaeaf wedi ei gyrru i'r seilam, heb os nac oni bai. Felly ar brynhawniau Sadwrn, glaw neu hindda, roedd hi'n sodro'r plant yn y goets ac yn mynd â nhw nerth ei thraed i dŷ rhieni William yn Rhydyberthan. Wedyn, byddai'n dychwelyd i Res Newydd ar ei phen ei hun. Ers dechrau'r flwyddyn roedd y tywydd gwlyb wedi ei rhwystro rhag dal y bws am y dref; a beth bynnag, gwyddai mai ffwlbri noeth oedd crwydro yn nhywyllwch y blacowt heb arlliw o olau lleuad na sêr. Cofiodd glywed am ddamwain erchyll a ddigwyddodd ar noson dywyll, aeafol – roedd un person, rywle yn Lloegr, wedi cael ei ladd pan fu gwrthdrawiad rhwng y bws yr oedd o'n teithio ynddo a gyr o wartheg a oedd wedi crwydro i'r ffordd fawr.

Felly ers peth amser, yn dilyn ymbil taer gan Roy, roedd Gladys wedi cytuno ei bod yn haws iddo fo ddod i'w thŷ hi ambell nos Sadwrn. Bu'n rhaid iddi gyfaddef ei bod wedi dweud celwydd ynglŷn â byw gyda'i rhieni yn y pentref, ond doedd hi ddim wedi meiddio sôn wrtho am Gari a Shirley... na William. Ar ôl danfon y plant i'r Rhyd yn y prynhawn, y peth cyntaf a wnâi ar ôl cyrraedd adref oedd cuddio pob tystiolaeth o'u bodolaeth yn y coffor mawr yn y cwt allan. Yna, byddai'n tacluso'r tŷ a newid i'w dillad gorau i ddisgwyl yn eiddgar am Roy. Roedd Gladys wedi ei siarsio i fod yn ofalus nad oedd neb yn ei weld, a thua wyth o'r gloch byddai'n cyrraedd yno drwy'r glaw ar ei feic yn ei gôt law laes, oedd yn llwyddo i'w gadw'n weddol sych. Byddai'n gadael y beic i bwyso ar wal y tŷ yn y cowt yng nghysgod y gwrych, ac ar y dechrau byddai'n gorfod gadael yn anfodlon ymhen rhyw ddwyawr gan fod ffrind o'r gwersyll yn rhoi lifft yn ôl iddo, fel y bydden nhw'n saff o fod yn ôl yn y gwersyll mewn da bryd. Ond dros yr wythnosau aeth eu caru'n fwy angerddol ac roedd Roy yn amharod iawn i adael gwely cynnes Gladys i fynd i'r oerfel a'r glaw a'r barics amhersonol llawn morwyr swnllyd, meddw gaib. Fel y datblygodd eu carwriaeth dechreuodd Roy fentro aros tan y bore bach ar fore Sul, a phan fyddai'n dechrau goleuo gadawai Gladys yn swp diymadferth, bodlon yn y gwely.

14

Chwefror 1945

Yn raddol dechreuodd y tywydd wella, ac o'r diwedd cafwyd ambell ddiwrnod gweddol sych a braf. Daeth bywyd yn ôl i'r ardal – roedd y lili wen fach yn garped yn y winllan ac ymwthiai'r cennin Pedr eu trwynau allan yn swil gydag ochrau'r lôn a arweiniai i fferm Rhosddu.

Bore o haul gwanllyd oedd hi pan gnociodd Mair ar ddrws Gladys a mentro rhoi ei thrwyn i mewn.

'Iw-hŵ, Gladys. Ti 'di codi?'

'Do tad Mair, ty'd i mewn a stedda... mi fydda i yna mewn munud, ar ôl cael trefn ar y ddau fwrddrwg yma. Maen nhw'n llithro drwy 'nwylo i fel dau gynrhonyn a finna'n trio gwisgo amdanyn nhw.'

Daeth Gladys allan o'r siambr dan chwerthin, a synnodd Mair ei gweld yn edrych mor fodlon. Yn ystod wythnosau maith y gaeaf roedd hi wedi bod yn cwyno'n dragywydd am y tywydd a'r oerfel, ond y bore hwnnw wnaeth hi ddim yngan gair am ei diflastod.

'Mae golwg hapus arnat ti, Gladys, fel tasa ti 'di cal presant pen blwydd cynnar.'

'Mi ydw i, mewn ffordd. Waeth i mi ddeud wrthat ti ddim, ond ma' raid i chdi addo na wnei di ddim agor dy geg wrth neb. Gaddo?'

'Ydw siŵr,' cytunodd Mair, oedd yn amau ei bod yn gwybod beth fyddai'r stori.

'Wyddost ti'r wsnosa gwlyb gawson ni, a ninna'n methu mynd i nunlla am hydoedd, wel, mi wnes i adael i Roy ddod yma ar nosweithia Sadwrn – na, paid â thorri ar fy nhraws i. Be arall fedrwn i neud? Doedd hi ddim yn ffit i mi fynd am y dre, ac mi fasa pawb wedi'n gweld ni yn y pictiwrs... a pheth arall, doeddan ni ddim yn medru siarad yn fanno. Dyna un o'r petha mae Roy a finna'n lecio'i neud, siarad efo'n gilydd am hydoedd, am bob dim dan haul. Wnaeth William a finna rioed siarad fel'na efo'n gilydd, ac mae 'i lythyrau fo 'run peth, dim ond deud be mae o'n 'i neud. Does gynno fo ddim diddordab o gwbwl yn fy hanas i.'

'Gladys bach, be am y plant? Be ma' Roy yn feddwl ohonyn nhw?'

'Dwi ddim 'di deud wrtho fo amdanyn nhw eto. Mi fydda i'n clirio pob dim o'u petha nhw cyn iddo fo ddod yma.'

'Ond mi fydd o'n siŵr o ffeindio allan! Fedri di 'mo'u cuddio nhw yn nhŷ eu taid a'u nain – a pheth arall, mi fydd rhywun ffor'ma yn bownd o'i weld o ac agor 'u cega. Pryd mae o'n gadael y tŷ?'

'Wel...' petrusodd Gladys, 'ben bora Sul, fel ma' hi'n gwawrio fel arfar. Weithiau, wel... w'sti fel mae hi, mi eith hi dipyn bach yn hwyrach arno fo. Ond fydd 'na byth neb hyd y lle 'ma medda fo, heblaw Danial Dafis, ac mae Roy yn berffaith siŵr nad ydi hwnnw'n sylwi arno fo o gwbwl.'

'Be? Danial Dafis ddim yn sylwi? Paid ti â chael dy siomi, mae o'n gweld bob dim, a'r unig gysur sy gin ti ydi nad ydi'r hen Ddanial yn un am hel straeon. Ond mae'n well i Roy ofalu na welith Jên drws nesa na Harri Puw liw 'i din o, neu mi fydd ar ben arnat ti wedyn. Be haru chdi'n gneud peth mor wirion, Gladys? Mi fydd y camp yn cau y munud y daw'r rhyfal 'ma i ben, ac mi fydd Roy a phob Roy arall yn diflannu heb feddwl ddwywaith amdanon ni sy ar ôl yn fama.'

'Na. Mae Roy yn wahanol i'r gweddill i gyd. Mae o wedi gofyn i mi fynd efo fo pan fydd o'n cael 'i symud o'ma... a dwi di deud ella yr a' i.'

Cododd Mair ei phen yn sydyn i edrych ar wyneb diniwed Gladys.

'Paid â siarad mor wirion! Fedri di ddim jest mynd a gadael William, a beth bynnag, ei di ddim i nunlla heb y plant, dwi'n gwbod. Pan sonni di amdanyn nhw wrth Roy peth debyca na fydd yr un o'i draed o am fagu dau o blant dyn arall. Mae'n well i ti ddeud y gwir wrtho fo'n reit handi, achos dwyt ti ddim yn bod yn deg efo neb: Roy, William, dy dad a dy fam yng nghyfraith na dy blant bach. Dwi'n meddwl dy fod ti'n hunanol iawn, Gladys Huws, waeth i mi ddeud yn dy wynab di ddim mwy na'i feddwl o, a dwi 'di cael fy siomi ynddat ti, cofia.'

Dechreuodd Gladys snwffian crio.

'Tydi o ddim yn deg, Mair, 'mod i yn fan hyn ar ben fy hun am flynyddoedd fel meudwy, yn gorfod edrach ar ôl y plant heb neb i helpu, nôl dŵr o'r hen ffynnon 'na, gwagio lludw... a gorfod torri twll yn yr ardd ym mhob tywydd i wagio'r bwcad closat. Ma'n gas gin i fyw fel hyn, yn gorfod penderfynu bob dim ar ben fy hun, lle dibynnu ar William i neud bob dim drosta i fel roedd o'n neud ers talwm. Ac mae rwbath anhygoel wedi digwydd i mi o'r diwadd a cha' i mohono fo... tydi o ddim yn deg!'

'Nac'di, Gladys, tydi petha ddim yn deg. Tydi o ddim yn deg bod William ac Ifan a miloedd yr un fath â nhw yn gorfod cwffio ac anafu a lladd. Lladd dynion sydd yr un fath â nhw mwy na thebyg, heb wneud drwg i neb. Tydi o ddim yn deg fod miloedd o blant bach Lerpwl a Llundain wedi cael eu cipio oddi ar eu mamau a'u gyrru i fyw i ganol pobol ddiarth tra mae eu cartrefi nhw'n cael eu bomio... a tydi o ddim yn deg fod pobol ddiniwad Sicily a phob man arall yn cael eu lladd gan fwledi a bomiau'r Jyrmans – a'n bomiau ninnau hefyd tasa hi'n dod i hynny.

'Does 'na ddim byd yn deg yn yr hen fyd 'ma, ond yma rydan ni rŵan ac mae'n rhaid i ni drio cadw'n cartrefi i fynd nes y daw heddwch eto, a nes daw ein gwŷr yn ôl adra aton ni. Tria di gofio hynny, Gladys. A pheth arall, mi wyt ti'n cael llawar mwy o help na 'run ohonon ni. Paid ti â bod mor anniolchgar wrth fam a thad William sydd mor gefnogol i chdi a'r plant.' Gwelodd Mair ddagrau yn llenwi llygaid duon Gladys ond aeth yn ei blaen. 'Paid â meddwl 'mod i'n gas efo chdi, dim ond trio dy helpu di ydw i. Mi fyddan ni i gyd yma i chdi pan fydd Roy wedi mynd, a dyna wneith o, yn siŵr i ti. Mi ddaw William adra atat ti ac mi gewch ddechra o'r newydd eto.'

Wrth weld dagrau Gladys yn dal i lifo i lawr ei bochau teimlodd Mair yn euog am fod braidd yn llawdrwm arni, a cheisiodd ei chysuro. 'Yli, dwi am fynd i'r Rhyd heddiw, dwi isio darllan y papura a gwrando dipyn ar y weiarles i ddal i fyny efo'r newyddion. Mi fydd Nhad yn falch o gwmpeini Gruffydd, dwi'n siŵr, gan nad ydyn nhw wedi gweld 'i gilydd ers tro rŵan. Dwi wedi bod yn 'i adael o efo Jên – tydi hi ddim wedi bod yn ffit i fynd ag o drwy'r glaw ac mi fyddwn inna'n dod â'i phensiwn a'i negas iddi hitha, fel y gwyddost ti. Fysat ti'n lecio dod efo fi i'r Rhyd? Mi wneith les i ti, ac ma' hi'n heulo chydig y bora 'ma.'

Doedd dim llawer o waith perswadio ar Gladys i fynd i'w chanlyn. Roedd y ffordd yn fudr iawn ar ôl tywydd gwlyb dechrau'r flwyddyn, a bu'r ddwy yn rhedeg yn ôl a blaen i geisio cadw trefn ar y plant oedd yn cael andros o hwyl wrth neidio i mewn ac allan o'r pyllau dŵr oedd wedi cronni yma ac acw.

'Peidiwch, y cythreuliaid bach, neu mi fydd 'ych traed chi'n socian cyn cyrraedd!' gwaeddodd Gladys, gan gymryd arni ei bod yn eu ceryddu. Ceisiodd gelu ei gwên wrth weld y plantos yn mwynhau rhyddid yr awyr iach ar ôl bod yn gaeth yn y tŷ am wythnosau. Teimlai ei chalon hithau yn ysgafnach o lawer hefyd wrth redeg ar eu holau er mwyn esgus eu dal. Carlamai'r plant o'i blaen yn sgrechian a chwerthin.

Ymhen sbel arafodd Mair ei chamau i gyd-gerdded ling-di-long efo Gladys a gadawodd i'w meddwl grwydro.

'... titha hefyd, Mair?'

'Be? Be ddeudist ti?' Deffrodd Mair o ganol ei breuddwydion.

Wnaeth Gladys ddim ailadrodd ei chwestiwn, dim ond dweud ei bod yn teimlo'n ffodus fod eu plant hwy yn rhy ifanc i fynd i'r ysgol drwy'r holl law diweddar.

'Wel, ia,' cytunodd Mair. 'Mi o'n i'n sylwi un diwrnod ar Beti Ŵan druan yn cyrraedd adra efo'r plant fenga a'u dillad yn socian, y petha bach. Dwi ddim yn edrach ymlaen i gerddad efo Gruffydd drwy bob tywydd pan ddaw 'i amsar o.' Oedodd am ennyd cyn gofyn ei chwestiwn nesaf. 'Be nei di o Robin, Gladys? Dwi 'di sylwi nad ydi o'n mynd i'r ysgol ryw lawar, a'i fod o'n 'i heglu hi am Gae'r Hafod neu rwla ben bora. Bechod drosto fo sgin i – mae o mewn oed annifyr yn tydi, yn hannar dyn rwsut.' Soniodd hi 'run gair am yr amheuon oedd wedi codi yn ei phen y noson honno pan welodd hi rywun yn y cowt.

Chafodd hi ddim llawer o ymateb gan Gladys, gan ei bod hithau erbyn hynny wedi ymgolli yn ei breuddwydion cymysglyd ei hun. Ers blynyddoedd roedd hi wedi credu y byddai William yn codi tŷ cyfforddus iddyn nhw ar ôl y rhyfel, ac roedd hi wedi edrych ymlaen yn eiddgar am y diwrnod hwnnw, ond erbyn hyn roedd hi'n amau ai dyna roedd hi eisiau o ddifri. Wrth gwrs y byddai hi'n gwirioni ar dŷ newydd, ond efo Roy, nid William.

Pan oeddynt ar fin cyrraedd Rhydyberthan gwelsant fod y mwg o simneiai'r pentre'n codi'n rubanau llwydion hir a syth i'r awyr, yn arwydd o dywydd gwell i ddod. Synhwyrodd y plant eu bod yn nesáu at y pentref ac at dai eu perthnasau oedd yn siŵr o fod yn barod i'w difetha'n rhacs.

Wrth i Mair a Gladys geisio rhoi tipyn o drefn ar eu dillad cyn cyrraedd, cododd Gladys ei phen i edrych ar Mair yn ymbilgar.

'Paid â sôn wrth neb am Roy, cofia, Mair, dim hyd yn oed wrth dy dad. Wyt ti'n addo?'

'Yli, Gladys, mi wyddost ti nad ydw i'n hitio dim am y busnas 'ma efo Roy, ond dy fusnas di ydi o a neb arall. Fel ffrind, mi ddylsat sylweddoli fod dy gyfrinach yn saff efo fi. Mi alwa i amdanat ti ar fy ffordd yn ôl – dwi angen galw yn y post i nôl pensiwn Jên a dau neu dri o betha o'r siop iddi.'

Trodd Mair am dŷ ei thad heb fawr o wên ar ôl clywed enw Roy. Er mor ddiflas oedd gwrando ar Gladys ar hyd y blynyddoedd yn brolio William a'r tŷ crand roedd o wedi ei addo iddi hi, roedd yn well gan Mair ddioddef hynny na chlywed am ei charwriaeth hefo'r hogyn dieithr na wyddai hi ddim o'i hanes.

Galwodd Mair ar ei thad wrth agor drws y cefn, ond doedd dim ateb. Pan aeth hi i mewn i'r tŷ gwelodd ei fod yn pendwmpian wrth y tân a'i getyn ar fin disgyn o'i geg, a rhoddodd bwniad ysgafn i'w ysgwydd nes peri iddo neidio yn ei gadair. Doedd Mair ddim wedi gweld ei thad yn cysgu ganol y bore o'r blaen – fel arfer, pan fyddai'r tywydd yn sych, byddai'n treulio'i amser allan yn yr ardd neu yn ei sied.

'Nhad, ydach chi'n iawn? Sbiwch pwy sy 'di dod i'ch gweld chi!'

'Duwadd annw'l, Mair a Gruffydd! Be dach chi'n da 'ma mor fora?' Gafaelodd yn Gruffydd a'i godi ar ei lin. 'Ty'd yma, 'ngwas i. O, ma' dy draed di'n socian! D'o mi dynnu dy sgidia a dy sana i ti gael 'u cnesu nhw o flaen y tân. Mair, stwffia ddarn o'r hen bapur newydd 'na i'w sgidia fo a dyro nhw ar y pentan i sychu. Mi fydd o 'di ca'l anfadwch os roith o sgidia tamp am 'i draed i fynd adra, siŵr i ti. Be ddaeth â chdi yma mor fora, dŵad?'

Gwenodd Mair wrth weld ei thad yn ffysian dros Gruffydd. 'Sylwi bod y tywydd 'di codi wnes i, a gweld cyfla am awyr iach. Oes gynnoch chi olchiad i'w neud? Mi ddois i â chydig o fenyn a siwgwr efo fi, a thun o Spam i helpu at ginio.'

'Bobol bach, doedd dim isio i chdi. Tydw i ddim yn byta rhyw lawar, ar ben fy hun yn fama, ac ma' gin i ddigon i neud cinio i chdi a Gruffydd. Yn does, 'ngwas i? Chewch chi ddim llwgu gan Taid, siŵr iawn.'

'Be 'di'r newyddion am yr hen ryfal 'ma, Nhad? Tydw i ddim wedi gweld papur newydd ers tro.'

'Wel, yn ôl be glywis i, ma'r Rysians wedi bod yn cwffio'n o hegar tuag at Jyrmani, ac ma' nhw bron yn Berlin. Gobeithio wir, mi fydd yn ddiwadd ar yr Hitlar 'na wedyn. Ac mi ydan ni'n ennill tir yn Ffrainc, meddan nhw. Cofia di, ma'r hen betha Japan 'na'n dal i gwffio, ond fydd y Mericians fawr o dro yn dangos iddyn nhw pwy di'r bòs yn fanno, na fyddan yn duwcs.'

Gwrandawodd Mair ar yr hen ŵr yn parablu cyn gofyn a oedd unrhyw newyddion o'r Eidal.

'Dim llawar mae arna i ofn. Mi fu'n aea mor galad ac oer, mi aeth yn stêl mêt yno am dipyn. Fedra neb symud, bron, ond rŵan, pan wellith y tywydd, mi fydd 'na symud ymlaen, gei di weld, ac mi fydd Ifan druan adra mewn dim.'

Hoffai Mair petai'n credu proffwydoliaeth ei thad ond roedd hi ofn codi ei gobeithion y byddai ei gŵr yn cael ei ryddhau o'r fyddin yn y dyfodol agos. Bwriadai gael cip ar y papur ar ôl paratoi cinio, ac mi wrandawai ar y newyddion ar y weiarles wedyn.

Cawsant sgwrs ddifyr wrth fwyta eu bwyd: tatws, Spam a phwdin reis yn bwdin.

'Ma'n braf cael cwmpeini i fyta, cofia. Sut ma' petha tua Gwaenrugog?'

'Dwi ddim wedi gweld llawar o neb ers dechra'r flwyddyn heblaw Jên, Anni a Gladys. Ond dwi'n clywad Cati yn pesychu ddydd a nos – cheith neb 'mo'i helpu hi, wyddoch chi, a dwi'n poeni amdani braidd. 'Sgynni hi deulu yn rwla?'

'Na, chreda i fawr. Yn Rhes Newydd dwi'n ei chofio hi rioed, efo cath neu ddwy bob amsar, ac yng nghanol rhyw ddeiliach lond y tŷ. Mae 'na rai pobol yn dal i fynd ati i brynu eli neu ffisig, ond fentris i rioed ati, cofia, rhag ofn iddi roi gwenwyn i mi. Sut oedd Gladys yn dygymod efo'r tywydd ofnadwy 'na, a hitha 'di arfar jolihoetian gymaint am y dre?'

'Mi fydd Gladys yn iawn pan ddaw William adra.'

'Clywad bod 'i rieni o'n poeni amdano fo braidd. Tydyn nhw ddim 'di cael llythyr es tro, a fynta'n arfar anfon un yn rheolaidd iddyn nhw.'

'Tewch, peth rhyfadd 'te? A Gladys yn brolio'i bod hi'n cael un bob wsnos gynno fo.'

Wrth olchi'r llestri cinio bu Mair yn ystyried yr hyn ddywedodd ei thad wrthi am William. Fedrai hi yn ei byw feddwl pam y byddai Gladys yn rhaffu celwyddau wrthi am y llythyrau, heblaw bod ganddi gywilydd cyfaddef, efallai, nad oedd William yn talu digon o sylw iddi.

Wrth i'r ddwy basio heibio i Dai Bont ar eu ffordd adref doedd dim gobaith ganddynt o osgoi Lora Rowlands.

'Gladys, Mair, peidiwch â phasio! Wel, ma'n dda'ch gweld chi, a'r petha bach 'ma 'fyd. 'Di bod yn y Rhyd ydach chi? Dowch i mewn am funud, mae 'ma ddigon o le i chi i gyd, ac ma'r gwynt yn rhy fain i sefyllian allan fan hyn.'

Roedd Gladys yn daer am fynd yn ei blaen ond synhwyrodd Mair pa mor awyddus oedd Lora i gael sgwrs. Gan ei bod yn sych gadawsant y coetsys y tu allan, a'r peth cyntaf wnaeth Lora pan gerddodd y giwed i'r gegin oedd torri tafelli o fara a rhoi brechdan jam yn llaw pob un o'r plant.

'Hwda di hon rŵan, Siani,' meddai wrth roi brechdan yn llaw Shirley.

'Shirley ydi hi,' cywirodd Gladys, 'Shirley, nid Siani.'

Edrychodd Lora ar Gladys dros ei sbectol. 'Deud ti. Dwi'n drysu'n lân efo'r enwa diarth 'ma. Does 'na ddim byd gwell na brechdan jam i blant bach, 'chi, heblaw am frechdan siwgwr, ond ma' hwnnw 'di mynd yn beth mor brin rŵan. Mi fydda i'n cadw fy siâr i a Gwilym o siwgwr, i neud yn siŵr y bydd gin i ddigon i neud potyn bach neu ddau o jam cartra. Deudwch i mi, sut oedd petha tua'r Rhyd heddiw, unrhyw newyddion? A sut ma' Ifan Ifans a William Huws i ffwr 'na? Ydi'r ddau dros y môr o hyd? Yr hen gena Hitlar 'na 'di gneud cymaint o helynt i chi i gyd, 'te.'

Atebodd Mair hi gymaint ag y gallai, ond tawedog iawn oedd Gladys.

'Mi ydan ni i gyd yn gobeithio gweld rhyw newid mawr cyn yr ha', ond fedrwn ni neud dim yn fama, na fedrwn, dim ond gobeithio.'

'Wel ia, yntê, a gweddïo, Mair fach. Dwi'n gweddïo drostoch i gyd bob nos cyn mynd i'r gwely, a dwi'n gobeithio bod Gwilym yn gneud 'run modd... wel, mi wn i 'i fod o'n cau ei ddwy lygad yn dynn, beth bynnag. Deudwch i mi, glywsoch chi rwbath am yr hogia gwirion sy'n chwara hen dricia gwael a thrio dychryn merchaid Rhyd? Harri Puw ddeudodd wrth Gwilym.'

Cododd Gladys ei phen pan glywodd gwestiwn Lora.

'Dychryn? Pwy gafodd 'i ddychryn? Glywist ti am y peth, Mair?'

Chafodd Mair ddim amser i ateb gan i Lora achub y blaen arni.

'Dychryn merchaid bach unig yn ganol nos efo'u hen dricia budur. Lle ma' Preis Plisman na cheith o afael ynddyn nhw? Mae o'n ddigon barus yn dal dynion diniwad sy 'di anghofio rhoi lampau cochion ar eu beics, ac yn ddigon digwilydd i'w riportio nhw hefyd, a'r cryduriaid druan yn gorfod talu ffein allan o'u ceinioga prin.'

Gwelodd Mair fod wyneb Gladys wedi gwelwi a'i bod wedi anesmwytho drwyddi.

'Twt,' meddai, rhag dychryn ei ffrind ymhellach, 'meddwl 'u bod nhw'n clywad petha maen nhw, siŵr... ma' pawb 'di bod yn unig drwy'r hen aea tywyll 'ma, ac yn ama'r gwaetha am bob smic. Mi ddaw yn wanwyn gyda hyn a phawb wedi anghofio bob dim am y cwbwl.'

Wrth glywed ymateb cadarnhaol Mair adenillodd Gladys rywfaint o'i hunanhyder ond wnaeth hi ddim cyfaddef fod rhywrai wedi ymweld â'i thŷ hithau, gan y byddai hi wedyn wedi gorfod sôn ei bod yn cael llonydd ers i Roy ddechrau galw heibio ar nosweithiau Sadwrn.

Trodd Mair drywydd y sgwrs.

'Yli, Gladys, ma' ceg Gari bach yn jam drosti. Dwi'n siŵr y cei di gadach gan Lora i llnau dipyn arni.'

Tra oedd Gladys yn brysur yn glanhau cegau'r plantos holodd Mair ynglŷn â'r bobol ddiarth yn y tŷ pen.

'Ma' nhw'n dal yno,' atebodd Lora, 'ydyn yn tad, er na fydda i'n gweld fawr arnyn nhw chwaith. Mae o yn dal i fynd ar y bỳs cynta bob dydd Llun, a fydda i ddim yn gweld yr un golwg ohoni *hi* o un pen wsnos i'r llall. Ma' nhw'n siarad yn od – mi o'dd Gwilym wedi'u clywad nhw pan oedd o'n codi dŵr golchi i mi o'r afon, ac mi oedd o'n saff eu bod nhw'n swnio fel yr Hitlar 'na yn brygowthian ar y weiarles cyn dechra'r rhyfal. Dwi'n siŵr mai Jyrmans ydyn nhw, chi, 'di cael 'u gyrru yma ar berwyl drwg. Watshiwch chi nhw, genod, peidiwch chi â'u trystio nhw. Ma' Gwilym yn deud bod yr hogyn yn cerddad ar hyd yr afon dragywydd... be arall sy yma iddo fo neud, 'te genod? Tybad 'sa'n well i ti gael gair hefo'r wraig, Mair? Ma' gin ti grab go lew ar Saesnag yn does, a chditha 'di arfar troi hefo pobol bwysig pan oeddat ti'n gweini yn y ficrej ers talwm.'

Ar ôl iddynt ffarwelio â Lora dechreuodd Gladys gerdded yn wyllt i fyny'r lôn.

'Ty'd, Mair, cyn iddi dw'llu. Dwi 'di dychryn ar ôl clywad Lora yn sôn am rywun yn aflonyddu ar genod Rhyd. Waeth i mi sôn wrthat ti rŵan ddim, mi ddigwyddodd yr un peth i minna hefyd ddiwadd yr ha' – mi o'n i bron â drysu, yn meddwl 'mod i'n mynd o 'ngho'.'

'Gladys bach, pam na fysat ti wedi deud wrtha i?'

'Mi o'n i ofn y basach chi i gyd yn chwerthin am fy mhen a deud mai hel meddylia o'n i. Ond pan ddechreuodd Roy aros ambell nos Sadwrn a gadael ei feic yn y cowt, mi stopiodd y sŵn. Pwy fysa'n ddigon brwnt i neud y ffasiwn beth, dŵad?'

Wnaeth Mair ddim cymryd arni ei bod hi ei hun wedi cael ei dychryn fwy nag unwaith, na'i bod yn dal i fod yn nerfus wrth glwydo bob nos.

'Dwn i ddim wir, Gladys. Ti'n siŵr nad breuddwydio oeddat ti?'

'Na – mi oedd rhyw hen sgriffian a chrafu yn y cowt. Mi feddylis mai ci neu gath oedd 'na i ddechra, ond pan ddigwyddodd o fwy nag unwaith, a hynny ar nosweithia tywyll, mi ddechreuis ama' mai rhyw hen hogia oedd yn chwara'n wirion. Mi o'n i'n clywad rhyw biffian chwerthin distaw. Dwi 'di bod yn ama' Defi John a Robin, ond ar ôl clywad hanas y teulu diarth 'na yn Nhai Bont gan Lora Rowlands, ma'n haws gin i feddwl mai'r hogyn hwnnw ydi o, 'sti. Dwi'n siŵr mai sbei ydi o, yn enwedig gan fod Lora'n deud 'u bod nhw'n siarad yn rhyfadd.'

Ochneidiodd Mair wrth wrando ar Gladys yn pwyso a mesur yr hogyn ifanc, heb fentro dweud ei bod hi ei hun wedi dod i ben ei thennyn. Rhwng ei hiraeth am Ifan, ei hunigrwydd a'i hofnau, roedd hi wedi penderfynu mynd i aros at fam Ifan i Ben Llŷn gynted ag y byddai'r dyddiau'n dechrau ymestyn. Erbyn iddi ddychwelyd adref byddai'r holl helynt wedi dod i ben, gyda lwc.

15

Ebrill 1945

Cyrhaeddodd y gwanwyn i Waenrugog yn slei bach cyn i neb ei ddisgwyl. Gwirionodd natur ar y gwres cynnar a dechreuodd dail yr onnen a'r fedwen wthio'u trwynau pigfain o'r canghennau yn swil. Dawnsiai cynffonnau ŵyn bach oddi ar flaenau bysedd yr helyg yn yr awelon mwyn, ac yng Ngwinllan Rhosddu daeth y wiwerod powld o'u nythod i chwilio am y mes a'r cnau roeddynt wedi'u cuddio'r hydref cynt. Roedd gwell hwyl ar bawb yn Ngwaenrugog, a chynfasau a phlancedi i'w gweld yn chwifio yn yr heulwen a'r gwyntoedd ffres. Manteisiodd Wili Morus ar y tywydd sych i rychu darn o'i ardd yn barod i blannu'r tatws had oedd yn brysur egino yn y cwt, a rhoddodd drefn ar ei gefn nionod. Sylwodd hefyd fod y tatws dahlias roedd o wedi'u codi y llynedd ac wedi'u lapio'n ofalus mewn hen sach dros y gaeaf yn dechrau egino, ond roedd am oedi ychydig eto cyn eu plannu rhag ofn i Sioni Rhew ddod heibio'n slei bach, fel y gwnâi ambell Ebrill a Mai i dwyllo'r garddwyr. Wrth sylweddoli nad oedd yr haf yn bell i ffwrdd aeth nifer o'r trigolion at Harri Puw er mwyn cael altro neu greu dillad yn barod am y tywydd cynhesach, a bywiogodd yr hen deiliwr drwyddo wrth gael sgwrsio a thynnu coes efo hwn a'r llall.

Roedd Llywarch Rhys, y gweinidog, i'w weld ar ei feic yn weddol aml hefyd, ond yr un gân oedd ganddo pan oedd yn cael ei holi am gyflwr iechyd ei fam: 'Gweddol yw hi, diolch.' Sylwodd amryw o aelodau Berea nad oedd yr un sglein ar ei bregethau ag a oedd yn nyddiau cynnar ei weinidogaeth.

Pan ddechreuodd Capten Spencer adael y tŷ i ymweld â'i winllan, ailddechreuodd Ela hithau grwydro hyd glannau'r afon. Roedd y llwybr o dan ei thraed wedi sychu, a sylwai ar fyd natur yn newid o ddydd i ddydd. Gwrandawai ar y robin a'r fwyalchen, y ddau am y gorau yn ceisio denu cymar. Cyn bo hir byddai'n chwilota am eu nythod ac yn gwirioni ar wyau glas golau y robin a rhai glasach, brychiog, y fwyalchen yn y llwyni drain a'r eithin.

Dal i besychu roedd Catrin Pari, ac er i ferched Rhes Newydd alw heibio iddi yn gyson i gynnig cymorth, sur oedd ei hymateb bob tro, a sylwodd Mair fod yr hen wreigan yn mynd yn fwy musgrell a bregus bob dydd. Torrodd Anni y newydd wrth ei chymdogion ei bod hi a'r plant yn bwriadu mudo'n nes at ei rhieni yn y dref, gan ddiolch i Mair, Gladys a Jên am eu caredigrwydd ers iddi golli ei gŵr.

Roedd hwyliau da iawn ar Gladys, ond wyddai neb ond Mair am fodolaeth Roy a'i fod yn dal i alw yn Rhes Newydd yn wythnosol. Gan fod y dyddiau yn ymestyn roedd yn mynd yn anoddach bob wythnos iddo sleifio yno heb i neb ei weld, a dechreuodd Gladys fynd i'r dref yn amlach i'w gyfarfod.

Er bod y gaeaf wedi pasio roedd Mair yn dal i deimlo'i faich yn drwm ar ei hysgwyddau. Doedd hi ddim wedi derbyn llythyr gan Ifan ers tro, ac roedd hi'n poeni'n arw amdano ar ôl iddi glywed bod y cwffio mawr wedi ailddechrau'n ffyrnig yn yr Eidal. Roedd Gladys wedi pellhau oddi wrthi ac Anni ar fin gadael, ac roedd hithau wedi blino smalio ei bod yn ymdopi â'r holl bwysau roedd y rhyfel wedi ei roi arnyn nhw i gyd. Doedd hi ddim wedi clywed smic o sŵn yn y cowt ers y noson y bu iddi weiddi ar y dihiryn drwy'r ffenest, ond er hynny allai hi ddim ymgolli i drwmgwsg chwaith. Fel arfer, yn y gwanwyn, byddai Mair yn teimlo'r cyffro yn y ddaear yn ei bywiogi, ond eleni roedd ei chorff a'i meddwl yn gwrthod ymateb.

Gwyddai fod croeso heb ei ail yn ei haros gan fam Ifan ym Mhen Llŷn, ac roedd wedi sgwennu at ei gŵr i ddweud wrtho am gyfeirio ei lythyrau i Fwlch y Graig am y tro. Un diwrnod, ar ôl gwneud yn siŵr y byddai cymdogion ei thad yn fodlon gofalu amdano yn Rhydyberthan, torrodd y newydd i'r merched eraill ei bod wedi trefnu i Twm Lorri Laeth ei chodi hi a Gruffydd am saith o'r gloch y bore wedyn. Gofalodd fod ei thŷ yn lân a thaclus cyn smwddio a phacio'u dillad, a chasglodd yr ychydig de, siwgr a thuniau bwyd o'r pantri mewn bag arall. Lapiodd grempogau yn ofalus mewn papur er mwyn eu rhoi i Twm yn anrheg am ei drafferth.

Roedd yn fore braf pan safodd hi a Gruffydd y tu allan i'w dôr i ddisgwyl am y lorri. Toc, clywodd sŵn y caniau llaeth gwag yn tincial wrth iddynt daro yn erbyn ei gilydd. Arhosodd y lorri, a chododd Mair ei mab bach i eistedd yn y canol rhyngddi hi a Twm.

Doedd dim llawer o sgwrs i'w gael gan Twm mor gynnar yn y bore. Sugnai'r sigarét oedd yn glynu wrth ei wefl isaf fel llo bach wrth deth, a gadawodd Mair lonydd iddo fwynhau ei smôc. Roedd y lorri yn cychwyn o Waenrugog yn ysgafn ei baich nes y byddai'n dechrau cyfnewid y caniau gwag am y rhai llawn fyddai'n cael eu gadael ar y llwyfannau ger adwyon y ffermydd ar ôl y godro boreol. Gan fod haul y bore yn canlyn y lorri o'r dwyrain roedd popeth o'u blaenau'n disgleirio fel grisial yn ei belydrau isel. Dotiodd Mair at y wlad, oedd yn edrych mor hudolus o dan haenen ysgafn o farrug cynnar.

Ar ôl i Twm orffen ei smôc a chyn iddo danio'r ail, bachodd Mair ar y cyfle am sgwrs.

'Lle fyddwch chi'n codi gynta, Twm?'

'Fydda i ddim yn dechra nes cyrradd pen draw y penrhyn,' atebodd rhwng ei ddannedd a'r sigarét. 'Codi ffermydd ardal Pencrugia tua'r hanner awr wedi wyth 'ma, a gweithio fy ffor yn ôl am adra wedyn.'

'Pryd y gorffennwch chi?'

'Erbyn i mi stopio yn Rhydycaerau am banad ddeg, a cha'l tamad o ginio tua Bron Eithin, mi eith yn ddau, dri erbyn i mi gyrradd y Ffatri.'

'Tydi pobol ffor'ma yn ffeind, deudwch? Pan oedd Ifan a finna'n canlyn, doedd dim ots pa amsar o'r dydd na'r nos oedd hi pan fydden ni'n galw heibio'i berthnasa a'i ffrindia fo, mi fydda 'na de a thorth frith neu gacan ar y bwrdd o'n blaena cyn i ni ga'l amsar i dynnu'n cotia. Doedd fiw gwrthod.'

'Ia, rhai felly ydyn nhw, chi,' oedd unig ymateb Twm o ganol y mwg.

Sylwodd Mair fod Gruffydd wedi syrthio i gysgu, ac ar ôl sylweddoli na châi fawr mwy allan o Twm trodd hithau i bwyso'i phen ar y ffenest. Bu'n pendwmpian bob yn ail ag edrych ar y golygfeydd hardd nes iddi deimlo pwniad yn ei hochr a gweld Twm yn pwyntio at y ffenest o'i flaen. Cododd Mair ei llygaid i ddilyn ei fraich, a chipiodd ei hanadl wrth weld y môr yn las, las a bae Aberdaron yn swatio yng nghysgod yr allt oddi tanynt. Roedd Mair wedi anghofio pa mor dlws y gallai'r môr fod ar fore braf o wanwyn. Glas fel llygaid Ifan, meddyliodd, a daeth pwl mawr o hiraeth drosti. Ar ôl troi i fyny'r allt allan o'r pentref a chyrraedd ardal Pencrugiau stopiodd Twm ei lorri wrth y gamfa a arweiniai i fyny i Fwlch y Graig.

'Diolch i chi, Twm. Ga' i ada'l negas ym Mhenyfoel pan fydda i'n barod i ddod adra,' gofynnodd Mair, 'ac aros amdanoch chi yn fama? Dwi'n gobeithio y ca' i bythefnos neu dair wsnos i gael fy nghefn ataf.'

Nodiodd Twm ei ben, gan ffurfio cylchoedd perffaith â mwg ei sigarét.

Ar ôl codi eu dwylo ar Twm trodd Mair a Gruffydd eu golygon tuag at y gamfa a'r llwybr serth igam-ogam a arweiniai at fwthyn gwyngalchog ei mam yng nghyfraith. Roedd y barrug yn gyndyn o godi yn y fan honno uwchben y môr, a phan ddringodd Mair a Gruffydd dros y gamfa a dechrau dilyn y llwybr roedd ambell redynen, fel addurn o risial, yn crensian o dan eu traed. Ar ôl dringo tua hanner y ffordd trodd Mair yn ei hôl gan wybod mai dyma'r olygfa harddaf yn y byd: copa mynydd Rhiw yn sbecian uwchben carped llwyd golau a Phorth Llanllawen islaw, y môr yn llepian dros y creigiau yn donnau diog. Wrth iddi afael yn llaw Gruffydd i orffen y siwrnai i'r bwthyn, gwelodd fam Ifan yn sefyll yn y drws yn chwifio'i ffedog wen, a chyflymodd ei chamau.

'Mair bach, mi ddoist ti o'r diwadd, a Gruffydd, do 'rionadd inna, dwi di bod yn 'ych disgw'l chi ers meitin, do wir. Dewch i mewn – ma'ch brecwast chi'n barod.'

O flaen y tân roedd bwrdd bach crwn wedi ei hulio'n daclus, ac ar y lliain gwyn roedd llestri bach rhyfeddol o ddel gyda lluniau o ddynes mewn ffrog laes a bonet am ei phen yn cerdded o dan barasôl yng nghanol gardd flodau, gyda bysedd y cŵn a lwpins amryliw hyd at ei gwasg.

'Misus Ifans bach, doedd dim isio i chi fynd i'r fath draffarth i Gruffydd a finna,' meddai Mair pan welodd y brechdanau tenau, tenau a menyn yn drwchus arnynt ar y plât, a wyau wrthi'n berwi ar y tân. Tywalltodd Nanw Ifans baned o de poeth i Mair o'r tebot, oedd yn cadw'n gynnes ar y pentan, a gwydraid o lefrith i Gruffydd.

'Dim trafferth o gwbwl, 'ngenath i,' meddai ei mam yng nghyfraith gyda gwên, 'dyma'r lleia peth fedra i neud i wraig Ifan a'i hogyn bach o. Mwynhewch 'ych brecwast rŵan cyn i mi ddangos i chi lle dach chi'n mynd i fod yn cysgu – mi fydd yn rhaid i ti ddringo ystol i fynd iddo fo cofia, Gruffydd bach!'

Edrychodd Gruffydd ar ei nain ddieithr mewn penbleth, ond gwenodd Mair wrth gofio'r amser hapus dreuliodd hi ac Ifan yn y daflod yn ystod eu mis mêl. Ar ôl iddynt orffen bwyta arweiniodd Mair ei mab i fyny yno o ris i ris gan dynnu'r bag trwm ar ei hôl.

Ar ôl cyrraedd y daflod, llusgodd Mair ei bag yr ychydig droedfeddi i ymyl y gwely, a sylwi bod Nanw Ifans wedi gosod cot pren yn y gornel. Rhoddodd ei phen heibio'r ystol a galw arni.

'Wel, ma' hi'n braf i fyny 'ma. Mi ddo' i i lawr i'ch helpu chi ar ôl i mi gael trefn ar y dillad.'

'Paid ti â brysio. Sylwist ti bod hen got Ifan yna? Mi o'n i'n meddwl y bysa fo'n saffach i Gruffydd na gwely, rhag ofn iddo ddod din dros ben i'r llawr 'ma.'

'Dach chi wedi mynd i draffarth efo ni, Nanw Ifans.'

Roedd Nain Pencrugia wedi gofalu bod tegan neu ddau yn y cot yn disgwyl am Gruffydd, ac eisteddodd yntau yn fodlon i chwarae efo nhw tra oedd ei fam yn dadbacio. Ond ymhen ychydig funudau roedd o wedi syrthio i gysgu, felly sleifiodd Mair i lawr yr ystol yn ddistaw, rhag ei ddeffro.

'Sut dach chi'n atab, Nanw Ifans? Ma' hi'n siŵr o fod yn unig iawn arnoch chi'n fama ar eich pen eich hun, a'r siop a'r ffynnon mor bell.'

'Mi dwi'n hapus iawn fy myd yma, Mair bach, "cyw a fegir yn uffern yn uffern y myn fod" meddan nhw. Yma y ces i fy magu ac yma ddaeth Dafydd Ifans ar ôl i ni briodi, ia wir, yma at Tada a finna. Dwi ddim wedi symud fawr o'ma erioed, 'sti, hcblaw i'r pentra ac i'r dre ar amball ddydd Merchar yn yr ha', ond ma'r bỳs yn cymryd drwy'r dydd. Ma' gin i gymdogion mor ffeind – fuo'm yn rhaid i mi gario dŵr drwy'r gaea, mi oedd Islwyn Hendy yn gneud hynny bob yn ail ddiwrnod, ac mi fydd Richard Penyfoel yn dod â negas i mi o Siop Blaencwm. Mi ddaw â pharaffîn a glo i mi hefyd at y gaea yn 'i drol fach. Mae 'na ddigon o fonion eithin i mi gael mymryn o dân yn yr ha' i ferwi chydig o ddŵr at banad. Mi awn ni'n tri ryw ddiwrnod i fyny yno i hel dipyn. Na, dwi'n hollol fodlon fy myd yn fama.'

'Pryd gawsoch chi lythyr gan Ifan?' holodd Mair. 'Dwi'm di ca'l un ers tro rŵan, a dwi'n siŵr bod 'na rwbath ar y gweill tua Italy. Y newydd dwytha glywis i oedd bod y Jyrmans yn tynnu'n ôl o Ffrainc a bod y Rysians bron â chyrraedd Berlin yn Jyrmani. Gewch chi weld, mi fydd y cwbwl drosodd cyn yr ha' ac mi ddaw Ifan yn ei ôl aton ni'n fuan.'

Estynnodd yr hen wraig ei llaw dros y bwrdd i afael yn un Mair.

'Daw, gobeithio, ond mi welwn ni newid mawr ynddo fo ar ôl yr holl flynyddoedd o fod i ffwr', dwi'n siŵr o hynny. Mi fydd o wedi byw yng nghanol dynion o bob lliw a llun ac wedi gweld petha mawr na fedrwn ni'n dwy byth 'mo'u dirnad. Mae arna i ofn y bydd ganddoch chi'ch dau waith i ddod i nabod 'ych gilydd unwaith eto.'

Sylweddolodd Mair nad oedd hi wedi ystyried am eiliad y byddai Ifan yn dod yn ei ôl ati yn ddieithryn. Yr un Ifan oedd o yn ei meddwl hi, y dyn a ffarweliodd â hi yn ei ddagrau yn y stesion bedair blynedd ynghynt. Felly roedd hi yn ei gofio. Ond ar ôl clywed geiriau doeth ei fam, ceisiodd ystyried beth roedd o wedi'i ddatgelu yn ei lythyrau prin. Dim llawer o ddim. Dim ond disgrifio'r gwledydd a'r tywydd a dweud ei fod yn iach. Wnaeth o ddim cwyno o gwbl am y dioddefaint: y bwyd, y gwres, yr oerni, y cwffio, y saethu, y bomiau, y lladd.

'Wel, mi fyddwn ni'n dwy yma iddo fo, yn byddwn, i drio'i helpu o i anghofio a dod â normalrwydd i'w fywyd o. Mae o'n poeni 'i fod o'n smocio'n drwm ac wedi dechra mwynhau'r ddiod, rwbath na wnaeth o erioed o'r blaen, ond mae o wedi addo na fydd yn cyffwrdd yr un o'r ddau o'r munud y daw o adra.'

'Taw â deud! Welis i rioed 'mo Ifan yn smocio. Ond pa gysur arall sy iddo fo, a'r miloedd o hogia sy'n cwffio yn y gwledydd pell 'na? Paid ti â phoeni, os ydi Ifan wedi addo rwbath mi fydd yn siŵr o gadw at ei air, bydd tad annw'l.'

Pan ddeffrodd Gruffydd aeth ei Nain ag o i fwydo'r ychydig ieir a hwyaid yn yr ardd y tu ôl i'r bwthyn, ond arhosodd Mair ar y fainc i ddotio at y golygfeydd o'i blaen. Pentref Aberdaron i lawr wrth ei thraed a dim ond bref ambell ddafad a sŵn y môr yn crafu ar draeth unig Llanllawen i dorri ar y distawrwydd nefolaidd. Roedd mynydd Rhiw wedi diosg y niwl, a'r bythynnod bach gwynion oedd yn swatio yn ei gesail yn disgleirio yn yr haul.

Wrth iddi gymryd anadl ddofn o foddhad teimlodd fod arogl pitsh du y giatiau pren culion, yn gymysg ag arogleuon y defaid a thyfiant y mynydd, yn falm i'w henaid. Roedd hi mor fendigedig yno, meddyliodd, wrth gau ei llygaid a gwasgu ei breichiau'n dynn amdani. Sut medrodd Ifan fentro oddi yma erioed, tybed? Ond doedd lle tangnefeddus ddim yn rhoi bwyd ar y bwrdd na tho uwch eu pennau.

Daliodd y tywydd yn gynnes, ac aeth Mair â Gruffydd i lawr i'r traeth un bore. Roedd Nanw wedi paratoi pecyn bwyd i'r ddau, ond gwyddai nad oedd yn rhaid iddi ofalu am ddiod iddyn nhw. Unwaith y byddai'r gair ar led eu bod nhw i lawr yn y pentref, byddai mwy nag un drws ar agor i'r ddau daro i mewn am baned.

Er bod gwynt y gogledd yn fain ar brydiau i fyny ym Mhencrugiau, i lawr ar y traeth yng nghysgod y pentref teimlai'n gynnes yn haul gwan dechrau Ebrill. Eisteddodd Mair â'i chefn yn pwyso ar wal y fynwent i fwynhau'r gwres a ddeuai o'r cerrig wrth iddi wylio Gruffydd yn chwarae yn y tywod. Bob yn ail â cheisio claddu coesau ei fam rhedai'r bachgen yn droednoeth at lan y dŵr, a chwarddai'r ddau pan oedd ambell don fwy powld na'r gweddill yn bygwth goresgyn ei goesau bychain. Aeth yn hwyr cyn iddi gychwyn yn ôl am Fwlch y Graig a mynnodd Greta, cyfnither Ifan, gerdded efo hi cyn belled â'r gamfa. Pan drodd Mair yn ei hôl i ffarwelio â hi cipiodd ei hanadl wrth weld llwybr coch yr haul yn bictiwr ar y môr, a chanfas yr awyr wedi ei beintio yn binc, melyn a glas tywyll.

Aeth bron i bythefnos heibio, a theimlai Mair ddim brys i ddychwelyd i Waenrugog. Doedd hi ddim wedi teimlo mor iach a heddychlon ers i Ifan fynd i ffwrdd: cawsai fwyd da, rhywun i edrych ar ei hôl hi am unwaith, ac ar ben hynny roedd y tywydd sych wedi dal yn weddol gynnes. Ymlaciodd yn llwyr – roedd lliw iach ar ei bochau a theimlai fod ei dillad wedi tynhau amdani. Gwyddai hefyd nad oedd Nanw Ifans am eu gweld yn gadael.

Ond un bore, cyrhaeddodd teligram.

TYRD ADRA RHYWBETH OFNADWY WEDI DIGWYDD.
GLADYS.

Dychrynodd Mair gymaint wrth ddarllen y neges nes i'w dwylo ollwng eu gafael ar y papur tenau. Plygodd i'w estyn a'i ddarllen am yr eilwaith cyn eistedd i lawr ar y fainc i geisio datod y cwestiynau oedd wedi'u clymu yn ei hymennydd. Anadlodd yn drwm cyn ystyried pob cwestiwn yn ei dro.

Ei thad? Na – ei chwaer neu Wmffra fyddai wedi anfon ati, nid Gladys. Ifan? Na – roedd hi wedi gadael cyfarwyddyd yn y swyddfa bost ei bod yn aros efo'i mam yng nghyfraith am sbel felly byddai unrhyw newydd drwg am Ifan wedi ei gyfeirio ati i'r fan honno.

Na, rhywbeth arall oedd wedi cyffroi Gladys. Gwyddai y byddai'n rhaid iddi fynd adref y diwrnod wedyn, a gadael Bwlch y Graig yn groes i'r graen, er mwyn wynebu beth bynnag oedd wedi digwydd. Aeth i'r bwtri i nôl llymaid o ddŵr oer cyn rhedeg ar draws y cae i fferm Penyfoel er mwyn gadael neges i Twm y lorri laeth y byddai hi wrth y gamfa y bore canlynol yn disgwyl amdano.

Roedd yn chwith ganddi orfod ffarwelio â mam Ifan mor ddirybudd, a gwyddai y byddai gan Nanw Ifans hiraeth mawr amdanyn nhw ill dau. Addawodd y byddai hi'n dychwelyd yn fuan, a gyda lwc, byddai Ifan hefo nhw y tro hwnnw.

Gofalodd Nanw Ifans nad oedd Mair yn mynd oddi yno'n waglaw ac roedd wyau, ychydig o siwgr a thalp go helaeth o fenyn yn ei basged.

Toc daeth y lorri laeth i aros wrth y gamfa. Fel y soniodd Twm wrthi ar ei ffordd yno, roedd yn aros yn Fferm Rhydycaerau am baned ddeg ac wedyn ym Mron Eithin am ginio. Er i fam Ifan baratoi pecyn bwyd i Mair doedd fiw iddi sôn amdano wrth wragedd y ffermydd, oedd yn daer am i Mair ymuno â phawb yn y gegin i fwyta a sgwrsio. Cawsant groeso twymgalon yn y ddwy fferm ond allai Mair yn ei byw â mwynhau'r ymddiddan gan fod neges y teligram yn troi a throi yn ei phen. Beth allasai y 'rhywbeth ofnadwy' y soniodd Gladys amdano fod?

Roedd bron yn amser te arnynt yn cyrraedd Rhes Newydd, ac erbyn hynny roedd Gruffydd yn chwyrnu cysgu a'i fol bach yn llawn. Diolchodd Mair i Twm wrth iddi gario'i mab yn ofalus o'r lorri.

Pan glywodd Jên a Gladys sŵn yr injan o flaen eu tai rhuthrodd y ddwy i'r lôn i'w chyfarch. Wrth i Gladys wasgu dwylo Mair sylwodd pa mor llwydaidd oedd ei hwyneb ac ar y cysgodion duon o dan ei llygaid.

'Mair bach, dwi mor falch o dy ga'l di adra, choeli di ddim faint,' meddai'n grynedig. 'Ma' rwbath ofnadwy wedi digwydd yma.'

16

Cyn i Gladys gael cyfle i ddweud gair arall roedd Jên wedi gafael yn mhenelin Mair a'i harwain i'r tŷ. Aeth â Gruffydd i'w wely a hongian ei chôt ar y bachyn tu ôl i ddrws y siambr cyn mynd drwodd i'r gegin at Gladys a Jên, oedd wedi eistedd wrth y bwrdd.

'Rŵan 'ta, deudwch wrtha i be sy. Oes rwbath wedi digwydd i William neu Robat Ŵan?'

'Na, maen nhw'n iawn...' atebodd Jên.

'Diolch byth,' torrodd Mair ar ei thraws gydag ochenaid o ryddhad. 'Fedra i ddim meddwl am ddim byd sobrach nag un arall o'n hogia ni'n cael 'i frifo rŵan, a'r hen ryfal 'ma bron ar ben. Be wnaeth i chi anfon ata i 'ta?'

'Ma' rhyw gythral wedi ymosod ar Ela fach echnos,' datganodd Jên yn grynedig, a dechreuodd Gladys wylo eto.

'Bobol annw'l! O, mi o'n i'n ofni mai dyma fysa'i diwadd hi ar ôl clywad yr holl straeon am aflonyddu ar ferchaid o gwmpas y Rhyd. Y beth bach. Ydi hi wedi brifo?'

Oedodd Jên cyn torri'r newydd drwg i Mair. 'Gwaeth o lawar. Mi gafodd hi 'i threisio'n gïaidd... yr hen ddiawl wedi dwyn ei diniweidrwydd hi. Mae arna i ofn y deudith hyn arni ar hyd ei hoes.'

Allai Mair ddim credu geiriau Jên, nac yngan gair.

'Yn lle ddigwyddodd hyn,' gofynnodd yn sigledig ymhen sbel. 'Yn Rhosddu?'

'Na,' atebodd Jên, 'wrth ochor yr afon, ar ôl iddi dw'llu echnos.'

'Be wnaeth iddi fynd allan yr adag honno o'r nos, ar ben ei hun bach?'

'Wel, ti'n cofio iddi ddeud bod ganddi ofn yr Hen Gaptan drwy'i thin ac allan? Er mwyn osgoi bod yn y tŷ efo fo mi fydda hi'n dengid o'no bob cyfla gâi hi.'

Roedd Gladys yn dal i ochneidio a gafaelodd Mair yn ei llaw yn dyner.

'Dyna fo, Glad bach, paid â chrio rŵan.' Trodd Mair yn ôl at Jên. 'Lle mae Ela druan erbyn hyn?'

'Efo fi, am ryw chydig beth bynnag. Yr unig berthynas sydd ganddi ydi modryb tuag Aberystwyth, ond mae hi 'di gwrthod yn lân cymryd Ela druan yno ati hi. Ma'r hen hoedan gas yn meddwl bod Ela'n siŵr o fod wedi gofyn amdani, gan na fysa 'run dyn yn ymosod ar ferch ifanc mewn ardal mor wledig â Gwaenrugog heb 'i fod o wedi cael 'i gamarwain. Glywsoch chi eiria mor galad? Yr hen ast iddi! Ond mi geith Ela bach groeso iawn acw. Mi 'drycha i ar 'i hôl hi nes bydd y busnas wedi 'i setlo ac y ceith hi le arall – ma' hi 'di deud yn ddigon clir nad ydi hi am fynd yn ôl i Rosddu eto.'

'Oes ganddi ryw syniad pwy oedd y sglyfath?'

'Fedra i ddim cael gair o'i phen hi. Mi fedrodd lusgo'i hun yma a chnocio nes i mi ddeffro, a phan agoris i gil y drws dyna lle roedd y beth bach yn fwd ac yn waed drosti. Mi molchais i hi a rhoi mymryn o frandi iddi – dwn i ddim ai hi 'ta fi oedd yn crynu fwya. Fedrwn i ddim styrbio Anni a Gladys mor hwyr yn y nos, felly mi gnocis i ar ddrws Nymbar Wan i ofyn i Robin fynd ar 'i feic i Rosddu i dorri'r newydd, ac yno y cafodd o rif ffôn yr hen fodryb 'na yn Aberystwyth. Mi aeth â fo i Preis, chwara teg iddo fo, er mwyn i'r plisman roi gwbod iddi be oedd wedi digwydd i Ela. Ond doedd dim affliw o ots gan honno, fel y deudis i. Mi ddaeth Preis yma wedyn yn syth, ond fedra fo gael dim synnwyr gan Ela druan. Wnaeth hi ddim agor 'i cheg, dim ond ista yn syllu'n fud i'r tân ac ysgwyd ei phen pan oedd o'n dechra enwi'r Hen Gaptan a Rhosddu. Mi ddaw o draw eto fory i'w holi hi ac ella y siaradith hi rywfaint erbyn hynny.'

'Ela druan. Sa'n well i chi fynd yn ôl ati hi rŵan, Jên, rhag ofn 'i bod hi'n ofnus ar ei phen ei hun. Mi ddo i draw yn y munud i'w gweld hi.'

Cododd Jên, ond doedd dim golwg bod Gladys am adael y tŷ.

'Ga' i a'r plant aros yma efo chdi heno, Mair? Ma' gin i ofn ar ben fy hun ar ôl yr helynt ofnadwy 'ma,' gofynnodd ar ôl i Jên fynd.

'Cei, siŵr. Mi wnawn ni le i chi, ond does dim angan i chdi boeni. Mi wyt ti'n hollol saff yma yn ein canol ni i gyd. Lle ma' Anni, gyda llaw?'

'Wedi codi'i phac bora 'ma a symud at ei thad a'i mam. Mi soniodd o'r blaen ei bod am fynd, yn do? Wel, mi aeth yn gynt nag yr oedd hi wedi bwriadu, ond mi ddaw yn ôl i hel 'i phetha, medda hi, ac mi welith hi chdi bryd hynny. Mae hyd yn oed Beti Ŵan yn cloi ei drws ddydd a nos erbyn hyn.'

Ar ôl cael paned aeth Mair draw i dŷ Jên i weld Ela, oedd yn eistedd o flaen tanllwyth o dân wedi ei lapio mewn hen blanced lwyd ac yn edrych yn wael ac eiddil. Gwyrodd Mair ar ei chwrcwd o'i blaen er mwyn syllu i fyw llygaid Ela, a gafael yn ei dwy law rewllyd.

'Ela, 'mach i, mi wyt ti'n saff fan hyn efo Jên, ac mae Gladys a finna yma i dy helpu di unrhyw amser. Mi wn i fod Preis wedi bod yma yn dy holi, a dwi'n siŵr 'i fod o'n deimlad annifyr iawn, ond ma' raid i chdi drio deud wrthan ni pwy nath y ffasiwn beth ofnadwy i chdi. Doedd 'na ddim bai arnat ti o gwbwl, ac mae'n rhaid iddo fo gael ei ddal er ein mwyn ni i gyd, rhag ofn iddo fo drio gneud yr un peth eto. Tria gael dipyn o gwsg heno, ac ella medri di drio siarad efo ni fory. Yli, dwi wedi dod â thamaid bach o fenyn ffres o Ben Llŷn i'w roi ar frechdan i ti, ac mi addawodd Danial Dafis botyn o fêl i ti pan welodd Jên o'n pasio bora 'ma. Tria di fyta dipyn bach i swpar, i gryfhau. Mi wela i di yn y bora.' Gwasgodd ddwylo eiddil Ela yn gariadus cyn codi a throi yn ôl at y drws. Ysgydwodd Jên ei phen mewn anobaith ar Mair wrth iddi adael.

Fel yr oedd yn dechrau nosi daeth Gladys a'r plant i dŷ Mair, ond heb eu sŵn clebran arferol. Roedd hyd yn oed y plant bach yn ymwybodol bod rhywbeth wedi digwydd i darfu ar eu bywydau, ac aeth y tri i'r gwely heb ddim trafferth. Roedd y sgwrs rhyngddi hi a Gladys hefyd yn wahanol iawn i'r arfer – byddai Gladys yn siŵr o fod wedi ei holi'n dwll fel arfer am ei harhosiad yn Aberdaron, ond doedd dim hwyl ar yr un o'r ddwy y noson honno.

'Pwy ar y ddaear ymosododd ar Ela druan, o bawb?' gofynnodd Mair yn anghrediniol. 'Does 'na fawr o ddynion ar ôl yma fyddai'n ddigon tebol i neud peth mor ddiawledig. Mae Defi John yn un digon gwirion ond dwi'm yn meddwl y bysa fo'n gneud y ffasiwn beth. A dyna iti Robin Nymbar Wan, mi fysa fo'n ddigon tebol, am wn i, ond mi oedd o'n ddigon parod i fynd i Rosddu ac i Rhyd wedyn at Preis efo'r newydd. Tasa fo'n euog, cuddio wnâi o, yntê? Be am y dyn diarth 'na yn Nhai Bont... neu 'i fab o... a be am yr Hen Gaptan ei hun? Na, mi fysa fo 'di cal digon o gyfla yn y tŷ mawr unig 'na tasa fo isio, heb orfod dilyn Ela ar hyd yr afon.' Wrth i Mair bendroni'n uchel sylwodd nad oedd Gladys yn gwrando arni. Syllai i'r grât oer a golwg boenus ar ei hwyneb.

'Gladys, wnes ti ddim gwrando ar 'run gair ddeudis i.'

Cododd Gladys ei phen i edrych arni, a gwelodd Mair y dagrau'n cronni yn ei llygaid duon cyn iddi ymgolli i wylo'n ingol.

'Be wna i? O, be wnai i?'

Rhoddodd Mair ei braich am ysgwyddau ei ffrind a'i thynnu ati.

'Taw, taw rŵan, neu mi ddeffri di'r plantos. Ti'n saff, 'sti, ac mi gei di aros yma nes bydd bob dim wedi tawelu... '

Ond torrodd Gladys ar ei thraws. 'Dim dyna sy'n fy mhoeni i, Mair. Roy... mae o'n cael ei symud o 'ma.'

Rhoddodd Mair ochenaid rwystredig. Sut allai Gladys feddwl am ryw bwt o lanc a hithau'n gwybod bod Ela'n dioddef cymaint? Roedd hi bron â cholli ei hamynedd efo'r ferch benchwiban.

'Ac mi ddaw William yn ôl atat ti, ac mi fydd bob dim yn iawn,' mynnodd Mair, 'ac mi gei di dŷ neis gan William fel y gwnaeth o addo i ti. Mi fyddi di wedi anghofio am Roy mewn chwinciad, wir i ti.'

'Na fyddaf, Mair, byth... tydi o ddim mor hawdd â hynny. Dwi'n disgwl 'i fabi o. Be wna i?' Dechreuodd Gladys igian crio eto, ond wyddai Mair ddim sut i ymateb. 'Ac yn waeth na hynny,' ychwanegodd rhwng ei hochneidiau, 'dwi 'di cael fy siomi yn ofnadwy ynddo fo. Doedd o ddim yn edrach yn hapus pan ddeudis i wrtho fo 'mod i'n barod i fynd efo fo, a 'mod i'n disgwl 'i fabi o. Roedd yn rhaid i mi gyfadda fod gin i ŵr a dau o blant bach, yn doedd, ond mi ddeudis i nad oedd hynny'n ffeithio dim ar fy nheimlada tuag ato fo, a 'mod i'n dal isio mynd i ffwr efo fo, ond y bydda'n rhaid i mi gael mynd â'r ddau fach 'ma efo fi. Dyna pryd y gwelis i'r panig yn 'i wynab o. Wnes i rioed feddwl y bysa fo'n fy ngwrthod i, plant neu beidio, ar ôl yr oria bendigedig dreulion ni efo'n gilydd dros y gaea... roedd o mor awyddus i mi fynd efo fo'r adeg hynny. Ond dyma fo'n deud yn blwmp ac yn blaen wrtha i y bysa gwraig a thri o blant yn 'i rwystro fo rhag dilyn ei freuddwyd o gael mynd i'r coleg a mynd yn athro. Wela i ddim llawar o fai arno fo, cofia – pwy fysa isio magu dau o blant dyn arall? O, dwi mewn twll mawr du, Mair. Be ddeudith William a'i rieni, a phawb yn y lle 'ma? Fydd neb isio 'ngweld i. Dwi 'di cysidro mynd at Cati Fala Surion... ti'n cofio fel o'dd pobol yn deud ers talwm y bydda hi'n medru gneud ryw ffisig i ga'l gwarad o fabis siawns? Roedd Anni yn sôn, yn doedd, bod 'na ferchaid yn dal i fynd at Cati yn slei bach weithia a dwi jest â mynd ati hi, cofia.'

Cododd Mair ar ei thraed mewn dychryn.

'Wnei di 'mo'r ffasiwn beth, Gladys. Be tasa hi'n dy wenwyno di, neu waeth? Cofia di am y plant bach sy gin ti'n barod. Na, mi feddyliwn ni am rwbath. Y gwely ydi'n lle ni rŵan, ac mi gawn ni siarad yn y bora.'

Cododd Mair gyda'r wawr. Teimlai ei phen fel pelen o blwm ar ôl noson hunllefus, ac eisteddodd wrth y bwrdd gan feddwl pa mor braf oedd hi ym Mwlch y Graig heb yr un cymhlethdod i'w phoeni. Dim ond deffro bob bore yn y daflod, taro côt amdani ac agor drws y bwthyn bach i edrych ar yr olygfa ogoneddus oddi tani. Yno, cawsai ddigon o amser i grwydro'r llwybrau lleol a mwynhau'r croeso brwd oedd yn ei haros bob amser ar aelwydydd cydnabod ei mam yng nghyfraith. Yno, cawsai lonydd i freuddwydio am Ifan ac am eu dyfodol. Rhoddai unrhyw beth am gael bod yn ôl ar y llechweddau yn y gwynt iach, a'r gymysgedd o arogleuon yr heli, defaid a blodau mân y mynydd yn ei swyno. Bu ei harhosiad yno yn falm i'w chorff a'i chalon, ond doedd dim yn ei disgwyl yn Rhes Newydd ond problemau, ac roedd ceisio helpu pawb yn ei gwneud hi mor flinedig.

Yn ystod yr oriau di-gwsg roedd hi wedi ystyried beth fyddai orau i Gladys, a thra oedd yn aros iddi ddeffro cliriodd Mair y grât a gwncud tân oer, cyn tynnu'r llwch oedd wedi meiddio setlo ar y pentan tra bu hi ymaith. Pan oedd allan yn y cowt, clywodd sŵn clocsiau a phiseri Danial Dafis.

'Wel, dyma chi wedi dod adra aton ni o'r diwadd, Mair Ifans. Sôn am helynt, ma' siŵr eu bod nhw wedi deud wrthach chi am y cena 'mosododd ar forwyn fach Rhosddu. Y cythral drwg iddo fo. Ma'n dda 'mod i 'di mynd i'r oed yr ydw i neu mi fyswn i'n hannar 'i ladd o petaswn i'n ffendio allan pwy oedd o. Mae gin i fy syniada, cofiwch, oes neno'r tad. Y sglyfath sy'n beicio hyd y lle 'ma yn hwyr yn y nos nath, siŵr i chi. Mi ydw i wedi'i weld o yn padlo fel y cythral yn 'i ôl am y dre fel ma' gewin cynta gola'r haul yn codi tu ôl i Garnhebog, do neno'r tad.'

'Dydach chi ddim yn meddwl 'i fod o'n rhywun o ffor'ma felly?'

'Nac'dw, siŵr iawn. Pwy o'n dynion ni fysa'n meiddio gneud y ffasiwn beth? Byddwch chi'n ofalus rŵan, Mair, a chloiwch 'ych drws bob nos, 'cofn i'r diawl ddod yn 'i ôl.'

Chlywodd Mair erioed 'mo'r hen Ddaniel addfwyn yn

defnyddio geiriau mor gryf o'r blaen. Pwysodd ei breichiau ar y ddôr i synfyfyrio.

Roedd yr hyn ddigwyddodd i Ela wedi suro popeth, rywsut, ar ôl i holl drigolion yr ardal dynnu at ei gilydd ers dechrau'r rhyfel. Byddai pob dyn a hogyn ifanc dan amheuaeth nes i'r dihiryn gael ei ddal, ac roedd Mair ofn i'w cymdeithas fach fynd ar chwâl. Ond roedd y rhyfel ei hun wedi suro pethau, ystyriodd wedyn, a doedd neb wedi osgoi rhyw fath o graith.

Trodd yn ôl am y tŷ pan glywodd sŵn y plant yn clebran fel haid o gywion hwyaid. Ar ôl eu bwydo, aeth â nhw allan i'r cowt i chwarae a'u siarsio i fod yn dawel. Erbyn iddi ddod yn ei hôl i'r tŷ roedd Gladys yn cyfogi uwchben y sinc. Doedd cynnig Mair o fara menyn ddim yn plesio.

'Fedra i ddim, wir Mair. Fues i rioed yn sâl fel hyn pan o'n i'n disgwyl Shirley a Gari – ma' raid mai dyma fy haeddiant am beidio bod yn driw i 'ngŵr. O, Mair, fedra i byth fyw efo William eto ar ôl caru Roy gymaint. A hwnnw wedi torri 'nghalon i drwy 'ngwrthod i.'

'Gladys Huws, rho'r gora i feddwl amdanat ti dy hun,' gwylltiodd Mair. 'Nath neb dy orfodi di i gysgu efo Roy, yn naddo? Iawn, falla'i fod o'n hunanol ond weli di ddim bai arno fo am gysidro'i ddyfodol a fynta wedi rhoi ei fryd ar fod yn athro. Mi fysa'n rheitiach i ti ddechra meddwl am William – sut fydd o'n teimlo pan glywith o dy fod ti'n cario babi dyn arall, heb sôn am ei rieni, druan ohonyn nhw. Y peth gora fedri di 'i neud ydi deud wrth Meri Huws am y babi. Ma' hi'n meddwl y byd ohonat ti a'r plant, ac ella y bydd hi'n gefn i ti pan ddeudi di wrth William.' Wnaeth Gladys ddim ymateb, dim ond edrych arni â llygaid cochion, felly gafaelodd Mair yn ei dwylo'n dyner. 'Fysat ti'n lecio i mi fynd at Meri Huws i 'sbonio? Deud sut roedd gin ti gymaint o hiraeth am gwmpeini William, a dy fod wedi cael munud wan pan wnest ti gyfarfod rhywun yn y dre, a cholli dy ben... dim ond un waith? Fydd dim rhaid i ti sôn am enw Roy – does 'na neb ffor' hyn yn gwbod am 'i fodolaeth o. Ac fel y sonist ti, mi fydd o'n mynd i ffwr yn y dyddia nesa 'ma beth bynnag.'

Wrth iddi glywed enw Roy agorodd y llifddorau unwaith eto. Er nad oedd Mair yn cymeradwyo carwriaeth Gladys a Roy roedd hi'n teimlo i'r byw drosti. 'Gad i mi fynd at Meri, ac os cytunith hi i dy gefnogi di mi fydd yn rhaid i ti sgwennu at William i gyfadda'r cwbwl. Pan welith o bod 'i fam o am fadda i ti dwi'n siŵr y gneith ynta yr un peth, dim ond i ti roi amsar iddo fo. Wedi'r cyfan, tydan ni ddim yn gwbod pa demtasiyna sy wedi dod i'w ran ynta... nac Ifan chwaith, tasa hi'n dod i hynny. Mae pum mlynadd yn amsar maith i hogia ifanc fel William ac Ifan, cofia, ac maen nhw wedi bod drwy goblyn o brofiad.'

Rhwbiodd Gladys ei llygaid â'i dyrnau ac edrych yn syn ar Mair. 'Ti'm yn trio deud...?'

'Chei di na finna – na miloedd o wragadd 'run fath â ni – byth wybod ma' siŵr, ac mi fydd 'na waith maddau mawr yn yr hen fyd 'ma ar ôl y rhyfal. Maddau, dyna fydd y gair pwysica fydd yn ein wynebu ni i gyd, gei di weld.'

Ystyriodd Gladys am funud cyn ymateb. 'Fedra i byth fynd at Meri, fedrwn i ddim sbio i'w llygaid hi. Well i ti dorri'r newydd iddi. Dwn i ddim be ddeudith tad William chwaith, a fynta'n ben blaenor.'

'Mwya'r rheswm iddo fo fadda felly, yntê. Pryd fysat ti'n lecio i mi fynd?'

'Paid â sôn wrth neb am dipyn. Dwi angen gweld Roy unwaith eto cyn iddo fo fynd, ac egluro iddo fo be dwi am neud. Mae'n ddigon buan i ni sôn wrth Meri, dim ond dau fis dwi 'di mynd a sylwith neb am chydig wsnosa.'

Cytunodd Mair i gadw cyfrinach Gladys, a gwelodd ei bod yn edrych ychydig yn fodlonach nag oedd hi awr ynghynt. 'Rhaid i ti ofyn i Roy beidio â chysylltu efo chdi byth. Yn y gobaith y daw William i'w dderbyn o fel ei blentyn ei hun ryw ddydd, mi fydd hynny'n decach i bawb.'

Ar ôl i Gladys adael, tynnodd Mair ei brat a throi am dŷ Jên. Roedd Ela, unwaith eto, bron o'r golwg o dan y blanced yn y gadair freichiau wrth y tân.

'Sut w't ti'r bora ma, Ela fach,' gofynnodd mewn llais tyner wrth ei chofleidio'n gynnes, 'gest ti damad bach i fyta? Yli, dwi angan help i nôl dŵr – ddoi di efo fi i'r ffynnon gan 'i bod hi'n fora mor braf? Mi gei di ddod â phwcedaid i Jên.' Wnaeth Ela ddim edrych arni nac ateb, a rhoddodd Mair gynnig arall arni. 'Mi ddo' i yn f'ôl ymhen rhyw chwarter awr.' Winciodd ar Jên ac aeth i nôl y pwcedi.

Wrth gerdded yn dawedog wrth ochr Mair, teimlai Ela mor oer â chorff marw. Doedd gwres yr haul yn cael dim effaith arni, a diolchodd nad oedd ei chymdoges yn ceisio tynnu sgwrs. Ond pan gyrhaeddodd y ddwy y gamfa oedd yn arwain at y llwybr i'r ffynnon, mentrodd Mair siarad.

'Tydi hi'n fora braf, o 'styriad mai dim ond dechra Ebrill ydi hi?' dechreuodd, cyn parablu am y briallu o'u cwmpas, y ddaear yn deffro a'r coed yn blaguro. Chafodd hi ddim ymateb. Toc, amneidiodd Mair at lecyn cynnes o dan fedwen fawr, a gosododd ei chefn i bwyso ar risgl gwyn, llyfn y bonyn. Edrychodd i fyny drwy'r brigau brau a sylwi ar y deiliach bach fel sidan wrth i'r awel eu cynhyrfu. Roedden nhw'n ei hatgoffa o Ela, yn fregus a chrynedig.

'Sut ma' dy friwia di bora 'ma? Ydyn nhw'n dal i frifo?' Ymhen sbel cododd Ela ei phen a gwelodd Mair yr anobaith a'r boen yn ei hwyneb. 'Cria di hynny leci di, 'mach i. Mi ddeudodd Jên nad wyt ti wedi crio o gwbwl, ond mae'n bwysig i ti dywallt pob gronyn o boen allan o dy gorff, er mwyn i ti ddechra dod dros y profiad anghynnas 'na.'

Bu Ela'n wylo'n ddistaw am funudau lawer a gadawodd Mair lonydd iddi nes yr oedd pob deigryn wedi sychu. Cyn hir dechreuodd y ferch fwmial mewn llais egwan.

'Dim ond mynd am dro cyn mynd i 'ngwely wnes i, fel y bydda i'n arfar neud. Mi oedd hi wedi dechra tw'llu, ond fedrwn i ddim diodda yn y tŷ 'na yn gwrando ar yr Hen Gaptan yn chwyrnu.' Gadawodd Mair iddi siarad heb darfu arni. 'Nath o ddim byd i mi rioed chwaith, dim ond fy mygwth i efo hen olwg slei ar 'i wep o, ond dwi 'di bod 'i ofn o o'r dechra. Ond does gin i nunlla arall i fynd ers i Nhad farw. O, mi fyswn i'n rhoi'r byd am 'i gael o a Mam yn ôl.' Dechreuodd wylo eto, ac eisteddodd Mair wrth ei hochr heb ddweud gair nes iddi dawelu. 'Mi wn i nad y fo nath ymosod arna i – mi fyswn i'n nabod 'i hen ogla fo yn rwla, a theimlo'i hen fwstásh mawr o. Na, mi oedd y dyn ddaeth allan o'r eithin yn ddistaw bach a chydio yndda i o'r cefn yn llai o faint na'r Hen Gaptan ac yn fengach, 'swn i'n deud. Mi o'dd ganddo fo falaclafa am 'i ben a rhan isa'i wyneb...' Pan glywodd Mair y gair balaclafa dechreuodd ei chorff grynu wrth gofio'r noson ofnadwy honno ddechrau'r flwyddyn, ond soniodd hi ddim gair am y peth wrth Ela, oedd yn dal i siarad yn ddistaw. 'Fedrwn i weld fawr ddim, ond mi ddechreuodd o ddyrnu fy nghefn i a gafael mewn tocyn o 'ngwallt i, a 'nhynnu i'r llawr. Doedd gin i ddim gobaith yn 'i erbyn o, roedd o mor gryf, ac er i mi sgrechian a sgrechian hynny fedrwn i, mi wyddwn i na fysa neb yn fy nghlywad i. Be wna i, Mair? Ma' Preis Plisman isio dod yn ôl i fy holi eto, a dwi'n siŵr na fydd o'n fy nghoelio i pan ddeuda i wrtho fo nad oes gin i syniad pwy oedd y mochyn nath hyn i mi.'

'Yli, Ela fach, dim ond y gwir sy angen. Tria di gofio, er bod hynny'n boenus iawn, pob mymryn lleia ddigwyddodd y noson o'r blaen, a does dim isio i chdi fod gwilydd. Mwya'n y byd ddeudi di wrth Preis, cynta'n y byd y cân nhw afal ar y sglyfath, 'cofn i'r un peth ddigwydd i rywun arall. Ond mi stician ni efo'n gilydd, a bod yn gefn i'n gilydd. Gei di aros efo Jên mor hir â leci di... ty'd, mi lenwan ni'r pwcedi 'ma a throi am adra.'

Cerddodd y ddwy yn ôl yn bwyllog, ac wrth iddi deimlo gwres yr haul ar ei chorff cryfhaodd camau Ela, er y gwyddai na châi hi byth, byth wared o'r profiad dychrynllyd a gafodd hi ger yr afon – y dwrn yn gafael yn ei gwallt, y llaw yn gwasgu ei gwddf a'r teimlad gafodd hi mai dyna oedd ei hanadl olaf. Y bysedd afiach yn ei bodio nes iddi orfod ymollwng i ddüwch ei hisymwybod wrth iddo gymryd meddiant ohoni. Ond roedd dweud y cyfan wrth Mair wedi rhoi gobaith newydd iddi, a chyrhaeddodd yn ôl i dŷ Jên â'i phen yn uwch nag y bu ers dyddiau.

Y diwrnod hwnnw, cyrhaeddodd llythyr oddi wrth Ifan.

April 1945

Dear Mair and Gruffydd,

I'm sorry that I haven't written to you for a long time but it has been very hard for all of us lately. By now we are in northern Italy and it took a lot of fighting to get here, but we are quite safe at the moment. The mountains here are beautifull, just like home, but they are much higher than Snowdon and are all covered in snow. I have been thinking that it would be so nice if I could return here some day and bring you with me. We'll wait and see. I'm glad that you are all safe at Gwaenrugog and Rhyd. I'm sure that your days are passing by so slowly with nothing much happening there and that you are bored stiff, on your own with nothing to do. But don't worry, there is talk that the war will be over very soon and I'll be coming home to you. I'm glad that you enjoyed your holiday with Mam and maybe we can go there for a few days when I come home and before I have to go looking for work. Just think how good it will be, the two of us walking the sheep paths and taking Gruffudd bach to the beach to build sand castles. I can't sleep at night now, all I can see is your face beside me with your beautifull smile.

I can't wait till then,
All my love,
Your husband, Ifan.

Ifan druan, meddyliodd Mair. Roedd hi'n falch na wyddai o am yr hyn a ddigwyddodd i Ela na'r ofn a deimlai o hyd wrth fynd i glwydo, nac am y sefyllfa roedd Gladys ynddi. Gwell iddo ddychmygu ei bod yn 'bored stiff', wir.

17

Wrth iddo seiclo'n gefnsyth i Waenrugog y pnawn hwnnw, ystyriodd Cwnstabl Arthur Preis, plismon Rhydyberthan a'r ardal, dasg mor bwysig oedd o'i flaen. Yn sicr, hwn oedd yr achos pwysicaf iddo ei wynebu ers iddo ymuno â'r heddlu.

Roedd o wedi dechrau diflasu ar ei fywyd yn Rhydyberthan ers tro byd: wyth mlynedd ar hugain o godi bob bore i wynebu diwrnod arall gan wybod na fyddai fawr ddim o bwys yn digwydd yn yr ardal. Ers i'r rhyfel dorri allan mentrodd rhai o drigolion y plwyf dorri'r gyfraith – bu'n rhaid iddo gyhuddo un neu ddau o anwybyddu'r blacowt drwy beidio cau eu llenni'n dynn, roedd rhai beicwyr yn rhy ddiog i ddefnyddio'r papur pwrpasol i orchuddio'u lampau ac roedd un neu ddau yn ddigon beiddgar i beidio defnyddio golau ar ei feic o gwbwl. Roedd o'n ymwybodol nad oedd o'n boblogaidd efo pobol yr ardal pan fyddai'n tynnu ambell un o flaen ei well am droseddu, ond dyna fo, dim ond gwneud ei waith oedd o.

Yn fwy diweddar, rhoddwyd y cyfrifoldeb iddo o gadw llygad ar y teulu newydd ddaeth i fyw i Dai Bont. Roedd ei benaethiaid wedi ymddiried ynddo'r rheswm pam y bu i'r teulu symud i Waenrugog, ond wyddai'r un enaid byw arall yn yr ardal ddim o'u hanes nac o ble y daethant. Roedd cadw'r gyfrinach hon ynddi'i hun yn dipyn o faich. Ar ben hyn oll, cafodd ei ysgwyd gan y newyddion fod ei fab wedi colli ei goes yn Ffrainc. Dwysaodd ei ing ar ôl i Bobi ddychwelyd adref, gan fod ei galon yn gwaedu dros y llanc, a pha mor anodd fyddai ei fywyd o hynny allan. Byddai'n holi'n aml pam fod ei unig fab wedi cael y fath brofiad, a meibion rhyw giari-dyms yn y dref yn dal yn holliach.

Roedd yn benderfynol o ddatrys yr achos hwn, meddyliodd, wrth badlo nes bod diferion chwys yn rhedeg i lawr ei fochau tewion glasgoch a gwlychu coler ei lifrai. Chafodd o erioed y cyfle i ddangos ei ddawn fel plismon, dim ond rhedeg ar ôl rhyw fân-droseddau. Ond rŵan dyma siawns i ddangos i'r Siwpyr pa mor lwcus oedd o i gael Preis yn ei sgwad. Mi gâi gydnabyddiaeth a dyrchafiad i reng arolygydd, neu sarjiant o leia, am yr hyn roedd ar fin ei gyflawni.

Ar ôl cyrraedd Rhes Newydd rhoddodd ei feic i bwyso ar y gwrych o flaen Rhif Dau gan wneud yn siŵr ei fod yn amlwg i bawb oedd yn pasio heibio. Roedd Preis yn browd iawn o'i feic mawr du oedd, yn ei dyb o, yn arwydd o awdurdod ei berchennog, a byddai'n ei gadw'n sgleinio fel swllt. Cnociodd ar y drws cyn tynnu ei helmed a sychu'r chwys oddi ar ei wyneb a'i ben moel â'i hances boced. Agorodd Jên y drws i'w gyfarch fel darn heb ei atalnodi.

'Dewch i mewn, Mistyr Preis, ma' golwg wedi hario arnoch chi. Gymerwch chi lasiad bach o ddŵr? Steddwch yn fanna, ylwch. Sut ma' Bobi gynnoch chi? Ydi o'n atab yn o lew? Mi ddaw, chi, unwaith y bydd o wedi dod i arfar efo'r hen goes bren 'na, mi fydd o rêl jarff o gwmpas y lle 'ma wedyn.'

Sgyrnygodd Preis. Be wyddai'r het wirion am sefyllfa Bobi druan, wedi colli aelod o'i gorff ifanc, yn griddfan bron bob nos wrth drio troi yn ei wely ac yn profi hunllefau a wnâi iddo sgrechian yn ei gwsg? Penderfynodd ei hanwybyddu.

'Dwi'n hollol iawn, dim ond wedi dal ychydig o haul, dyna i gyd. Dod i holi Ela wnes i.'

'Ma' hi drwadd yn y siambar yn gorffwys – mi alwa i arni rŵan i chi. Cofiwch, Mistyr Preis, ei bod hi 'di cael andros o sioc. Wnewch chi ddim bod yn rhy llawdrwm efo hi, yn na wnewch? Mi gymrith wsnosa lawar iddi ddod ati ei hun, os y daw hi o gwbwl.'

'Mi fydd yn rhaid datrys hyn cyn gynted â phosib.' Doedd

ar Preis ddim math o awydd clywed sut y dylai fynd o gwmpas ei waith.

Ar ôl i Jên hebrwng y ferch simsan drwodd, tynnodd Preis ei lyfr nodiadau o boced ei frest, ac yn bwyllog bwysig, poerodd ar fin ei bensel cyn edrych ar Ela drwy ei aeliau trwchus.

'Rŵan, eich enw llawn a'ch oed, os gwelwch yn dda,' meddai yn ei lais swyddogol.

Edrychodd Ela yn nerfus ar Jên, ac wrth weld honno'n nodio'i phen ac yn gwenu, atebodd mewn llais bach cryg.

'Ela Tomos... un ar bymtheg.'

Rhoddodd Preis blwc sydyn i'w fraich dde er mwyn rhyddhau mymryn ar lawes ei siaced, a phoerodd ar ei bensel drachefn cyn ysgrifennu'r wybodaeth i lawr yn ei lyfr bach du yn llawn rhwysg.

'A'ch cyfeiriad?'

Wrth weld Ela'n petruso ac yn edrych arni am gymorth, atebodd Jên drosti.

'Fferm Rhosddu *oedd* o, ond yma hefo fi mae hi rŵan, am sbel.'

'Hmm... Number Two, Rhes Newydd, Gwaenrugog.' Rhoddodd Preis besychiad bach pwysig wrth sgwennu. 'A phwy oedd y dyn wnaeth ymosod arnoch chi, Miss Tomos?' Edrychodd i fyw llygaid Ela nes iddi fethu yngan gair.

Neidiodd Jên i'r adwy eto. 'Tydi hi ddim yn gwbod siŵr, welodd hi mohono fo. Mi oedd o wedi cuddiad 'i wynab ac ymosod arni o'r cefn. Eich job *chi* ydi ffendio pwy oedd o, yntê?'

Taflodd Preis olwg sarrug arall ar Jên wrth godi ar ei draed a rhoi ei helmed am ei ben. 'Mi wna i fy ymholiadau ym mhob tŷ yn yr ardal yma,' galwodd dros ei ysgwydd o'r drws, 'ac mi ddo' i yn ôl fory rhag ofn y bydd ganddoch chi – wel ia, y ddwy ohonoch chi, yntê – fwy o wybodaeth i mi. Dydd da.'

Cnociodd yn galed ar ddrws Beti Ŵan, ar ôl symud ei feic yr ychydig lathenni angenrheidiol, ond er iddo weld cornel cyrten pŷg y gegin yn symud chafodd o ddim ateb yno, na chwaith yn nhŷ Catrin Pari. Roedd Anni Griffith wedi ymadael a'r tŷ yn wag, felly symudodd y beic i bwyso ar y gwrych o flaen tŷ Mair. Cafodd well croeso yno, a chynigiodd Mair alw ar Gladys atynt fel y gallai Preis holi'r ddwy efo'i gilydd i arbed ei amser prin. Gan fod ganddo alwadau niferus i'w gwneud, cytunodd Preis.

Aeth drwy'r un seremoni o nodi eu henwau, eu hoed a'u cyfeiriadau yn ei lyfr cyn dechrau'r holi. Dyna'r tro cyntaf i Mair sôn wrth unrhyw un, heblaw ei brodyr, am y nosweithiau niferus yr aflonyddwyd arni – ar ôl yr ymosodiad ar Ela roedd yn teimlo ei bod yn ddyletswydd arni i rannu'r wybodaeth roedd wedi ceisio'i anwybyddu mor hir.

'Pam na fysach chi wedi riportio'r peth cyn hyn?' gofynnodd Preis, wedi ei siomi na chafodd gyfle i fynd ar drywydd yr helynt.

'Wnes i ddim meddwl, a do'n i ddim isio gneud ffŷs... mae gynnoch chi ddigon ar 'ych plât fel mae hi, a Bobi fel mae o. P'run bynnag, ro'n i'n siŵr mai rhyw hen hogia oedd yn chwilio am dipyn o sbort.'

'Sbort, wir! Mi fyswn i wedi rhoi sbort iddyn nhw taswn i wedi'u dal nhw. Stid iawn, dyna maen nhw'n ei haeddu. Ydach chi'n meddwl, Misus Ifans, mai un ohonyn nhw wnaeth ymosod ar Ela?'

'Fedra i ddim deud wir, Mistyr Preis, ond fedra i ddim dychmygu y bysa 'run o'r dynion lleol yn meddwl gneud y ffasiwn beth.'

'Mi fydd yn rhaid i mi gael gair efo nhw tua Tai Seimon. Mae Harri Puw wedi riportio ers tro bod rhywun yn pasio'i dŷ o ar feic ar ôl iddi nosi ar nosweithiau Sadwrn, ac yn pasio wedyn cyn iddi oleuo y bore wedyn, ond mi feddylis i mai'r Defi John wirion 'na oedd o, a wnes i ddim meddwl llawer am y peth. Ydach chi'n meddwl y bysa Defi John yn ymosod ar rywun?'

'Na – mae o'n un digon gwirion, cofiwch, ond diniwad iawn fydda i'n 'i gael o bob amsar, yn y bôn,' atebodd Mair.

Cyn gynted ag y gadawodd y plismon trodd Gladys yn ffyrnig at Mair a'i llygaid yn fflachio.

'Sut fedrat ti, Mair? Sut fedrat ti ddeud ffasiwn gelwydda yn fy ngwynab i, nad oedd neb yn trio'n dychryn ni? Mi o'n i'n meddwl dy fod ti'n fwy o ffrind i mi na hynna. Be tasa rwbath ofnadwy wedi digwydd i ni neu'r plant bach 'ma tra oeddan ni yn ein gwlâu?'

Croesodd Mair ei breichiau ar y bwrdd a phwyso'i phen arnynt. Caeodd ei llygaid yn dynn ac arhosodd felly am funud neu ddau. Pan gododd ei hwyneb i edrych ar Gladys roedd ei llygaid gleision yn llawn dagrau.

'Be dwi wedi'i neud?' ymbiliodd ar Gladys. 'Be dwi wedi'i neud i Ela druan? Arna i mae'r bai am hyn i gyd. Pam na fyswn i wedi sôn am y peth wrth rywun, yn lle dengid o'ma i Aberdaron a'ch gadael chi i gyd i gymryd eich siawns?' Sychodd Mair ei llygaid. 'Wel, mae'n rhy hwyr rŵan, yn tydi. Dim ond gobeithio y daw Preis o hyd i'r diawl yn reit fuan.'

'Pwy ti'n feddwl ydi o, Mair? Pwy bynnag ydi o, mae o'n nabod yr ardal 'ma'n reit dda i fedru ffeindio'i ffordd o gwmpas yn y tw'llwch. Dwi'n poeni braidd fod Harri Puw yn gwybod mai Roy oedd yn beicio yma amball nos Sadwrn, ac yn ama' mai fo ydi'r dihiryn. Wnei di ddim sôn amdano fo wrth neb, na wnei, Mair?'

18

Roedd yn gas gan Preis feddwl am fynd i Rosddu i holi Capten Spencer. Gwyddai nad oedd plismon gwlad yn ceisio dangos ei awdurdod yn mynd i wneud tamaid o argraff ar yr Hen Gapten. Penderfynodd ohirio ei ymweliad hyd nes y byddai wedi casglu mwy o wybodaeth.

Galwodd yn Nhai Bont yn gyntaf, gan ddechrau hefo Danial Dafis.

'Bobol bach, sobor aeth hi tua Rhosddu 'na, yntê Sarjiant Preis?' Chwyddodd bron y plismon fel robin goch wrth dderbyn cyfarchiad Danial Dafis. Wnaeth o ddim ei gywiro. 'Mi ddeudis i ddigon, yn do, fod 'na rywun yn crwydro hyd y lle 'ma ar berwyl drwg. O, do! Ond doedd neb yn fy nghoelio i, nag oeddan? Dach chi ddim wedi 'restio neb eto, nac'dach Sarjiant?'

'Na, mae'n rhaid i mi gasglu pob darn o dystiolaeth gynta, ond fydda i fawr o dro yn gwneud, siŵr i chi. Does gynnoch chi ddim syniad pwy oedd y beiciwr 'ma felly?' holodd Preis wrth dynnu ei lyfr a'i bensel allan yn barod am ateb.

'Nag oes, neno'r tad, dim syniad o gwbwl. Dim ond gweld rhywun ar 'i feic yn padlio fel dyn o'i go' ambell fora pan fyddwn i'n mynd i nôl dŵr. Mi fydda fo 'di 'mhasio i cyn i mi gael cyfla i godi mhen, 'chi, yr hen gric'mala aflwydd 'ma yn fy ngwddw yn 'i gneud hi'n anodd i mi sythu, yn enwedig yn y boreua.'

Chafodd Danial druan fawr o gydymdeimlad gan y plismon. 'Rŵan 'ta, Mistyr Dafis, deudwch i mi be oedd y dyn 'ma'n wisgo a thua faint fysach chi'n meddwl oedd ei oed o?'

'Wel, 'rhoswch chi rŵan, dwi'n siŵr fod ganddo fo gôt fawr

a chap, oedd, siŵr i chi ar foreua mor oer, oedd tad, ac ma'n rhaid 'i fod o'n weddol ifanc i fedru padlio nerth ei draed, fel tasa'i fywyd o yn y fantol.'

Wnaeth Preis ddim oedi llawer mwy hefo Danial, ond chafodd o ddim cyfle i gnocio drws Gwilym a Lora Rowlands y drws nesa iddo gan fod gwraig y tŷ yn y ffenest, fel ei harfer. Fel roedd y plismon yn codi'i ddwrn agorodd Lora'r drws nes y bu bron iddo faglu ar ei thraws.

'Dewch i mewn... dewch yn nes at y tân... steddwch, dwi'n siŵr bod sychad arnoch chi ar ôl yr holl siarad drws nesa. Mi wna i banad i chi.' Dawnsiai Lora o'i gwmpas, yn methu disgwyl i ddechrau ei holi.

'Chymera i ddim paned, diolch i chi. Ydi Gwilym Rowlands adra?'

'Mi allwch fentro lle mae o – yn Nhai Seimon, yn trio rhoi'r hen fyd 'ma yn 'i le efo Harri Puw. Mae arna i ofn mai siawns fach iawn sy gan y ddau o neud y ffasiwn beth, fel 'ma petha 'di troi allan.'

'Mae'n siŵr bod y stori am Ela Tomos, morwyn Rhosddu, wedi'ch cyrraedd chi. Oes gynnoch chi ryw syniad pwy fysa wedi ymosod ar y ferch ifanc? Rydach chi'n nabod pawb yn yr ardal 'swn i'n meddwl, a chitha wedi byw yma mor hir?'

'Do tad, wedi byw yma ar hyd fy oes ac wedi gweld mynd a dod hefyd, ond welis i ddim byd tebyg i hyn, cofiwch. Mi ydan ni i gyd wedi byw yn gytûn ar hyd y blynyddoedd, pawb yn gwbod hanes y naill a'r llall. Dwi wedi pasio oed yr addewid, er na fysach chi byth yn coelio hynny, ond wyddoch chi be? Wnes i rioed feddwl y bysa rwbath fel hyn yn digwydd yng Ngwaenrugog o bob man, na wnes i wir.'

'Meddwl oeddwn i y bysach chi wedi gweld rhywun diarth yn pasio,' meddai Preis â'i dafod yn ei foch, yn difaru erbyn hyn ei fod wedi gwrthod cynnig Lora o baned.

'Naddo, welis i ddim anghyffredin. A deud y gwir, fydd 'na neb yn pasio ffor' hyn heblaw merchaid ifanc Rhes Newydd yn cerddad i'r Rhyd. Ma'r bobol ddiarth tŷ pen 'na'n reit feudwyol

– tydyn nhw ddim wedi torri fawr o eiria efo fi ers iddyn nhw gyrraedd. Rhai digon digri ydyn nhw hefyd – tydyn nhw ddim 'run fath â ni. Ydach chi'n 'i ama' *fo*, Mistyr Preis? Tydi o ddim adra ar hyn o bryd, ond mi ddaw o yn 'i ôl nos Wenar. 'Sa'n dda gin i wbod lle mae o'n mynd. Ond 'rhoswch chi funud rŵan, mi ddeudodd Gwilym fod y mab yn cerddad hyd glanna'r afon 'ma am oria. Be ddeudodd o hefyd, 'dwch? Ia, "fel llew mewn caets", dyna ddeudodd o wrtha i. Tybad mai fo...?'

Torrodd Preis ar ei thraws. 'Tydw i ddim yn deud y ffasiwn beth, Lora Rowlands, nag yn 'i feddwl o chwaith, ond mi fedrwch chi gymryd bod eich cymdogion yn hollol ddiniwed, mi fedra i garantïo hynny i chi. Dwi'n gwybod 'u hanes nhw'n iawn, ond nid fy lle i ydi datgelu hynny,' meddai'n bwysig.

Penderfynodd Preis ei fod o wedi gwneud digon am y diwrnod a throdd ei feic am Rydyberthan a'i swper. Mi gymerai oriau iddo ysgrifennu ei adroddiad ac roedd yn awyddus i wneud hynny cyn y byddai'n amser iddo helpu Bobi i dynnu amdano a mynd i'w wely.

* * *

Daeth gwyntoedd ysgafn Ebrill â newyddion da o'r cyfandir. Roedd hi'n edrych yn ddu ar yr Almaen, y Rwsiaid bron â chyrraedd Berlin a lluoedd arfog Prydain yn gwneud ymdrech fawr i gyrraedd Awstria. Roedd teimlad o gyffro yn rhedeg drwy'r wlad wrth i bawb obeithio bod y rhyfel yn Ewrop yn tynnu at ei derfyn. Ond gwyddai Preis nad oedd hynny'n ddigon o esgus i ohirio'i ymweliad â Rhosddu. Teimlai bob herc yn brathu'n boenus wrth i olwynion ei feic ddisgyn i'r tyllau yn y ffordd arw drwy'r winllan, a chyn cyrraedd y tŷ disgynnodd oddi arno a'i roi i bwyso ar dalcen y sgubor. Tynnodd ei helmed, ac ar ôl mopio'r chwys oddi ar ei ben efo'i hances, tarodd y defnydd dros y beic i gael gwared o'r llwch oedd wedi glynu wrth y ffrâm a'r olwynion. Rhwbiodd ei helmed â llawes ei siaced cyn ei rhoi yn ôl ar ei ben.

Cnociodd dair neu bedair gwaith ar y drws cyn clywed cyfarthiad ci a sŵn traed yn atsain ar lawr y cyntedd. Agorwyd y drws led y pen gan y Capten, oedd yn sefyll yn dalsyth ac yn rhythu ar Preis.

'*Constable* Preis, mi ddaethoch o'r diwedd. Dwi'n eich disgwyl ers dyddiau lawer a dwi'n siomedig braidd eich bod chi wedi bod mor hir yn dilyn trywydd y *tragedy*. *Early bird catches the worm* cofiwch chi, *constable*, dyna fyddwn i'n arfer ei ddweud bob amser wrth fy is-swyddogion. Mae'n siŵr eich bod angen dod i'r tŷ i fy holi yn *official*, er eich bod chi a finnau'n gwybod nad oedd gen i ddim byd i'w wneud â'r hyn ddigwyddodd i'r lodes fach,' meddai'n fawreddog gan sefyll o'r neilltu i wneud lle i Preis ei basio.

Tynnodd Preis ei helmed a mwmial ymddiheuriad bach diniwed cyn i ŵr y tŷ orchymyn iddo eistedd wrth fwrdd y gegin.

Dechreuodd y Capten draethu cyn i Preis gael ei wynt ato. 'Ylwch, Preis, *waste* o amser ydi fy holi i, fel rydan ni'n dau yn cytuno dwi'n siŵr, felly dyma dipyn bach o *facts* i chwi eu sgwennu yn eich *report*. Ydach chi'n barod gyda'r bensel a'r *notebook*? Enw: Captain Charles Spencer, *formerly* yn yr Household Cavalry... *mentioned in dispatches*, Pretoria. Oed: *seventy seven*. Oes rhywbeth arall, *constable*?'

'Na, dim diolch, Capten,' meddai wrth orffen ysgrifennu, 'mae hynna'n hen ddigon.'

'Dyna chi felly, Preis, dim angen cymryd mwy o amser ein gilydd. O ie, dim ond i chi gael gwybod, yn fy ngwely oeddwn i pan ddigwyddodd yr *incident*, rhag ofn eich bod chi eisiau ychwanegu hynny at y *facts* hefyd.' Symudodd y Capten at y drws a chododd Preis oddi wrth y bwrdd yn ddisymwth.

'Wel, dydd da i chi, Capten Spencer, a diolch i chi am fod mor barod i helpu.' Baglodd Preis dros y rhiniog yn ei frys i adael y tŷ, yn flin fod yr hen gythraul wedi gwneud ffŵl ohono, ac yntau'n ddigon diniwed i adael iddo wneud hynny.

Chafodd Preis fawr mwy o lwc yng nghartref Wili a Jini Morus, ac erbyn iddo orffen osgoi eu cwestiynau niferus doedd ganddo ddim egni ar ôl i ymweld â Harri Puw. Digon i'r diwrnod ei ddrwg ei hun, meddyliodd wrth droi am adref.

19

Gan fod tŷ Anni Griffith yn wag, roedd sŵn peswch cras Cati fel eco yng nghlustiau Mair, a cheisiai hi a Jên alw heibio'r hen wreigan yn ddyddiol. Digon llugoer oedd ymateb Cati, ac ar yr adegau prin hynny pan gawsant gip arni drwy gil ei drws sylweddolodd y ddwy ei bod wedi mynd i edrych yn fregus iawn.

'Dwi'n poeni yn ofnadwy am Catrin Pari, Jên. Ydach chi 'di sylwi nad ydi hi'n rhoi matsian yn y grât y dyddia yma? Mi fyddwn ni'n ei chael hi'n swp ar lawr, neu hyd yn oed yn gorff yn 'i gwely, un o'r dyddia nesa 'ma, gewch chi weld,' gofidiodd Mair pan alwodd ei chymdoges heibio iddi hi un bore.

'Cheith neb 'i helpu hi, yr hen sopan wirion iddi hi, a 'sgin Lora Rowlands hyd yn oed ddim syniad oes ganddi hi deulu. Mi ddylan ni sôn wrth rywun, 'sti – tydi hi ddim ffit i aros yn y tŷ 'na ar ei phen ei hun.' Oedodd Jên cyn parhau. 'Un sâl dwi'n gweld Gladys, cofia – fydda i byth yn 'i gweld hi'n mynd yn agos at Cati o gwbwl, na'r Beti Wân 'na, tasa hi'n dod i hynny,' dwrdiodd Jên yn ei ffordd arferol.

'Hitiwch befo nhw. Mae gan Beti ddigon o waith efo'r tri 'na sy ganddi, ac mi wyddoch chi am Gladys – ma' ganddi hi ofn Cati am 'i bywyd.'

'Dwi ddim isio sôn wrth Preis neu mi fydd o'n siŵr o neud petha'n waeth efo'i lais mawr awdurdodol. Mae hi angan dynas i ddod yna i'w gweld hi, 'sti,' meddai Jên.

Pan aeth Mair i'r dref nesaf, piciodd i siop y WVS er mwyn sôn am sefyllfa Cati wrth un o'r merched yno. O ganlyniad, un bore braf yn Ebrill pan oedd y blodau wedi gwynnu coeden afalau surion tŷ pen Rhes Newydd, daeth modur du i aros o flaen dôr Cati. Yn fuan wedyn cariwyd yr hen wreigan yn fwndel bychan du i sedd ôl y cerbyd gan ddyn mewn siwt dywyll a dynes mewn gwisg nyrs las. Caeodd y dyn y drws yn glep ar Cati a cherdded at ddrws y gyrrwr gan sychu ei ddwylo â'i hances boced wen. Wrth i'r modur yrru ymaith cododd Jên, Mair a Gladys eu dwylo arno mewn awgrym o ffarwél mud.

"Drycha i ar ôl Giaman i chi, Cati,' sibrydodd Mair yn euog.

'Wel, dyma ni, dim ond pedair ohonan ni ar ôl rŵan,' meddai Jên. 'Sgwn i pwy fydd y nesa i adael Rhes Newydd?'

* * *

Aeth Gladys i'r dref y nos Sadwrn ganlynol ar ôl cymryd mwy o amser nag arfer i ymbincio. Gobeithiai y byddai Roy yn newid ei feddwl ynglŷn â'i gadael hi ar ôl yng Ngwaenrugog pe gwelai hi'n edrych yn ddeniadol, ond ofer fu ei hymdrech. Doedd ganddi ddim gobaith o newid penderfyniad Roy i wireddu ei freuddwyd o fynd i'r coleg i gymhwyso yn athro, a hynny fel dyn sengl.

'Ond Roy, be am ein babi bach ni? 'Sgin ti ddim teimladau o gwbwl tuag ato fo?' ymbiliodd Gladys yn ddagreuol.

'Oes siŵr,' atebodd Roy yn dyner, er y gwyddai ei fod yn ei brifo i'r byw, 'ond fedra i ddim gadael i neb fynd rhyngdda i a fy nyfodol, chdi na'r babi. Taswn i'n gneud hynny buan iawn y byswn i'n dechra edliw i ti 'mod i wedi difetha fy mywyd er dy fwyn di a'r plentyn. Na, Gladys, fel hyn ma' hi i fod. Mi gofia i amdanat ti tra bydda i byw, ac am y nosweithiau da gawson ni efo'n gilydd yn ystod yr hen fisoedd tywyll, unig 'na. Unwaith y bydda i wedi cael swydd mi ofala i anfon arian i ti at fagu'r plentyn, dwi'n addo hynny i ti, ac mi wn i y byddi ditha'n fam dda iddo fo... os mai bachgen fydd o, falla y gelwi di o'n Rhodri.' Ac ar hynny trodd Roy i ffwrdd oddi wrth Gladys heb ei chyffwrdd. Daliodd hithau y bws am adref, ei chalon wedi ei thorri'n deilchion. Er iddi syllu drwy ffenest y bws am gip o Roy yn cerdded i lawr y stryd, cafodd ei siomi, ac roedd ganddi deimlad ym mêr ei hesgyrn ei bod wedi ei weld am y tro olaf.

Y bore canlynol aeth i weld Mair i ofyn iddi fynd i dorri'r newydd am ei chyflwr i Meri ac Edward Huws. Addawodd Mair fynd y diwrnod canlynol. Byddai dydd Llun yn ddiwrnod da, ystyriodd, y diwrnod ar ôl i Edward Huws fynychu'r capel deirgwaith i weddïo am faddeuant.

Ar ôl gadael Gruffydd yn chwarae hefo Gari a Shirley a sicrhau Gladys y byddai'n gwneud ei gorau glas drosti, cychwynnodd Mair i Rydyberthan. Wnaeth hi ddim sylwi ar ryfeddodau natur yn deffro o'i chwmpas, a chyflymodd ei chamau wrth fynd heibio Tai Bont, gan esgus llechu o dan ei hambarél wrth basio. Doedd dim ar feddwl Mair ond y sioc a wynebai rieni William pan ddeuent i wybod am gyflwr eu merch yng nghyfraith, merch yr oeddynt yn meddwl y byd ohoni, ac ailadroddodd y geiriau yr oedd wedi eu dethol yn ofalus yn ei phen, gan obeithio y byddent yn lleddfu dipyn bach ar y boen pan dorrai'r newydd.

Safodd o flaen drws Meri Huws am funud yn betrusgar, cyn cnocio'n ysgafn arno. Pan agorodd Meri'r drws gyda'i gwên annwyl arferol bu bron i Mair â newid ei meddwl a chwilio am esgus gwan i droi yn ôl, ond wrth gofio am Gladys druan a'i thrwbwl, aeth i mewn.

'Mair bach, be ddaw â chdi yma ar fora dydd Llun – ydi bob dim yn iawn tua Rhes Newydd?' gofynnodd Meri ar ôl i'r ddwy eistedd yn y parlwr.

'Ydi...' Oedodd Mair. 'Dŵad a negas i chi ar ran Gladys ydw i. Ydi Mistyr Huws adra?'

Synhwyrodd Meri fod rhywbeth ar droed, a gafaelodd yn dynn ym mreichiau pren ei chadair.

'Nac'di, mae o yn 'i waith... ond mi gei di ddeud be sy gin ti isio'i ddeud wrtha i.' Edrychodd Meri i fyw llygaid Mair yn ddisgwylgar. 'Ydi William yn iawn?'

'Yndi, tad,' atebodd Mair, braidd yn grynedig, 'negas gan Gladys 'sgin i.' Cymerodd anadl ddofn. 'Mi wyddoch chi hogan mor hoffus ydi Gladys, a mam mor dda ydi hi i'r plant bach 'na, ond mae hi wedi bod yn unig iawn yn ystod y pum mlynadd ddwytha 'ma, er eich bod chi'ch dau yma a finna drws nesa yn gefn ac yn gwmpeini iddi. Ma' hi wedi bod yn anodd arnon ni i gyd, mi wn i hynny o brofiad, ond tydi pawb ddim yn gallu dygymod â'r unigrwydd 'run fath. Cofiwch, dwi ddim yn deud am funud ei bod yn waeth arnon ni nag ar bawb arall, yn enwedig merchaid y trefydd pell a bomia'n disgyn ar 'u cartrefi nhw, ond ma' misoedd y gaea wedi bod yn uffernol, waeth i mi ddeud y gair mwy na'i feddwl o.'

Erbyn hyn roedd corff esgyrnog Meri Huws ar flaen y gadair a'i migyrnau'n wynion, yn disgwyl am ergyd Mair.

'Mi ges i fy hun fy nhemtio lawar gwaith i fynd am y dre ar nos Sadyrnau, i chwilio am dipyn o hwyl i godi 'nghalon, ond fedrwn i ddim, rywsut. Ond mae Gladys druan yn teimlo'r unigrwydd yn waeth na 'run ohonon ni, ac un nos Sadwrn yn y dre mi fu iddi gyfarfod hogyn ifanc roddodd fwy o sylw iddi nag arfar. Wel... diwadd y gân ydi ei bod hi'n disgwl babi.'

Gwelwodd wyneb Meri a chrebachodd ei chorff. Rhoddodd Mair glustog y tu ôl i'w chefn, a thra oedd yn aros i'r tegell ferwi rhoddodd lwyaid o de yn y tebot cyn dychwelyd i eistedd gyferbyn â Meri i orffen ei chenadwri.

'Mae'n ddrwg gin i dorri'r newydd fel'na i chi, Meri bach, ond roedd yn rhaid 'i ddeud o. Un camgymeriad wnaeth Gladys, dim ond un, ac mi fydd yn rhaid iddi fyw efo fo ar hyd ei hoes. Ydach chi'n meddwl y medrwch chi'ch dau fadda i'r beth bach druenus? Cofiwch ei bod hi'n wraig i'ch unig fab, ac yn fam i'w blant o. Wnaeth Gladys ddim stopio'i garu fo, chi... dim ond un munud wan gafodd hi.'

Roedd yn gas gan Mair ei chamarwain, ond roedd yn fodlon gwneud unrhyw beth i helpu Gladys. Dros baned felys rhoddodd amser i Meri ystyried y newydd. Toc, rhoddodd y wraig ebychiad a dechrau holi.

'Be oedd ar ben Gladys yn gneud peth mor ofnadwy, yn enwedig o feddwl be ma' William druan yn mynd drwyddo?

Rhag ei chwilydd hi ddeuda i, a ninna 'di bod mor ffeind wrthi ac yn fodlon cymryd y plant bob tro roedd hi'n gofyn i ni. Sut ma' hi'n disgwyl i ni fadda iddi a'i chroesawu i'r tŷ 'ma a hitha wedi gneud tro mor sâl â Willam? A dyma hi, yn disgwl babi dyn arall.'

'Ond meddyliwch am funud bach rŵan, Meri, does ganddi hi nunlla arall i droi. A be fysach chi ac Edward Huws yn ei neud tasa hi'n mynd â'r plant yn bell o'ma? Beryg na fysach chi'n eu gweld nhw byth eto, a chitha 'di dotio cymaint arnyn nhw. Ydach chi'n meddwl y gwneith William fadda iddi hi? Fydd o'n fodlon magu'r babi bach diniwad mae Gladys yn 'i gario fel ei blentyn 'i hun?'

'Fedra i ddeud dim wrthat ti. Mi fydd yn rhaid i mi dorri'r newydd i Edward druan gynta, a gwrando ar yr hyn sy ganddo fo i ddeud ar y matar. Beryg na chodith o 'mo'i ben yn y capal, ac y bydd hyn yn ddiwadd ar ei swydd o fel pen blaenor. Mi fydd yn ddigon amdano fo, gei di weld.'

'Meddyliwch eich dau am y peth am ddiwrnod neu ddau, ac mi ddo' i'n ôl i'ch gweld chi ddiwedd yr wsnos. Does neb ond chi, Gladys a finna yn gwbod, ar hyn o bryd.'

Ysgydwodd Meri ei phen mewn anobaith wrth i Mair adael ei chartref. Sut oedd hi'n mynd i dorri'r newydd i Edward? William oedd cannwyll llygad ei dad – y plentyn y bu iddyn nhw ddisgwyl deng mlynedd a mwy amdano ar ôl priodi. Anghofiai hi byth y diwrnod y bu'n rhaid i William adael am y rhyfel, a'r effaith a gafodd hynny ar ei dad. Dechreuodd Edward fynychu'r capel deirgwaith ar y Sul ac ni fethai'r seiat ar nos Iau. Bob nos âi ar ei liniau am oriau i weddïo am fywyd ei fab. Gwyddai Meri ei fod yn cynilo pob dimau sbâr er mwyn rhoi cyfle i William gychwyn ei fusnes adeiladu ei hun pan ddeuai adref. Ond a fyddai'n barod i faddau i Gladys am wneud tro mor sal â William?

20

Er bod Cwnstabl Preis wedi tindroi am ddyddiau o gwmpas Gwaenrugog yn holi hwn a'r llall ynglŷn â'r ymosodiad ar Ela Tomos, a'i fod yn ffyddiog y byddai'n bachu'r treisiwr, doedd o ddim nes i'r lan. Gwyddai fod ei bennaeth yn dechrau anesmwytho ac yn awgrymu dod â swyddogion eraill i weithio ar yr achos, ond dyna'r peth olaf roedd Preis am ei weld – plismyn diarth yn busnesu yn Rhydyberthan a Gwaenrugog a snwffian o gwmpas bywydau'r bobol leol. Er ei fod yn teimlo'n rhwystredig ar brydiau roedd o wedi dygymod â byw yn yr ardal ac yn adnabod ei fît fel cefn ei law, a theimlai fod y rhan fwyaf o'r trigolion yn ymddiried ynddo erbyn hyn. Dim ond ychydig flynyddoedd oedd ganddo cyn y byddai'n ymddeol, a doedd o ddim am godi pac i rywle dieithr, yn enwedig a Bobi fel yr oedd o. Byddai'n rhaid iddo ymdrechu'n galetach. Roedd o angen holi'r ddau roedd o'n eu drwgdybio ymhellach, ac mi wnâi hynny ar fyrder.

Galwodd yn gyntaf yn nhŷ Beti Ŵan. Prin yr agorodd Beti fodfedd ar y drws pan welodd mai'r plismon oedd yno.

'Ia? Be dach chi isio eto?'

'Mi fysa'n well gen i ddod i'r tŷ i drafod, Beti Ŵan,' awgrymodd Preis, gan geisio gwenu'n glên arni. 'Mi fyswn i'n hoffi cael gair efo Robin, eich mab.'

'Os mai isio'i holi o ynglŷn â'r hyn ddigwyddodd i Ela Rhosddu ydach chi, waeth i chi heb ddim. Mi oedd Robin efo fi yn y tŷ 'ma y noson honno, ac mi ddylach wbod hynny'n iawn gan mai fo ddaeth acw i'ch nôl chi. Welsoch chi ddim tamaid o faw na gwaed arno fo, yn naddo, a fedra fo ddim 'i sgwrio fo i ffwr' o gofio cyn lleiad o ddŵr dwi'n medru'i gadw yn y tŷ 'ma. A thra dwi'n sôn am y tŷ, rydw i wedi cael lle arall i fyw nes daw Robat adra. Tydi o fawr o beth, ond mae o ganwaith gwell na'r hiwal tamp yma sy ddim ffit i anifail fyw ynddo fo. Mi ddylsach chi gael gair efo'r Hen Gaptan am gyflwr y rhes 'ma – mae'n gwilydd iddo fo godi ceiniog o rent arnon ni. I lawr y do'n nhw ar ôl y rhyfal, gewch chi weld, mi fyddan wedi cael eu condemnio i gyd.'

Dyma'r bregeth hiraf i Beti ei thraethu ers tro – roedd wedi cael rhyw hyder newydd ers iddi gael ar ddeall fod Magi Elin, Cae'r Hafod, yn fodlon gosod bwthyn bach ar dir ei fferm iddi hi a'r plant yn ddi-rent dros dro, cyn belled â bod Robin yn helpu ar y fferm. Er mai digon di-nod oedd y bwthyn, roedd yn balas o'i gymharu â thai Rhes Newydd, ac yn ddigon diarffordd i gadw Robin rhag mynd i grwydro efo hogia gwirion y pentra.

'Pryd ydach chi am symud felly, Beti Ŵan?' gofynnodd Preis iddi.

Chafodd o ddim ateb synhwyrol, a phan sylweddolodd nad oedd croeso iddo yno trodd ar ei sawdl allan o'r cowt gan adael Beti Ŵan ar drothwy'r drws â'i breichiau ymhleth.

* * *

Roedd yn gas gan Arthur Preis gadw cyfrinach, a chyn gynted ag y byddai'r rhyfel drosodd gobeithiai na fyddai angen iddo gadw 'run byth eto. Rai misoedd ynghynt cafodd wybod yn swyddogol fod teulu dieithr ar fin symud i Waenrugog i fyw, ac y byddai angen iddo fo gadw llygad arnyn nhw. Doedd fiw iddo eu trafod gyda neb arall, ac roedd o i adael iddyn nhw wneud fel y mynnent. Gwyddai mai symud yno o Lundain wnaethon nhw, a'u bod wedi dewis byw yn ddigon pell o bob tref a phentref er mwyn cael llonydd, yn enwedig y plant.

Roedd bywydau'r teulu bach wedi bod yn anodd iawn ers cyn y rhyfel, pan ddarganfu eu cymdogion yn Llundain mai

Iddewon wedi ffoi o Awstria yn y degawd cynt oedden nhw. Poenydiwyd y plant yn feunyddiol yn yr ysgol ar ôl i'w tad gael ei gipio un noson gan yr awdurdodau a'i gadw'n gaeth nes iddo fedru profi nad oedd yn fwriad ganddo ysbïo ar ran y Natsïaid. Gwyddai Preis i'r tad fod mewn swydd bwysig iawn yn ei wlad enedigol ac y gallasai ei arbenigedd fod o fudd mawr i lywodraeth Prydain. Wnaeth pennaeth Preis ddim ymddiried ynddo beth oedd natur y gwaith hwnnw heblaw ei fod yn gweithio i'r llywodraeth ar fater cyfrinachol iawn, ond er hynny teimlai Preis ei fod wedi cael un bluen ychwanegol yn ei helmed drwy gael y fraint o rannu rhywfaint o faich ei uwch swyddog.

Ond roedd y cyfan nawr yn achosi problem arall iddo. Doedd o ddim wedi medru mentro cnocio ar ddrws y dieithriaid i'w holi, er y teimlai y dylai wneud hynny. Gwyddai fod Lora Rowlands wedi lledaenu'r stori fod y mab yn hoff o gerdded glannau'r afon bob awr o'r dydd a'r nos, felly roedd yn ddyletswydd arno i gael sgwrs â nhw am achos Ela druan, er gwaetha cyfarwyddiadau'r Siwpyr.

* * *

'Glywist ti fod Beti Ŵan, Nymbar Wan, yn gadael?' gofynnodd Harri Puw i Mair, oedd wedi galw yno ar ei ffordd o'r dref gydag ychydig o negesau iddo.

'Na, chlywis i 'run gair. Peth rhyfadd hefyd, a ninna'n byw yn yr un rhes â hi. I ble'r eith hi, deudwch?'

'Defi John ddeudodd wrtha i fod Magi Elin, Cae'r Hafod, wedi cynnig y bwthyn bach 'na sy ar y tir iddi hi, dros dro, gan fod ei thŷ hi mor damp. Rhyngthat ti a fi, dwi'n meddwl bod Magi yn dibynnu llawar ar help Robin, 'sti – tydi Defi John yn dda i lawar o ddim, yn methu codi yn y boreua ar ôl bod yn hela am oria bob nos. Mi fydd cael Robin wrth law yn gyfleus iawn iddi hi.'

'Lwcus ofnadwy. Ond mi fyddwn i lawr i dri thŷ wedyn: dim ond Jên, Gladys a finna fydd ar ôl yn Rhes Newydd.'

'Gobeithio na fyddwch chi'ch tair yn mynd o'no. Mi fysa'n rhyfadd iawn yng Ngwaenrugog 'ma hebddoch chi. Dach chi wedi bod yn gwmpeini i ni, yr hen bensiwnïars, drwy'r rhyfal, do neno'r tad. Fydd 'na fawr o neb ifanc hyd y lle 'ma wedyn.'

'Mae Llywarch Rhys y gweinidog a'i fam drws nesa, yn tydyn...?' Yr eiliad y teimlodd Mair enw'r gweinidog ar ei gwefusau difarodd nad oedd wedi brathu ei thafod, a dechreuodd gamu yn ei hôl at ddrws y gweithdy.

'Wel ydyn, decini, ond petha digon rhyfadd ydyn nhwtha hefyd, er nad ydw i'n arfar rhedag ar weinidogion yr Efengyl, cofia. Dwi byth yn ei gweld hi, heblaw ambell gip pan fydd hi'n sbecian tu ôl i'r cyrtans bach ffansi 'na sy ganddi. Y fo, Mistyr Rhys, wneith bob dim o gwmpas y tŷ... taenu'r dillad ar y lein, golchi'r ffenestri, nôl y dŵr – bob dim fedri di feddwl amdano fo. Dwn i ddim sut mae o'n dod i ben, y creadur bach, efo'r holl ofal sydd gynno fo am wasanaetha'r capal ac ymweld â'r aeloda, heb sôn am edrach ar ôl 'i fam hefyd.'

Roedd Mair ar dân eisiau gadael y cwt bach trymaidd ond roedd Harri'n dal i drafod y gweinidog.

'Mi alwodd o arna i dros ben y clawdd dipyn yn ôl i ddeud 'i fod o'n giami hefo ryw anhwylder ar 'i frest. Roedd o mor llwyd a gwantan, ei lygaid o'n gochion ac yn gwibio o un lle i'r llall, yn methu sbio'n syth arna i, fel tasa ganddo fo wres mawr. Mi ofynnodd o i mi gymryd y gwasanaetha yn Berea yn ei le. Y creadur bach, mae o wedi methu pregethu ers dau Sul rŵan. Dwi wedi galw yno droeon i holi amdano fo, ond ches i fawr o groeso gan ei fam pan atebodd hi'r drws, dim ond deud ei fod o'n dal yn ei wely ac nad oedden nhw angen dim byd. Mae 'na amball un yn galw yno bob hyn a hyn i adael cwdyn o datw neu foron tu mewn i'r giât iddyn nhw, wyddost ti. Doedd hi ddim am i mi nôl dŵr o'r tap iddyn nhw, hyd'noed – er, dwi'n siŵr 'mod i wedi ca'l cip arno fo'n sleifio rownd y talcan ar ôl iddi dw'llu. Dwi'n ama'i fod o wedi methu dal y straen rhwng bob dim, a bod 'i nerfau o wedi chwalu'n rhacs. Dyna sy arno fo. Mae'n biti na fysa fo 'di cael gwraig yn gefn iddo fo efo'i ddyletswydda, yn tydi, hogyn ifanc smart fel fo. Mae 'na ddigon o genod ifanc o gwmpas y lle 'ma yn does? Be ti'n feddwl, Mair?'

Teimlodd Mair ei hun yn dechrau chwysu wrth iddi gofio'r wefr o deimlo anadl boeth y gweinidog ar ei gwar y noson y bu iddo ymweld â hi, a chamodd allan o weithdy clòs y teiliwr gan adael Harri yn syllu ar ei hôl mewn penbleth. Wnaeth hi ddim arafu nes iddi droi yn y gyffordd, o olwg Tai Seimon. Cymerodd ddwy neu dair anadl ddofn arall cyn anelu am ei chartref.

Roedd pawb yn meddwl ei bod yn angel, meddyliodd, ond doedd hi ddim. Be fysan nhw'n ddeud petaen nhw'n gwybod ei bod hi, am eiliad fer, chwantus wrth deimlo Llywarch Rhys y tu ôl iddi y noson honno, yn ysu am gael breichiau cryf dyn amdani unwaith eto? A'i bod hi jest â thorri'i bol weithiau isio mynd efo Gladys i'r dre i gael noson wyllt o ddawnsio i fiwsig band y camp a chael yr hogia'n fflyrtio efo hi. Be fysan nhw'n ddeud petaen nhw'n gwybod ei bod hi wedi gwrthod ei chrefydd y bore Sul hwnnw yn yr eglwys... a bod yn gas ganddi fynd i gynnig gwneud ffafr i Cati Fala Surion, gan fod yr arogleuon drwg oedd arni hi a'i chath yn codi cyfog arni? Na, doedd hi ddim yn angel o bell ffordd, ond mi oedd hi'n lwcus ei bod hi'n medru celu ei theimladau. Weithiau, pan fyddai'n teimlo'r ofn ofnadwy hwnnw byddai bron â sgrechian dros y tŷ, ond roedd hi'n ymatal rhag iddi ddychryn Gruffydd bach. Roedd hi wedi blino ar bawb yn dod ati efo'u problemau, fel petai ganddi 'run broblem ei hun. Allai hi ddim siarad am ei theimladau hefo neb, sylweddolodd. Roedd yn syndod nad oedd hi wedi mynd o'i chof.

Pan gyrhaeddodd adref aeth Mair yn syth i'r tŷ a chau'r drws ar ei hôl. Doedd ganddi ddim awydd siarad â 'run o'i chymdogion. Ond chafodd hi fawr o lonydd – cyn iddi nosi rhuthrodd Gladys drwy'r drws mor wyllt ag arfer.

'Ma' Meri ac Edward wedi cytuno fy helpu i, Mair, ac maen nhw am sgwennu at William i ddeud 'u bod am edrach ar f'ôl i nes daw o adra. Mae Edward yn teimlo ei fod yn ddyletswydd arno fo fel pen blaenor i drio madda bob dim i mi, ac mae o am weddïo'n daer am nerth i neud hynny. Ond maen nhw'n gofyn wnei di sgwennu at William i ddechra... maen nhw'n teimlo y medri di egluro'n well na nhw. Wnei di hynny, Mair?' ymbiliodd Gladys.

'Gwnaf siŵr. Ond dwi angen amsar i feddwl be yn union dwi'n mynd i ddeud wrtho fo. Fydd o ddim yn hawdd 'sti – tydan ni ddim isio'i frifo fo, nac'dan? Mi fydd yn andros o sioc iddo fo, cofia, ond dwi'n siŵr y daw o i ddygymod â'r newydd o dipyn i beth. Mae'n well deud wrtho fo cyn iddo gyrraedd adra, a fydd hynny ddim yn hir rŵan. Mae 'na sôn y bydd pob dim drosodd cyn yr ha'.'

'Ma' Meri 'di cynnig i mi a'r plant symud yno atyn nhw – mae 'na ddigon o le rŵan heb y faciwîs, medda hi. Dwn i ddim sut groeso ga' i gan dad William chwaith, ond mi fydd yn rhaid i mi ddiodda hynny'n ddistaw os ydi o'n golygu symud o'r hen dŷ afiach 'na. Pam na wnei ditha fudo at dy dad i Rhyd hefyd, Mair? Mi fysa'n dipyn gwell i ti, ac mi fysan ni'n nes at ein gilydd yn y pentra.'

Ysgwyd ei phen wnaeth Mair, gan ailadrodd ei haddewid i Ifan. Byddai unrhyw benderfyniad ar ôl hynny yn un y bydden nhw'n ei wneud efo'i gilydd.

* * *

Symudodd teulu Beti Ŵan i Gae'r Hafod heb ddim ffŷs na ffarwél un noson braf. Safodd Mair, Gladys a Jên yn y lôn i'w gwylio'n mynd, tra oedd Ela'n sbecian drwy ffenest cegin Jên. Ar ôl llwytho'u hychydig geriach a'u dodrefn prin ar y drol, rhoddwyd y plant ieuengaf i eistedd ar ben y llwyth. Cerddai Beti wrth eu hochr a thywysai Robin ben y ferlen fach. Wnaeth yr un o'r pump droi'n ôl na chodi llaw.

'Dewch i'r tŷ am funud,' cynigiodd Jên ar ôl i'r merched sefyll yn fyfyrgar am ennyd, a cherddodd y tair yn dawel i'r gegin. 'Waeth i mi ddeud wrthoch chi ddim,' meddai Jên ar ôl eistedd, 'er bod yn gas gin i gyfadda hefyd. Mi ddaeth yr Hen Gaptan yma y noson o'r blaen, i edrach am Ela gan ei fod o'n poeni amdani. Ond pan welodd hi o'n dod i mewn mi sgrialodd y beth bach am y siambar. Ond chwara teg iddo fo, mi oedd o'n holi amdani yn llawn consýrn. Mi gyfaddefodd fod y tŷ 'di mynd â'i din am ei ben ers i Ela adael, ac nad oedd o'n byta debyg i ddim. Mi wyddwn i na fysa 'run o'i thraed hi'n mynd yn agos i'r lle, ac mi ddeudis i hynny wrtho fo yn blaen yn 'i wynab o. Mi fuo fo'n cysidro am dipyn cyn troi ata i a gofyn fyswn i'n lecio mynd yno efo hi yn gwmpeini, bod yno ddigonadd o le, ac y byswn yn cael gwneud rhyw fân betha am fy lle. Roedd y cynnig yn dipyn o sioc, a bod yn onast, ac mi ddeudis i wrtho fo y byswn i'n siarad efo Ela ac yn ystyried y peth. Wel, waeth i chi gael gwbod ddim, dwi ffansi mynd, 'chi... bwyd da a digon o gnesrwydd i'r hen gorff 'ma, a dwi di dŵad yn ddigon ffond o Ela. Mi fysa hi'n gwmpeini da i mi yn fy henaint. Chwara teg i'r Hen Gaptan, dwi ddim yn meddwl 'i fod o'n rhy ddrwg yn y bôn, er ein bod ni i gyd wedi bod yn rhedag arno fo ers blynyddoedd. Mae'n gas gin i feddwl am 'ych gadael chi'ch dwy hefyd, mi rydan ni 'di dod yn gymaint o ffrindia dros y blynyddoedd dwytha, ond ma' siŵr mai symud o'ma wnewch chitha, yntê, ar ôl i'ch gwŷr chi ddod adra?'

Gwrandawodd Mair a Gladys arni'n dawel. O'r diwedd, Mair siaradodd gyntaf.

'Wel wir, pwy 'sa'n meddwl? Yr Hen Gaptan yn tosturio dros rywun! Ond dyna fo, mae ynta'n mynd yn hen hefyd, ac yn teimlo'n unig, ma' siŵr. Ia, dach chi'n gneud y peth iawn, Jên. Yn tydi, Gladys? Mae 'na dân da yng ngrât cegin fawr Rhosddu bob tro y bydda i'n mynd yno efo pres y rhent, a digon o goed ar ôl yn y winllan i'w gadw o i fynd. Yn does, genod?' Chwarddodd y tair wrth gofio am eu noson anturus yn y winllan cyn y Dolig.

'Er bod petha 'di bod yn ddigon drwg ar brydia rhaid i chi gyfadda'n bod ni wedi ca'l llawar o sbort efo'n gilydd, yn do?' gofynnodd Jên. 'Fydda i ddim yn bell iawn, ac ella y dowch chi i edrach amdana i ac Ela ar ôl i ni setlo. O, mi fysa'n dda gin i petai Preis yn dal y cythral 'mosododd arni – eith hi ddim cam o'r tŷ ar ei phen ei hun nes bydd y bwystfil wedi'i ddal. Roedd hi mor hoff o fynd am dro hyd yr afon, ac mi fysa hynny'n gneud lles mawr iddi hi fel ma'r tywydd yn cnesu, ond fedra i ddim cerddad ymhell yn gwmpeini iddi hi efo'r hen gric'mala 'ma.'

'Peidiwch chi â phoeni, Jên, mi ddo' i a Gruffydd draw amball bnawn i fynd hefo hi. Siawns y bydd Preis wedi rhoi ei fys ar rywun erbyn i chi symud.'

21

Mai 1945

Gorweddai Mair yn ei gwely, yn methu cysgu. Ar ôl clywed bod pethau'n cyflymu yn Ewrop roedd hi'n falch o'i phenderfyniad i aros yn Rhes Newydd i ddisgwyl am Ifan.

Doedd dim golwg bod Preis am ddod o hyd i'r dyn a ymosododd ar Ela – roedd pwy bynnag fu'n ceisio'i dychryn yn y nos wedi diflannu bellach, a'r peth tebycaf oedd mai fo oedd y treisiwr hefyd. Roedd Mair yn gobeithio y byddai Ela'n llwyddo i roi'r profiad anghynnes y tu ôl iddi, ac y gallai pob un ohonyn nhw anghofio'r dyddiau duon. A dweud y gwir, efallai y buasai'n fendith pe na bai'r treisiwr yn cael ei ganfod – fyddai Ela ddim yn gorfod mynd i'r llys a chael ei chroesholi yng ngŵydd pawb.

Gwawriodd un bore gyda mwy o gyffro nag a welwyd o fewn cof yng Ngwaenrugog. Gwibiai Cwnstabl Arthur Preis ar gefn ei feic o dŷ i dŷ, yn gorchymyn i'r dynion ei gyfarfod ger y ffynnon. Danial Dafis oedd y cyntaf i gyrraedd, yna Harri Puw a Wili Morus wrth ei sodlau. Erbyn i Gwilym Rowlands gerdded o Dai Bont roedd merched Rhes Newydd yn sefyll mewn penbleth ar ochr y lôn o ganlyniad i'r holl stŵr. Wrth i'r plismon basio heibio iddynt unwaith eto, ar ei ffordd yn ôl at y ffynnon, daeth oddi ar ei feic a gorchymyn iddynt fynd yn ôl i'w tai gan y byddai o a'r dynion yn siŵr o ddod o hyd i Llywarch Rhys, oedd wedi diflannu o'i gartref y noson cynt.

'Be dach chi'n feddwl "ar goll"? Tydi gweinidog yr Efengyl byth yn mynd ar goll, siŵr iawn,' protestiodd Jên, yn gyndyn o fynd i'r tŷ heb gael y stori i gyd.

'Tydi ei fam ddim wedi ei weld ers neithiwr. Pan fethodd o fynd â phaned o de iddi yn ei gwely y bore 'ma, mi gododd a sylwi nad oedd o wedi cysgu yn ei wely. Doedd 'na ddim rhych yn y dillad glân roedd o wedi'u rhoi arno y diwrnod cynt. Ma' hi wedi styrbio yn ofnadwy, ond mi fedrodd alw ar Harri Puw am help, ac mi ddaliodd o Defi John yn pasio ar ei ffordd i'w waith. Fo ddaeth acw fel cath i gythraul i riportio'r peth i mi.'

'Lle mae o?' holodd Gladys, 'sgynnoch chi syniad?'

'Na, ond mi fydda i wedi trefnu bod y dynion yn chwilio'r ardal 'ma efo crib mân nes down ni o hyd iddo. Fedrith o ddim bod wedi mynd yn bell gan fod ei feic o'n dal yn y cwt. Ylwch, fedra i ddim gwastraffu munud arall – rhaid i mi fynd at y *search party* i roi ordrs iddyn nhw,' eglurodd Preis yn bwysig.

Roedd dynion prin Gwaenrugog yn sefyll ger y pwmp pan gyrhaeddodd Preis â'i wynt yn ei ddwrn. Safodd yn urddasol o'u blaenau. 'Diolch i chi, bawb, am ymgynnull mor ufudd. Rŵan, y *plan* ydi i ni wahanu er mwyn chwilio am y Parchedig Llywarch Rhys. Rhaid i ni beidio ymdroi rhag ofn 'i fod o wedi'i anafu, a'i fod o wedi bod yn gorwedd allan dros nos a dal *hypothermia*.' Edrychodd y dynion ar ei gilydd, heb fod yn siŵr iawn o ystyr y gair Saesneg diarth.

'Gwilym Rowlands, ewch chi i fyny'r afon o Dai Bont cyn belled â chroesffordd Llwyn Gwyn a dod yn ôl i lawr yr ochr arall iddi. Chwiliwch drwy bob tocyn eithin hefyd. Wili Morus, dwi'n eich anfon chi i'r winllan yr ochr arall i'r afon, gan eich bod yn gyfarwydd â'r rhan sy'n llawn coed cyll.' Neidiodd Wili ar gefn ei feic ac anelu am y winllan. 'Defi John, dos di i'r winllan o gwmpas Rhosddu, i ganol y blanhigfa,' gorchmynnodd Preis gan edrych yn sarrug ar Defi, 'gan dy fod tithau mor gyfarwydd â'r fan honno. Rho dro o gwmpas yr adeiladau tra wyt ti yno.' Wrth weld Defi yn oedi, cododd Preis ei lais. 'Wel, ffwrdd â chdi! Paid â thin-droi yn fama – mae eiliadau yn bwysig rŵan.'

'Fa... fasa'n well i Robin ddod efo fi, deudwch, yn gwmpeini?' Roedd atal dweud Defi yn dangos pa mor ofnus oedd o ynglŷn â mynd i ganol y coed tywyll heb sôn am feudai Rhosddu, a chytunodd y plismon y câi fynd i nôl Robin.

'Harri Puw, ewch chithau o gwmpas Berea a'r fynwent, os gwelwch yn dda. Y gweddill ohonoch chi: chwiliwch o gwmpas Rhes Newydd, yn y cefnau a'r rhostir, er nad ydi hi'n debygol ei fod o wedi crwydro i fanno, chwaith. Mi arhosa i yn y fan yma, yn yr HQ fel petai, i aros i chi ddod yn ôl. A dwi'n disgwyl i bob un ohonoch wneud *thorough job* ohoni, cofiwch.'

Ar ôl i'r dynion fynd i ymgynnull ger y ffynnon, edrychodd y merched ar ei gilydd, yn anfodlon mynd yn ôl i'w tai a cholli bod yn rhan o'r cyffro.

'Fysa'n well i ni fynd draw i gadw cwmpeini i'w fam o, deudwch?' gofynnodd Gladys, a chytunwyd y byddai hi a Mair yn mynd, a Jên yn aros i edrych ar ôl y plant.

Pan gyrhaeddodd y ddwy Fryn Dedwydd roedd Misus Rhys yn hanner gorwedd ar y gadair esmwyth o flaen y tân a Jini Morus yn mân-gamu'n ffrwcslyd yn ôl ac ymlaen rhwng y gegin a'r bwtri, gan oedi weithiau i chwifio lliain sychu llestri o flaen wyneb y fam druan.

'Be wna i? O, Llywarch bach. Fydde fe byth yn gadel ei fam, fe wnaeth e addo i mi na fydde fe'n gwneud shwt beth, ar ôl i'w dad farw.'

Ceisiodd Gladys a Mair ymresymu â hi tra oedd Jini'n cario paneidiau o de iddyn nhw.

'Misus Rhys bach, peidiwch rŵan. Fedrith o ddim bod yn bell, 'chi, ac mi geith y dynion a Cwnstabl Preis hyd iddo cyn amser cinio, siŵr i chi. Ella 'i fod o wedi mynd allan am dro bach neithiwr ac wedi troi ei ffêr yn ddrwg. Mi fydd bob dim yn iawn, gewch chi weld, ac mi ddaw o i'r fei yn sydyn reit.'

'Na, ma' rwbeth o'i le. Mi fydde fe'n ffond o fynd am dro fach cyn mynd i'r gwely ambell nos Sadwrn, i feddwl am ei bregeth at y Sul. Bydde'i feddwl yn gliriach allan yn yr awyr agored, medde fe. Ond mi fydde fe'n dod yn ôl ata i bob tro, er y bydden i wedi mynd i 'ngwely cyn iddo fe gyrredd y tŷ.'

Teimlodd Mair ias fel dŵr oer yn rhedeg i lawr ei chefn wrth feddwl am Llywarch Rhys yn crwydro o gwmpas Gwaenrugog yn nhywyllwch y nos yn ystod y gaeaf. Na! Rhoddodd y syniad hurt allan o'i phen.

Bu Gladys a Mair yn eistedd yno drwy'r bore, a rhoddai Jini ei phig i mewn bob hyn a hyn o'r bwtri. Gwrthododd Harriet Rhys fwyta yr un briwsionyn a gynigiwyd iddi, ac o'r diwedd dechreuodd hepian cysgu yn ei chadair. Cododd Mair a Gladys yn ddistaw a gadael awyrgylch trwm y tŷ am ychydig o awyr iach yn yr ardd.

Dim ond ychydig funudau roedden nhw wedi bod yno pan welsant Preis yn dod tuag atynt â golwg ddychrynllyd ar ei wyneb. Rhoddodd ei feic i orwedd yn ofalus ar dalcen y cwt a cherdded yn araf at Gladys a Mair gan ddiosg ei helmed. Gwyddai'r ddwy wrth edrych arno fod rhywbeth wedi digwydd.

Eisteddodd y plismon ar fainc fechan o dan ffenest y gegin a rhoi ei ben yn ei ddwylo. Ymhen ysbaid cododd i edrych arnynt a dychrynodd y ddwy wrth sylwi eu bod yn goch gan ddagrau.

'Newydd drwg iawn, ferched. Drwg iawn, iawn hefyd, mae arna i ofn. Mi ddaethon ni o hyd i gorff Llywarch Rhys yn y winllan, yn crogi o un o'r coed.' Ysgydwodd ei ben yn anobeithiol. 'Fedra i ddim credu'r peth... welis i rioed yn fy ngyrfa... sut ydw i'n mynd i dorri'r newydd?' Rhoddodd ei ddwylo am ei ben eto, a phlygu i lawr hyd at ei ben-gliniau. Siglai ei gorff yn ôl a blaen.

Dyma'r tro cyntaf i'r ddwy weld dyn, yn enwedig dyn cryf fel Preis, yn wylo. Disgynnai'r dagrau, un ar ôl y llall, i lawr gruddiau gwelwon Gladys a rhoddodd Mair ei llaw yn dyner ar ysgwydd Preis.

'Pwy ddaeth o hyd iddo? Wili Morus?'

'Na – Defi John, druan. Mae o mewn coblyn o stad. Welodd y creadur bach ddim byd o'r fath yn ei fywyd.' Ochneidiodd Preis a sychu ei wyneb â'i hances. 'Roedd o wedi anfon Robin nerth ei draed i fy nôl i, ond erbyn i mi gyrraedd mae arna i ofn ei bod hi'n rhy hwyr. Roedd y Parchedig yn crogi wrth gangen a'i wregys ei hun am ei wddw, a Defi yn gorwedd ar ei hyd ar lawr mewn sioc, yn crynu ac yn udo dros y lle.' Ymhen sbel, cododd Preis ar ei draed. 'Mae'n well i mi drio cael nerth i fynd i dorri'r newydd...'

'Ga' i ddod efo chi, Mistyr Preis bach?' gofynnodd Mair yn dawel.

Ysgwyd ei ben wnaeth o. 'Na, dim diolch,' meddai'n sigledig, 'fy nyletswydd i ydi hyn a neb arall.' Llusgodd ei draed at ddrws y ffrynt.

Erbyn i Mair a Gladys gyrraedd Rhes Newydd roedd y newyddion wedi lledaenu fel tân gwyllt drwy'r ardal. Safai tyrfa fechan y tu allan i'r tai er mwyn holi'r ddwy, gan wybod iddynt ddod yn syth o Dai Seimon.

Danial Dafis oedd yr olaf i gyrraedd yn ôl o'r chwilio, a stopiodd yntau efo'r merched.

'Diar annw'l, dyma be ydi trychinab, yntê? A sut ma' Misus Rhys, deudwch? Wel, am sioc iddi hi, y gryduras. Be dda'th drosto fo yn gneud y ffasiwn beth?'

'Ddeudis i, yn do, nad oedd fawr o hwyl arno fo ers tro rŵan,' datganodd Lora Rowlands, yn awyddus i fod yn rhan o'r ddrama. 'Rhyw wibio heibio 'cw fel tasa'r diafol ar 'i ôl o, fel'na o'n i'n 'i gael o bob tro yn ddiweddar. Dim sgwrs o gwbwl gynno fo, a pha bynnag dywydd oedd hi, roedd o'n gwisgo'r hen gôt fawr laes 'na amdano. Dwn i ddim sut nad oedd hi wedi mynd yn sownd yn y sbôcs a chreu damwain hegar.'

'Do, mi wnest ti grybwyll hynny wrtha i sawl tro, yn do Lora?' ategodd Gwilym, oedd wedi ceisio'n ofer i'w pherswadio i aros adref.

'Andros o drychineb,' cytunodd Mair. 'Mae Mistyr Preis a Jini Morus efo'i fam o ar hyn o bryd, ond wn i ddim sut ar y ddaear y medar hi ddelio â'r peth. Mi fydd angen cwest, ma' siŵr, cyn y bydd sôn am drefnu'r angladd.'

Teimlai Mair yn euog am fod mor swta efo Llywarch Rhys

y tro diwethaf iddo alw efo hi – pe gwyddai fod ganddo broblem, fyddai hi wedi ymateb yn wahanol a cheisio'i helpu?

Erbyn iddyn nhw gael gwybod mai cael ei gladdu yn medd ei dad yn y de oedd dymuniad Llywarch, ac na fyddai ei fam yn dychwelyd i'r gogledd ar ôl yr angladd, roedd y Rwsiaid wedi meddiannu Berlin a Hitler yntau wedi cyflawni hunanladdiad.

Rhoddodd Preis gaead ar ei ymchwiliad i'r ymosodiad ar Ela ar ôl darllen llythyr yr oedd Llywarch Rhys wedi'i ysgrifennu cyn mynd allan i'r coed a'i roi rhwng tudalennau ei Feibl – llythyr a gipiwyd o'i ddwylo gan y fam druan a'i daflu i fflamau'r tân.

22

Mehefin 1945

Daeth llythyr i Mair gan Ifan, o Awstria.

Annwyl Mair a Gruffydd,
Fedra i ddim dioddef sgwennu yn Saesneg i ti, rŵan fod y
cwffio dychrynllyd rydan ni wedi ei weld yn Ewrop dros y
blynyddoedd dwytha drosodd. Dwi'n gobeithio bod yna
ddigon o officers Cymraeg ar gael i sensro'r llythyrau ac y
bydd hwn yn dy gyrraedd yn o handi. Mi fydd yna ddathlu
mawr ym Mhrydain, gei di weld. Fydda i ddim yno efo chi,
chwaith. Pwy a ŵyr pa bryd y cawn ein gollwng oddi yma?
Mae yma filoedd ar filoedd ohonom ni yn ysu am gael dod
adref ond mi gymerith fisoedd erbyn i bob un ohonom ni gael
ein rhyddhau, mae'n siŵr.

Fydda i ddim yn teimlo fel dathlu rhyw lawar chwaith.
Dathlu be? Dathlu fod yna gymaint o'n hogiau ni wedi eu
lladd? Dathlu fod pobol ddiniwad wedi diodda yn ofnadwy,
gwragedd, plant a hen bobol yn enwedig? Ac mae si yn mynd
o gwmpas y gwersyll am bethau ofnadwy sydd wedi digwydd
yn y gwledydd yma... miloedd ar filoedd o Iddewon a sipsiwn
wedi eu cipio a'u lladd neu eu llwgu i farwolaeth mewn
degau o wersylloedd yma yn Ewrop.

Rydw i wedi blino. Mae nghorff i wedi blino heb gael
digon o gynhaliaeth na chwsg ers blynyddoedd ac mae fy
meddwl i wedi blino. Wnes i ddim sôn am hyn wrthat ti yn y
llythyrau wnes i sgwennu atat ti yn ystod y cwffio rhag i mi
dy boeni, ond mae'r amser rydw i wedi ei dreulio i ffwrdd

wedi bod yn uffernol, a deud y lleia. Mae'n warthus fy mod
i'n cwyno fel hyn, hefyd, a finnau wedi dod drwyddi yn
ddianaf ac yn gwybod pa mor lwcus ydw i dy fod ti a
Gruffydd bach yn saff ac yn fy nisgwyl i adra atoch chi, ond
fedra i ddim meddwl am wynebu pawb, mi fyddan nhw'n
siŵr o fod eisiau fy holi am fy mhrofiadau. Pan ddo i adra
fydda i ddim eisiau sôn na chofio dim am yr hyn yr ydw i
wedi bod trwyddo... dim. Dim ond cael llonydd i gysgu yn
dawel a thithau wrth fy ochor a thrio cael gwared o'r
hunllefau yma am byth.

Mair, wyt ti'n cofio pa mor hapus oeddan ni ym Mwlch
y Graig ers talwm? Pan soniais dithau yn dy lythyr gymaint
roeddat ti wedi mwynhau bod yno efo Mam ychydig yn ôl mi
fues i'n meddwl tybed a fuasat ti'n hoffi symud yno i fyw?
Am byth. I drio tawelu fy meddwl ynghanol yr holl gyflafan
mi fues i'n breuddwydio llawer am fyw mewn lle mor
heddychlon, cadw ychydig o ddefaid a rhyw un fuwch yno a
dwi'n siŵr y buaswn yn cael cynnig ychydig oriau o waith
ar rai o ffermydd mwya Pencrugia, digon i ennill rhyw
swlltyn neu ddau. Fydda fo ddim yn fêl i gyd, digon tlawd
fyddem ni mae'n siŵr, ond mi fyddai'r tawelwch meddwl yn
gwneud i fyny am hynny am wn i. Mi fydden ni'n cael
rhyddid i ddilyn ein dyddiau fel y mynnwn a rhyddid i
Gruffydd bach gael chwarae ar y mynydd, fel y cefais innau
ers talwm. Meddylia am gael mynd ag o i lawr i'r Borth i
bysgota ar ôl trwsio a rhoi côt neu ddwy o baent i gwch Nhad
a chael gorwedd ynddo yn ddiog ym mae Aberdaron a'r haul
poeth yn cynhesu ein cyrff. Wnei di feddwl am y syniad Mair,
cyn i mi ddod adra?

Dy annwyl gariad am byth,
Ifan.

* * *

Eisteddai Mair yn ei chadair yn y cowt yn ymlacio yng ngwres yr haf, yn darllen pob gair o lythyr Ifan am y trydydd tro. Bob hyn a hyn caeai ei llygaid a chodi ei hwyneb tuag at yr haul wrth ddychmygu Ifan a hithau ym Mhencrugiau yn dod i ailadnabod ei gilydd ar ôl cyfnod mor hir ar wahân.

Yn sydyn, deffrowyd hi o'i breuddwyd gan sŵn Gladys yn rhuthro drwy'r ddôr, yn sgrechian ac yn chwifio darn o bapur yn ei llaw. Neidiodd Mair ar ei thraed, ac ar ôl gwneud yn siŵr fod Gruffydd yn dal i gysgu yn y siambr aeth â Gladys i'r gegin o olwg y lôn. Dechreuodd ei ffrind gerdded yn wyllt o un pen y gegin i'r llall gan ddal y papur hyd braich oddi wrthi ac edrych arno fel petai'n wenwyn pur.

'Stedda, Gladys bach. Be sy 'di digwydd?' Roedd Mair wedi hen arfer â'i chwyno, ond doedd hi erioed wedi ei gweld hi yn y fath stad. Allai Gladys ddim yngan gair, ond daliodd y llythyr o dan drwyn Mair â llaw grynedig. Gafaelodd hithau ynddo a'i ddarllen.

Lincoln
27 o Ebrill

Annwyl Gladys,
Dyma fi yn sgwennu atat o'r diwedd, mae'n ddrwg gennyf na fuaswn wedi gwneud hynny yn gynt, ond wyddwn i ddim sut i dorri'r newydd i ti. Mae wedi bod yn amser mor hir heb i ni weld ein gilydd ac mae cymaint o bethau wedi digwydd i ni, yn do? Hogyn bach diniwad oeddwn i pan oeddem ni'n canlyn ac mi oeddwn wedi gwirioni efo chdi, ac mi oedd pethau'n edrych yn dda i ni'n dau.
Roeddwn wrth fy modd yn y byd adeiladu ac yn breuddwydio am yr amser y byddwn yn medru codi tŷ braf i ni ar ôl priodi. Roeddwn i eisiau aros tan ar ôl y rhyfal cyn dechrau teulu, ond gan dy fod ti mor awyddus mi fedris di fy mherswadio i newid fy meddwl ac mi gefaist dy ffordd dy hun, fel arfer. Fedra i ddim dychmygu sut blant ydyn nhw er dy fod ti wedi anfon ambell lun ohonyn nhw i mi. Pe taswn

i'n dod adref, dyn diarth fyddwn i iddyn nhw ac mae'n siŵr
y bysan nhw'n gyndyn iawn o siario eu mam efo fi.

Wrth ddarllen, teimlodd Mair y gwaed yn llifo o'i hwyneb.
Cododd ei phen i edrych ar Gladys, oedd yn sefyll o flaen y
ffenest yn wylo i mewn i liain sychu llestri. Darllenodd Mair yn
ei blaen er bod ganddi syniad go dda beth oedd cynnwys
gweddill y llythyr.

*Mi rydw i wedi newid yn fawr yn ystod y blynyddoedd
dwytha ac er nad wyf wedi bod dros y môr yn cwffio mi rydw
i wedi gweld dipyn ar y wlad yma ac wedi cyfarfod dwsinau
o hogiau gwahanol ac wedi sylweddoli fod yna fyd mawr
allan yna sydd yn wahanol iawn i'r Rhyd a Gwaenrugog, ac
mi rydw i yn ysu am gael bod yn rhan ohono fo. Dwi isio
trafaelio i weld mwy. Dwi'n meddwl fy mod yn haeddu amser
i fwynhau fy hun ar ôl aberthu chwe mlynedd o fy mywyd
ifanc. Cefais gynnig gwaith ar fferm cyfaill i mi o New
Zealand, ac mi rydw i wedi dweud fy mod am ei dderbyn.
Yno fydda i am bwl beth bynnag, caf weld wedyn.*

*Gobeithio y medri di sylweddoli na fyddai'r William a
ddeuai yn ôl atat byth yr un un â'r hen William, mi rydw i
wedi newid gymaint, a dwi'n poeni na fydden ni byth yn
medru ailafael yn yr edau oedd yn ein clymu wrth ein
gilydd ers talwm heb iddi gael ei thynnu yn rhy dynn, a
thorri.*

*Mae'n ddrwg gen i roi y newydd mewn llythyr i ti ond
doeddwn i ddim am i ti ddisgwyl amdanaf i ddod adref. Does
dim angen i ti boeni am fagu'r ddau fach, mi anfona i arian
i ti, dwi'n addo, ac mi fydd yr hen bobol yn Rhyd yn gefn i ti,
dwi'n gwybod. Maen nhw wedi gwirioni ar yr wyrion, a
chawn nhw ddim cam, ac mi fysan nhw wrth eu boddau pe
byddet ti'n cysidro symud atyn nhw i fyw. Mi sgwenna i atyn
nhw ond cyn i mi wneud efallai y medri di egluro wrthyn
nhw'n well wyneb yn wyneb.*

Gobeithio na wnei di ddim fy nghasáu yn ormodol, tasa mond er mwyn yr hen ddyddia.
William

Ar ôl gorffen darllen, gafaelodd Mair yn dynn yn llaw Gladys.

'Gladys bach, dwn i ddim be fedra i ddeud wrthat ti.'

'Profedigaeth... dyma sut mae profedigaeth yn teimlo, ond dwi 'di cael dwy ar unwaith. Yn fy ugeinia cynnar, a dau ddyn wedi 'ngwrthod i a 'ngadael i ar fy mhen fy hun efo dau – na, tri – o blant bach. Aberthu, dyna ddeudodd William? Be amdana i yn y twll lle 'ma yn disgwyl amdano fo am yr holl flynyddoedd? Nath o ddim cysidro faint o aberthu wnes i? O, Mair, be ddaw ohona i?'

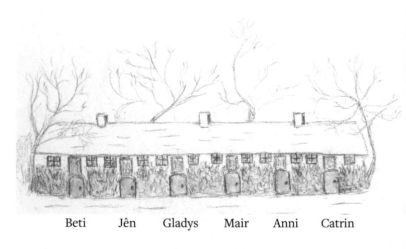

Beti   Jên   Gladys   Mair   Anni   Catrin

Rhes Newydd